权威·前沿·原创

皮书系列为
"十二五""十三五""十四五"时期国家重点出版物出版专项规划项目

B

BLUE BOOK

智库成果出版与传播平台

青海蓝皮书

BLUE BOOK OF QINGHAI

2025 年青海经济社会形势

分析与预测

SOCIAL AND ECONOMIC CONDITIONS IN QINGHAI：

ANALYSIS AND FORECAST (2025)

主　编／索端智

副主编／鄂崇荣

社会科学文献出版社

SOCIAL SCIENCES ACADEMIC PRESS（CHINA）

图书在版编目（CIP）数据

2025 年青海经济社会形势分析与预测 / 索端智主编；
鄂崇荣副主编. -- 北京：社会科学文献出版社，2025.
6. --（青海蓝皮书）. -- ISBN 978-7-5228-5272-0

Ⅰ. F127.44

中国国家版本馆 CIP 数据核字第 202588NQ92 号

青海蓝皮书

2025 年青海经济社会形势分析与预测

主　　编 / 索端智
副 主 编 / 鄂崇荣

出 版 人 / 冀祥德
责任编辑 / 陈晴钰
责任印制 / 岳　阳

出　　版 / 社会科学文献出版社·皮书分社 （010）59367127
　　　　　　地址：北京市北三环中路甲 29 号院华龙大厦　邮编：100029
　　　　　　网址：www.ssap.com.cn
发　　行 / 社会科学文献出版社 （010）59367028
印　　装 / 天津千鹤文化传播有限公司

规　　格 / 开　本：787mm×1092mm　1/16
　　　　　　印　张：18.75　字　数：279 千字
版　　次 / 2025 年 6 月第 1 版　2025 年 6 月第 1 次印刷
书　　号 / ISBN 978-7-5228-5272-0
定　　价 / 168.00 元

读者服务电话：4008918866

2025年青海蓝皮书编委会

主要编撰者简介

索端智　青海省社会科学院党组书记、院长，享受国务院政府特殊津贴专家、二级教授、博士研究生导师。兼任中国民族学学会副会长、中国西南民族研究学会常务副会长、教育部高等学校社会学学科教育指导委员会委员。长期从事藏学、民族学、人类学研究，先后主持多个国家社科基金重大项目、冷门绝学项目等，独立及参与出版著作12部，发表论文50余篇，多篇智库报告获省领导肯定性批示，获青海省哲学社会科学优秀成果一等奖等奖项8项。

鄂崇荣　青海省社会科学院副院长，享受国务院政府特殊津贴专家，二级研究员，哲学博士，中国思想史博士后。兼任青海省政协常委、民族和宗教委员会副主任，国家文化公园专家咨询委员会黄河组专家等。先后荣获国家百千万人才工程"有突出贡献中青年专家"、全国五一劳动奖章等荣誉称号。长期致力于昆仑文化和青海民族宗教等领域的研究，完成学术著作7部，主持完成国家重大项目子项目、一般项目和省部级项目8项。发表论文和智库报告100余篇，其中近30篇智库报告得到省部级以上领导批示。先后获省部级一等奖3项、二等奖3项、三等奖9项。

摘　要

　　《2025年青海经济社会形势分析与预测》立足青海省经济社会发展实际，围绕经济转型、社会进步、生态文明建设及典型案例实践，系统梳理了2024年青海省在重点领域的改革发展成效与挑战，并对2025年发展形势进行前瞻性分析，提出优化路径与政策建议。全书以高质量发展为主线，突出青海在绿色经济、生态保护、民族团结等领域的特色实践，为全面推进现代化新青海建设提供理论支撑与实践参考。

　　2024年，青海经济运行整体呈现回稳向好的积极局面。以"绿色算力"和新型能源体系为突破口的新质生产力，为青海经济转型注入了新动能，消费领域呈现结构性回暖，绿色消费、文旅消费成为新增长点，绿色有机农畜产品品牌影响力显著提升，在区域经济合作方面，积极融入长江经济带，在生态保护与治理、加强与援青和东西部协作省份合作、提升能源外送能力等方面取得了显著成效。2025年，青海既要持续巩固多年来在高质量发展方面取得的重要成效，也要着手破解经济发展中面临的一系列挑战和困难，高质量完成"十四五"规划目标任务。

　　2024年，青海各项社会事业取得显著进步。持续推进乡村全面振兴，深入实施稳岗就业工程，协同推进"三医"改革、打造高原民生青海样板、推进法治领域改革向纵深发展。2025年，青海要积极应对人口变化趋势，提升基层治理现代化水平，在高质量发展中保障和改善民生，加快农牧业转移人口市民化进程，推动社会建设迈上新台阶。

　　2024年，青海稳步推进黄河青海流域生态保护和高质量发展，奋力打造具有国家代表性和国际影响力的自然保护地典范，加速构建"一芯一环多带"生态旅游格局，生态保护与治理成效显著。2025年，青海要进一步完善生态保护制度体系，加大生态保护修复的力度，加强环境监管与执法，加强青海流域区域间的合作与联动，探索生态产品价值实现机制。

2024年，青海在民族团结、宗教中国化、康养产业等领域形成独特经验，海东市积石山抗震救灾与恢复重建案例，凸显了应急管理体系的完善，为高原地区防灾减灾提供了参考。

关键词： 经济发展　社会发展　生态文明　青海省

Abstract

The Analysis and Forecast of Qinghai's Economic and Social Situation in 2025 is based on the actual economic and social development of Qinghai Province. It systematically reviews the achievements and challenges in key areas of reform and development in Qinghai during 2024, and provides a forward-looking analysis of the development trends for 2025, offering optimization paths and policy recommendations. The book focuses on high-quality development, highlighting Qinghai's unique practices in green economy, ecological protection, and ethnic unity, providing theoretical support and practical references for advancing the modernization of Qinghai.

In 2024, Qinghai's economy showed a positive trend of stabilization and recovery. The breakthrough in "green computing power" and the new energy system injected new momentum into Qinghai's economic transformation. The consumer sector experienced structural recovery, with green consumption and cultural tourism consumption becoming new growth points. The influence of green and organic agricultural and livestock products significantly increased. In terms of regional economic cooperation, Qinghai actively integrated into the Yangtze River Economic Belt, achieving notable results in ecological protection and governance, strengthening cooperation with aid-providing and eastern provinces, and enhancing energy export capacity. In 2025, Qinghai must continue to consolidate the significant achievements made in high-quality development over the years while addressing a series of challenges and difficulties to successfully complete the goals of the 14th Five-Year Plan.

In 2024, Qinghai made significant progress in various social endeavors. The province continued to advance comprehensive rural revitalization, implemented stable employment projects, coordinated the reform of the medical, healthcare, and pharmaceutical systems, created a Qinghai model for highland livelihoods, and deepened reforms in the legal sector. In 2025, Qinghai must actively respond to demographic changes, improve the modernization of grassroots governance, ensure and enhance people's livelihoods through high-quality development, accelerate the urbanization of the agricultural and pastoral population, and push social construction to new heights.

In 2024, Qinghai steadily advanced the ecological protection and high-quality development of the Yellow River basin, striving to create a nationally representative and internationally influential model for natural protected areas. The province accelerated the construction of a "one core, one ring, multiple belts" ecological tourism pattern, achieving significant results in ecological protection and governance. In 2025, Qinghai should further improve the ecological protection system, increase efforts in ecological restoration, strengthen environmental supervision and law enforcement, enhance cooperation and coordination among regions in the Qinghai basin, and explore mechanisms for realizing the value of ecological products.

In 2024, Qinghai formed unique experiences in ethnic unity, the Sinicization of religion, and the health and wellness industry. The case of earthquake relief and reconstruction in Jishishan County, Haidong City, highlighted the improvement of the emergency management system, providing a reference for disaster prevention and mitigation in highland areas.

Keywords: Economic Development; Social Development; Ecological Civilization; Qinghai Province

目　录 ⛰

Ⅰ　总报告

Ⅱ　经济篇

Ⅲ 社会篇

Ⅳ 生态篇

Ⅴ 案例篇

皮书数据库阅读**使用指南**

总 报 告

B.1

2024～2025年青海经济发展形势
分析与预测

杜青华　任妍妍　杨春月*

摘　要：　2024年是青海实现"十四五"规划目标任务的关键一年，也是经济触底企稳之年，全省经济上半年承受了较大的下行压力，随着下半年一系列稳增长增量政策措施的出台，主要经济指标开始回升反弹，经济总体呈现稳中向好运行的态势。展望2025年，随着国家一系列宏观调控政策的出台和重大战略的落地实施，全面深化改革各项举措持续激发市场活力，将为宏观经济高质量发展提供有力支撑，青海经济回升向好的内在动能正在不断积累。

关键词：　经济高质量发展　经济复苏　青海省

---

* 杜青华，青海省社会科学院经济研究所所长、研究员，主要研究方向为宏观经济与政策分析；任妍妍，青海省社会科学院经济研究所助理研究员，主要研究方向为民营经济；杨春月，青海省社会科学院经济研究所研究实习员，主要研究方向为生态经济。

2024 年以来，面对国际宏观形势不确定性加剧和国内有效需求不足的双重挑战，我国宏观经济呈现前低后高、整体形势回升向好的发展态势，最终以 5.0% 的增速稳住了经济大盘，展现出强韧的回升势头和转型潜力。这一年，青海经济面对改革发展和转型发展的双重任务，积极应对各种困难挑战，产业"四地"融合发展，绿色算力产业起步发展，特色优势产业持续转型发展壮大，改革开放纵深推进效果明显，在很大程度上确保了全年经济的高质量发展和中国式现代化青海实践迈出坚实步伐。

一　2024年青海省经济形势分析

2024 年是青海实现"十四五"规划目标任务的关键一年，受诸多复杂形势和困难的影响，全省经济上半年承受了较大的下行压力，随着下半年一系列稳增长增量政策措施的出台，主要经济指标开始回升反弹，经济总体呈现稳中向好运行的态势。

（一）经济运行整体回稳向好

2024 年，青海实现地区生产总值 3950.8 亿元，较 2023 年同期增长 2.7%。其中，第一产业增加值 359.07 亿元，同比增长 3.4%；第二产业增加值 1662.39 亿元，同比增长 2.9%；第三产业增加值 1929.33 亿元，同比增长 2.3%。[①] 全省常住人口城镇化率较 2023 年提高 1.1 个百分点，达到 63.9%，城乡居民可支配收入同比增长 5.4%，经济运行整体呈现稳步回升的趋势。从全年的变化过程看，第一、二、三、四季度地区生产总值分别累计增长 3.6%、1.0%、2.5%、2.7%，全年经济呈"V"型走势。第一季度实现了增速 3.6% 的较好开局，但第二季度经济出现明显回落，随着下半年

---

① 《统计快讯第 4 期：经济运行总体平稳》，青海省统计局门户网站，http://tjj.qinghai.gov.cn/infoAnalysis/tjMessage/202501/t20250124_244261.html，2025 年 1 月 24 日。

一系列从中央到地方的增量政策措施落地实施，经济增速从第三季度开始回升向好，呈现回稳向好的发展态势（见图1）。

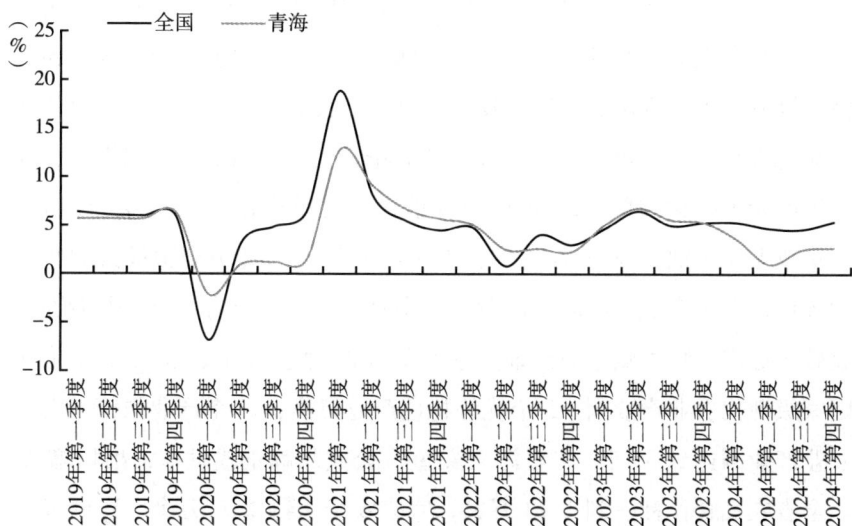

图1　2019~2024年青海地区生产总值季度累计增速与全国比较

资料来源：青海省统计局。

（二）农牧业发展稳中有增

2024年，青海农牧业发展克服了国际粮食（主要包括玉米、小麦、大豆等）价格小幅下降，牛肉、羊肉、生鲜乳价格降幅明显，蔬菜价格先跌后涨等一系列不利因素影响，一产增加值保持了3.4%的较高增速，高于全省地区生产总值平均增速，与全国平均增速基本保持一致，农牧业经济呈现稳中有增的发展势头。据统计，2024年青海省粮食种植总面积达到458.97万亩，较上年增加1.44万亩，粮食总产量118.25万吨，较上年增加2.02万吨，实现粮食种植面积和总产量双增。① 粮食、油菜和蔬菜产量均创十年新高。前三季度，全省牛羊出栏量同比分别增长5.98%和7.17%，肉蛋产

---

① 杨红霞：《2024年青海农业生产喜获丰收》，《青海日报》2024年12月22日。

量同比分别增长 4.99% 和 17.65%，能繁母猪恢复到生猪产能调控绿色区间①，农畜产品网络销售额达 10.41 亿元，同比增长 11.2%，②畜牧业生产和线上销售总体呈现稳中有进的良好态势。大通、互助、民和、循化、贵德、门源 6 个粮油主产县围绕小麦、青稞、玉米、马铃薯、油菜等主要农作物整建制分类推广良田、良法、良机、良技、良制技术措施，粮食单位面积产量显著提高，全省粮食和重要农畜产品稳定安全供给能力大幅提升，农业综合生产能力持续加强。2024 年全省粮食综合单产达 257.74 公斤/亩，每亩产量较上年增加 3.60 公斤，增长 1.4%。③互助县建成全国最大的春油菜制种基地，西宁市成为国家冷凉蔬菜黄金种植区。全省有机草原监测面积累计突破 3 亿亩，牦牛藏羊原产地可追溯覆盖 39 个县（市、区），累计创建 6 个国家级现代农业产业园、5 个优势特色产业集群、21 个产业强镇，省级现代农业产业园达到 33 个。"青海三文鱼"公共品牌正式发布，出口增长 12 倍。全省农民合作社达到 1.73 万家，家庭农场达到 2.07 万个，青海成为全国最大的有机畜牧业生产基地。

（三）工业生产稳步回升

2024 年以来，受建筑业和房地产行业需求不足、上游原材料和下游消费品价格持续低迷等因素影响，青海工业发展延续了 2023 年以来的承压增长态势。但随着三季度以来一系列扩内需促消费政策的推出，10 月份以来，工业生产保持了连续正增长的势头。全省规模以上工业增加值从前三季度下降 0.1%，转为全年增长 0.9%。特别是 12 月环比增长 10.6%，工业生产呈现回升向好的发展态势。在全省 34 个大类行业中，18 个行业的增加值保持增长，增长面为 52.9%。其中，增长幅度较大的行业分别是，电子专用材料制造业增长 2.4%，电力、热力生产和供应业增长 8.2%，黑色金属冶炼

① 杨红霞：《前三季度青海畜牧业生产形势稳中有进》，《青海日报》2024 年 10 月 23 日。
② 杨红霞：《前三季度青海各类农畜产品网络零售额突破 10 亿元》，《青海日报》2024 年 11 月 17 日。
③ 杨红霞：《2024 年青海农业生产喜获丰收》，《青海日报》2024 年 12 月 22 日。

和压延加工业增长 4.8%，有色金属冶炼和压延加工业增长 3.0%。建筑业增加值增速较前三季度环比提高 0.7%，拉动地区生产总值增长 0.4 个百分点。电力热力燃气及水的生产和供应增加值增长 7.5%，拉动全省规上工业增加值增长 1.5 个百分点。新材料产业方面，锂离子电池生产增长 18.5%，磷酸铁锂增长 72.6%，电池片增长 48.9%。① 清洁能源发展方面，截至 2024 年底，青海电力总装机 6982 万千瓦，其中，清洁能源装机 6579.2 万千瓦，占比 94.2%，新能源装机 4939.4 万千瓦，占比 70.7%，居全国首位，在全国率先实现新能源装机和发电量占比"双主体"。② 绿色算力行业发展方面，"1（西宁-海东核心集群）+2（海南、海西集聚区）+N（其他市州县）"体系初步建立，全省已建在建标准机架规模 9.3 万架，是 2024 年初的 2 倍多，算力规模达 8400PFLOPS，净增超过 8000PFLOPS。三大运营商数据中心入选国家绿色数据中心名单，入围数量位居西北第一、全国第五。

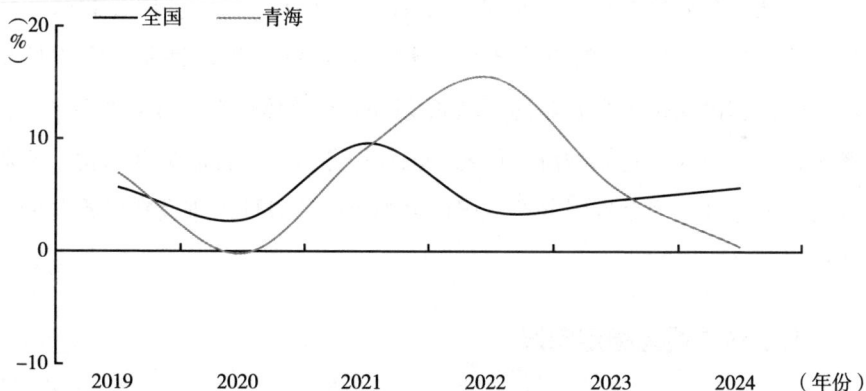

图 2　2019~2024 年青海工业增加值增速与全国比较

资料来源：青海省统计局。

---

① 《统计快讯第 6 期：工业生产稳步回升》，青海省统计局门户网站，http://tjj.qinghai.gov.cn/infoAnalysis/tjMessage/202501/t20250124_244266.html，2025 年 1 月 24 日。

② 莫非：《打造国家清洁能源产业高地的青海实践　青海在全国率先实现新能源装机和发电量占比"双主体"》，《中国电力报》2025 年 1 月 4 日。

（四）服务业支撑作用明显

2024 年以来，青海服务业在一系列稳增长、促消费、扩内需政策措施落地，以及乡镇物流中转站、村物流综合服务站覆盖率持续扩大等因素的合力推动下，城乡居民消费需求得到有效释放，生产性服务业快速成长，对全省经济增长的贡献度持续提升。从物流角度观察，2024 年全省交通运输、仓储和邮政业增加值较 2023 年同比增长 7.3%。货物运输量达到 2.17 亿吨，增幅较 2023 年略有下降（-2.5%）。其中，排名第一的公路货运量为 1.85 亿吨，同比增长 2.2%；排名第二的铁路货运量为 0.26 亿吨，同比下降 26.9%；排名第三的民航货运量为 4.05 万吨，同比增长 19.2%。从客流角度观察，2024 年全省客运量达到 1.15 亿人，较 2023 年增幅明显（6.3%）。其中，公路客运量为 0.92 亿人，同比增长 4.2%；铁路客运量为 0.13 亿人，同比增长 29.9%；民航客运量为 801 万人，同比增长 1.5%。[①] 从资金流角度观察，2024 年全省金融机构人民币各项存款余额较上年同比增长 4.9%，各项贷款余额同比增长 3.7%。生产性服务业中信息传输、软件和信息技术服务业同比增长 11.8%，总体保持了较快增速[②]。综合考量，电子商务、仓储物流、信息传输和服务等生产性服务业保持了相对较快的增长速度，为全省服务业克服内需不足的阶段性困难发挥了重要的支撑作用。

（五）对外贸易稳定向好

2024 年以来，青海省进出口总值达到 60 亿元，同比增长 23.2%，增速居全国第二位，进口和出口增速分别高出同期全国平均水平 18.2 个和 40.3 个百分点。[③] 清洁能源产品进出口方面，全年出口 16.8 亿元，占全省出口

---

① 《2024 年 1-12 月全省交通运输主要数据》，青海省统计局门户网站，2025 年 1 月 24 日。
② 《统计快讯第 7 期：服务业经济平稳增长》，青海省统计局门户网站，http://tjj.qinghai.gov.cn/infoAnalysis/tjMessage/202501/t20250124_244272.html，2025 年 1 月 24 日。
③ 王菲菲：《2024 青海省进出口增长 23.2%》，《青海日报》2025 年 1 月 23 日。

总值的近四成,成为带动青海省出口增长的主力军。多晶硅出口8.5亿元,占全国同类出口商品的34.4%,占比居全国首位,增长73.7倍,增速居全国同类商品第三位;单晶硅棒实现全省首次出口,实现2.1亿元出口额,占全国同类出口商品的12.1%,居全国第三;锂离子电池出口6.2亿元,增长77.5倍,增速居全国第一。[①] 绿色有机农畜产品出口方面,全年出口农产品6.2亿元,增长1.6倍,占全省出口总值的10.3%。其中,冻鳟鱼和冬虫夏草出口数量和总值均居全国第一位;高原冷凉蔬菜全年出口2486.6吨,增长2.7倍,出口量增速位列全国第二;莴苣、洋葱、黄瓜等19种冷凉蔬菜远销全球8个国家和地区。牦牛肉制品、青海贝母、香菇菌棒等多种农产品实现首次出口。[②] 2024年,全省首发5条国际陆运通道,"西宁号"铁海联运国际班列实现进出口双向贯通,"西宁-阿拉木图"中亚班列、中尼公铁联运班列、"茫崖-越南"国际班列、"茫崖-加德满都"跨境汽运等实现首发。[③]

二 青海经济高质量发展面临的主要困难

青海地处我国青藏高原核心地区和西部少数民族聚居区,自然条件严酷,生态环境脆弱,全省近九成的总面积属于禁止或限制开发区域,制约发展的因素相对较多,地区生产总值、城乡居民人均可支配收入、人均GDP等反映经济社会发展水平的重要指标整体滞后于全国平均水平,加之现阶段经济持续回升向好的基础尚不牢固,有效需求不足,部分行业和企业整体盈利情况不理想、生产经营困难,民间投资信心不足,科技创新引领产业发展能力有待提升,经济高质量发展仍面临诸多困难和挑战。

---

① 王菲菲:《2024年青海省进出口增长23.2%》,《青海日报》2025年1月23日。
② 王菲菲:《2024年青海省进出口增长23.2%》,《青海日报》2025年1月23日。
③ 《2024年青海省进出口增长23.2%》,中华人民共和国西宁海关门户网站,http://xining.customs.gov.cn/xining_customs/533857/533858/6343010/index.html,2025年1月26日。

（一）发展方式亟待向创新驱动转型

对青海而言，投资作为拉动经济增长的"三驾马车"之一，长期以来备受政府职能部门重视。改革开放以来，特别是2000年西部大开发以来，与青海经济高速增长相伴的是工业化、城镇化带来的基础设施建设和房地产行业的兴起。从本质上讲，这种发展方式就是一个经济体早期起步发展需经历的要素驱动发展模式。当前青海人均GDP即将迈入10000美元关口，整个社会也从以往的"短缺社会"进入了"丰裕社会"，物质产品生产呈现明显供大于求的特征，在这种大的发展背景之下，亟须对长期过度依赖投资的发展模式进行调整，及早摆脱传统经济增长的"投资依赖症"，从长期经济增长入手，依托改革和创新，将青海经济发展从投资驱动模式向创新驱动模式转变，这是青海经济高质量发展的必然选择。

（二）实体经济盈利能力有待增强

在经济新常态大背景下，受全国房地产、基础设施建设等支柱性行业大幅下降的影响，近年来青海经济增速下行的压力较大，特别是以制造业为代表的工业行业承压较大。2018~2024年，全省规模以上工业企业增加值增速分别为8.6%、7.0%、-0.2%、9.2%、15.5%、5.6%、0.9%，除个别年份外，整体呈现明显的下降趋势。这些下行压力可以从2018年以来规上工业企业的年度主营收入、净利润、生产设备开工率等重要指标的表现中看出。全省规模以上工业企业利润总额自2011年达到历史性高位（222.85亿元）后，整体呈现下降趋势。与此同时，以劳动力平均工资为代表的生产要素价格在同期却保持了高位甚至是不同程度地上涨。企业综合生产成本居高不下，整体盈利能力出现下降，最终导致了不容乐观的经营状况。

（三）城乡居民整体收入相对较低

一方面，青海城乡居民收入水平总体不高。2023年，青海的城镇私营单位就业人员平均工资是5.64万元[1]，仅为同期全国平均水平的80%左右，考虑到全省80%以上的城镇就业集中在民营企业，可以说青海城乡居民劳动者整体收入仍有较大的提升空间。另一方面，青海省的劳动力工资增长速度与经济增长速度不匹配，特别是从事农牧业、传统制造业、纺织业等行业劳动者的工资性收入增长速度赶不上经济增长速度的情况长期存在。接下来，如何通过大力发展实体经济，同步持续提升城乡居民整体收入水平，确保城乡居民收入与经济发展统筹协调增长，是青海顺利推进高质量发展的重点所在。

（四）城乡生产要素仍存在隐性制度壁垒

长期以来，青海农村牧区城乡二元结构在改革进程中始终未被彻底消除，城乡间土地、劳动力、资本等生产要素的市场配置问题也未能在法律层面得到明确的界定和保障。劳动力在城乡间的流动仍存在一些隐性壁垒。以西宁市为例，2023年全市常住人口城镇化率为80.57%[2]，而户籍人口城镇化率比常住人口城镇化率低10个百分点左右，说明有25万左右的农民工及随迁子女未能在城市稳定落户，这部分农民工很难充分享受城市提供的就业、子女教育、医疗、社会保障等基本公共服务，这意味着制约以农村劳动力为代表的各类生产要素自由流动的各种隐性制度壁垒还没有得到彻底消除。

（五）消费市场恢复不及预期

2024年以来，青海的餐饮、住宿、旅游业等传统服务业受全国消费需求恢复不及预期影响，消费市场全年处于低迷状态。2024年全省实现社会消费品零售总额981.3亿元，较上年同期下降0.7%，消费市场的整体恢复情况不及预期。2024年1~11月，全省商品房销售面积为209.42万平方米，

---

[1] 《2023年青海省城镇私营单位就业人员年平均工资56424元》，人社通，https://m12333.cn/policy/pmybb.html，2024年6月21日。

[2] 西宁市统计局：《西宁市2023年国民经济和社会发展统计公报》，2024年4月9日。

同比下降2.9%；商品房销售额为141.26亿元，同比下降8.3%。① 线下消费和实体消费受到网络购物、电子商务等新兴业态的冲击，消费外溢现象突出。

三 2025年青海经济形势分析与预测

近年来，全球经济形势较为错综复杂，欧洲、中东、非洲等地区政局持续动荡，美国高关税等外部强干扰短期内不会消除，经济发展阶段和面临的环境条件正在逐步发生趋势性和转折性变化，结构性挑战和增速换挡下行压力加大。展望2025年，国家一系列宏观调控政策的出台和重大战略的落地实施，再加上党的全面领导和社会主义市场经济体制的独特制度优势、超大规模经济体的自身优势，以及全面深化改革不断激发的市场活力，将为宏观经济高质量发展提供有力支撑。在此背景下，2025年青海也将面临多重发展机遇，经济回升向好的内在动能正在不断积累。

（一）发展环境分析

从国际环境观察，2025年，大国博弈加剧，"特朗普冲击"二度来袭，对华遏制围堵力度加大，大幅度加征关税形势不容乐观，全球其他地区地缘冲突频发，世界经济总体增长但增长动能不足。根据彼得森国际经济研究所（PIIE）的估算，如果美国对我国出口的全部商品加征60%的关税，将拖累我国2025年出口增速下降1.37个百分点，就业率下降2.18个百分点，经济增长下降0.81个百分点。② 同期，国际货币基金组织也预计，2024~2029年，新兴市场和发展中经济体的平均增速仅为4.1%，远低于2000~2019年

---

① 《最新发布第120期：1-11月全省房地产开发投资销售主要数据》，青海省统计局门户网站，http://tjj. qinghai. gov. cn/tjData/newData/202412/t20241223_244619. html，2024年12月19日。

② 宏观经济课题组等：《2025年中国经济形势分析、预测及政策建议》，载王昌林主编《2025年中国经济形势分析与预测》，社会科学文献出版社，2024年。

的平均增速（5.5%）。① 与此同时，受贸易保护主义加剧、产业链供应链碎片化等因素影响，国际贸易和全球制造业增长也将持续走弱。

从国内环境观察，2025年我国所实施的积极财政政策和适度宽松的货币政策效能正在逐步释放，发展环境、发展态势向优向好，我国经济有望呈现触底回升的较好态势。2024年12月召开的中央经济工作会议指出，当前我国经济运行面临新的困难挑战，主要是国内需求不足，群众就业增收面临压力，消费内生动力偏弱，投资增长面临制约，出口困难增多，新旧动能转换存在阵痛，部分企业生产经营面临困难，一些领域风险隐患仍然较多。会议同时强调，要加大宏观政策逆周期调节力度，全方位扩大国内需求，加快发展新质生产力，建设现代化产业体系，发挥经济体制改革牵引作用，推动标志性改革举措落地见效。可以预见，随着这些针对性和可操作性非常强的宏观调控政策调整效果逐步显现，将有力推动各类资金更多地流向实体经济，促进房地产市场止跌回稳，地方债务压力也将得到有效缓解，2025年我国经济有望呈现温和上升态势。

（二）主要发展目标预测

从三次产业发展趋势分析，随着新一轮农牧区土地制度改革各项政策的落地实施，草场和耕地经营权流转普及程度加深，适度规模经营发展成主要趋势，农牧业现代化发展起步向好，特别是家庭农场、休闲农业、农牧业专业合作社、乡村文旅商综合体、农牧业综合电商基地等新型农业经营主体和新业态持续发展，农牧业社会化服务水平不断提升，特色优势农业生产体系不断完善，线上销售新渠道不断涌现，牛、羊、猪、奶、蛋等农畜产品价格走势逐渐平稳，2025年青海农牧业有望继续保持稳步增长的发展态势。新能源产业、新材料产业、盐湖化工业在经历了前期的高利润阶段后，盈利出现阶段性震荡向下的生产格局。钢铁、纯碱、电解铝等传统制造业经过多年调整优化，产能供给和行业盈利进入稳步发展阶段。随着现代化产业体系在

① 中国社会科学院：《全球宏观经济季度报告》，2025年1月。

青海不断完善和补强，以及城镇化率的稳步提升，服务业在全省经济总量中的比重仍然会在现有基础上继续提高，仓储物流、邮政快递、金融保险、信息服务、电子商务、文化创意、技术服务、生产性租赁服务等生产性服务业将呈现快速发展的态势，第三产业（特别是生产性服务业）对青海经济的支撑作用有望进一步强化。

受城镇化逐步从"加速期"向"成熟期"过渡，新旧动能转换任务艰巨，人口结构老龄化加剧，内需不足矛盾突出，出口下行压力加大，经济"去地产化"趋势明显，部分行业"内卷式"竞争加剧，部分市场主体经营困难，预期不稳、信心不足，绿色低碳转型任务艰巨等多重因素叠加影响，投资需求不足在短期内很难得以扭转，这些变化客观上使经济潜在增长率下降，带来新旧动能转换阵痛。但城乡居民社会保障体系、保障水平不断完善和提升，人工智能和"互联网+"等新兴业态持续发展，将有助于全省消费需求保持稳步增长。随着国家共建"一带一路"倡议的纵深推进，青海的绿电、绿硅、绿铝、绿色有机农畜产品等在对外贸易中仍将保持良好的出口势头。

综上所述，对2025年青海经济发展的前期研判，既要观察国内宏观经济的周期性波动情况，也要追踪中央和地方层面宏观调控政策的发力情况和落地实施效果、地区主导产业国内外供需变化等多个维度的现实情况。综合考量，预测2025年青海经济回升向好的发展趋势确定性较大，地区生产总值增速有望达到4.5%以上，固定资产投资增速达到5%以上，社会消费品零售总额增速保持在2%左右，居民消费价格指数（CPI）有望回升至2%左右。

四 促进青海经济发展的对策建议

"十四五"时期是我国开启全面建设社会主义现代化国家新征程的第一个五年，2025年既是"十四五"规划收官之年，也是深入推进现代化新青海建设的重要一年。在此大背景下，青海既要持续巩固多年来在高质量发展方面取得的重要成效，也要着手破解经济发展中面临的一系列挑战和困难，多措并举，持续推动经济回升向好，高质量完成"十四五"规划目标任务。

（一）因地制宜发展新质生产力，构建现代化产业体系

一是着眼世界级盐湖产业基地建设。按照"稳定钾、扩大锂、突破镁、开发钠、培育硼"的目标任务，高质量建设格尔木盐湖绿色产业园，深入推进"数字盐湖"改造升级，加快盐湖产业中的钾肥增产保供、镁盐技术创新增效、锂盐产能质量双提升，同时注重吸收引进金属锂、金属镁、氯化锂、钠电池等新产品研发生产前沿技术。支持和鼓励有条件的企业在青海建设技术研发中心，统筹推进盐湖资源综合利用国家重点实验室建设。

二是着眼国家清洁能源产业高地建设。结合现实情况，进一步完善清洁能源产业发展的政策体系。统筹电力就地消纳和外送通道建设，持续完善水、电、风、光、热、火等多能互补体系建设和区域布局，打造协调互补的多元储能体系，通过抽水蓄能、电化学储能等多元储能体系建设，有效提升绿电调峰、调频和调相能力。积极培育和发展以绿色算力为引领的绿色生产力，统筹推进高水平绿色电力和算力体系建设，促进战略性新兴产业的增量发展和传统产业存量升级。探索生态光伏产业发展道路，借鉴国内已有的"牧光互补""牧渔互补"等成功经验，将光伏产业与助农扶贫、农业种植、畜牧养殖、生态观光深度结合，探索符合青海实际的光伏产业生态化发展新模式。

三是着眼国际生态旅游目的地建设。依托全省"一芯一环多带"生态旅游发展格局，积极探索生态保护和生态旅游融合发展机制、特许经营管理机制等制度领域创新和试点，完成国际生态旅游目的地青海湖示范区创建。以昆仑文化、河湟文化等历史文化资源和"山水林田湖草沙冰"等生态资源为依托，探索建设青南国际生态旅游目的地试验区和工业旅游示范基地，将自然景观、民俗体验、体育赛事、农业观光、红色教育等"农体文商旅"各类资源深度融入国际生态旅游目的地建设，探索破除"门票经济"，推动青海"大景区"建设。

四是着眼绿色有机农畜产品输出地建设。围绕全省"四区一带"农牧业区域生产布局，分类推进牦牛、藏羊、冷水鱼、枸杞、马铃薯、油菜籽、藜麦、冬虫夏草等特色农牧业，积极培育和支持农牧业综合产业园、农牧业合作社、农牧业龙头企业、电商企业等市场主体和新兴业态发展壮大，有力助推全省农牧业适度规模经营，多方推进现代农牧业育种、标准化生产、精深加工、冷链物流、品牌培育、线下销售、电商网购、交易平台等重要领域和产业链的深度融合发展，有效提升农牧业的整体附加值。

（二）推进创新驱动发展，全面提升创新能力

一是在现有的企业研发中心、高校试验平台、科研院所技术研发中心基础上，加强专业技术人才队伍建设，深入推进锂资源精深加工、卤水稀散元素高效提取、镁资源一体化高效利用、智能电网、人工智能应用、氢能生产、锂电池回收二次利用等前沿关键技术的研发和引进，有效提升工业技术创新发展整体实力。

二是有效激发企业创新活力。以科技攻关项目的研发和应用为目标，鼓励有条件的企业与省内外高校、科研院所共同组建产学研用一体化的研发联合体，出台相应政策引导科技中介和科技服务环节各个平台和机构有序发展，多维度培育集"研发联合体—众创空间—企业孵化器—产业加速器—现代化产业园区"于一体的创业发展综合平台。

（三）注重均衡协调发展，优化区域发展布局

依照全省"两核一轴一高地"区域发展新格局，综合考量各区域的产业基础、人口集聚情况、交通运输能力、生态环境承载力等现实发展基础，进一步优化行政区划布局，整合空心村、人口较少乡镇，提升城镇各类生产要素和公共服务资源的集聚效应，形成"要素交流、产业发展、多维辐射"的发展态势。充分发挥西宁海东、海西、海南三个全省重要的工业发展基础相对较好地区的经济增长极作用，以光伏、风电、水电、盐湖资源综合开发利用及配套产业完善为产业基础，有效带动当地县域经济和产业强镇跟进发

展。依托现有的甘青大环线等精品旅游路线，进一步优化青南地区生态优美、要素集聚、功能完善的国际生态旅游目的地空间布局，做好国际生态旅游目的地青海湖示范区建设，有效提升农牧区交通、电力、通信、灌溉等重大基础设施配套能级，协同推进生态畜牧业科学发展，增强生态产品的供给能力，促进自然保护地社区生产生活方式绿色转型，实现青南地区长期可持续发展。

（四）深化新型城镇化建设，提高城乡居民收入水平

依托全省"一群两区多点"新型城镇化格局，依托兰西国家级城市群建设，深入推动西宁海东一体化发展和河湟谷地城市群发展，以柴达木盆地和泛共和盆地两大城镇区为基础，持续提升格尔木、德令哈、共和、同仁、玉树、玛沁等区域性中心城镇的集聚能级。消除城乡区域间在子女教育、医疗保障、社会福利等方面的隐性壁垒，多维度增进人民福祉，加大城乡居民较为关切的保障性住房、基本医疗、中小学及幼儿园教育、职业技术教育、社会养老等民生服务供给力度，关注进城务工人员的劳动者权益保障，在兜牢社会基本民生底线的同时，切实为持续提高城乡居民收入提供必要的支撑和保障。

（五）扩大有效投资，激发民间投资活力

抢抓经济回升向好关键期和政策红利窗口期，在更好地发挥政府投资带动效应的同时，通过优化营商环境和投资环境，努力激活民间投资活力。统筹用好中央预算内资金、超长期特别国债、新增地方政府专项债等各类资金，重点支持水利、交通、能源、信息、生态、民生等领域和薄弱环节，统筹释放叠加效应，尽快形成投资实物工作量，发挥有效投资对经济发展的巨大推动作用。统筹推进传统和现代基础设施建设，重点推进青藏铁路格拉段电气化改造、格库铁路青海段扩能改造、西宁机场三期建设，加快智能交通、智慧城市、智能能源、工业物联网等新型基础设施建设。落实和完善促进民间投资支持政策，按照"非禁即入"工作原则，推进"容缺+承诺"审

批，健全民间投资常态化融资对接机制，支持民间投资参与新型城镇化、清洁能源、绿色算力等领域，探索污水处理、停车场、体育场等领域特许经营。稳妥化解房地产企业资金链断裂风险，持续推进房地产市场"保交楼"后续工作，确保房地产市场平稳运行。

（六）深挖消费潜能，提振居民消费需求

持续完善劳动者收入增长机制，稳步提高城乡居民养老、医疗、教育等社会保障和补助标准，关注就业困难人员、农民工等重点人群的就业问题，稳步提高低收入群体的收入水平，实现提振消费与稳就业、提收入的良性互动。加力扩围实施设备更新和消费品以旧换新，优化调整家装换新补贴范围和标准，巩固零售、餐饮、住宿、旅游等传统消费，扩大健康、养老、育幼、家政等服务消费，丰富首发经济、首店经济、冰雪经济、银发经济等消费新场景。将农产品展销、文艺演出、美食体验、文旅推介、体育赛事与假日经济、会展经济、夜间经济、康养旅游深度互嵌，推动农体文旅商融合发展。

（七）深化改革发展，提升对内对外开放水平

高质量完成国有企业改革，健全央地国企合作发展机制，完善国有企业分类考核评价体系，建立国有企业履行战略使命评价制度。贯彻执行《民营经济促进法》，严格规范涉企行政检查，坚决查处群众和企业反映强烈的违规异地执法、趋利性执法等违法违规行为，持续优化法治化营商环境，切实减轻企业迎检负担。落实全国统一大市场建设指引和新修订的市场准入负面清单。有序推进农村集体经营性建设用地入市、健全绿色电力市场化交易机制，完善光伏光热、抽水蓄能、储能等价格政策，创新推进绿电直供、微电网等改革，优化新业态新领域市场准入。深化东西部协作、对口援青、数据援青、甘青合作共建兰西城市群等区域合作交流，加强与青海具有产能互补性和青字号产品需求的国家和地区的交流合作。在巩固现有贸易关系稳定发展的基础上，依托青海的绿电优势、清洁能源产业集群优势以及西部地区重要交通枢纽等优势，持续推进中尼陆路贸易通道建设，推动与尼泊尔、巴

基斯坦以及东南亚和中亚等共建"一带一路"国家在清洁能源、盐湖资源开发、生鲜物流、轻工产品等领域的"走出去"和"引进来"。落实外资准入负面清单，持续优化外商投资便利度，鼓励耐心资本和外资企业来青海投资。

参考文献

李奇霖等：《中国宏观经济九讲》，上海财经大学出版社，2024。

卢峰、彭文生等：《全球变局下的中国宏观经济》，《国际经济评论》2024年第6期。

青海省发展和改革委员会：《青海省2024年国民经济和社会发展计划执行情况与2025年国民经济和社会发展计划草案的报告》，《青海日报》2025年2月5日。

中国人民大学中国宏观经济分析与预测课题组等：《中国宏观经济报告（2024年）：筑底回稳的中国宏观经济》，《经济理论与经济管理》2024年第12期。

宏观经济课题组等：《2025年中国经济形势分析、预测及政策建议》，载王昌林主编《2025年中国经济形势分析与预测》，社会科学文献出版社，2024。

B.2
2024~2025年青海社会发展形势分析与预测

文斌兴 索南努日 张雪悦*

摘　要： 2024年，青海省坚持稳中求进，主动融入服务全国大局，深入贯彻落实习近平总书记考察青海重要讲话精神，加快打造生态文明高地，协同推进"三医"改革，持续推动乡村全面振兴，着力打造高原民生青海样板，广聚人才赋能高质量发展，稳步推进民族团结进步示范省建设，高效重振积石山地震灾后家园，各项社会事业取得显著进步。展望2025年，全面深化改革将进一步推进，统筹城乡的公共服务将进一步优化，多层次社会保障网将进一步织密扎牢，以人为本的新型城镇化步伐将进一步加快，共建共治共享的社会治理格局将加快形成，人口发展支持和服务体系将更加健全。2025年是"十四五"规划收官之年，青海省要积极应对人口结构变动，持续推进乡村全面振兴，提升基层治理现代化水平，在高质量发展中保障和改善民生，加快农牧业转移人口市民化进程，推动社会建设迈上新台阶。

关键词： 生态文明　民生保障　医疗改革　城镇化　青海省

一　2024年青海社会发展总体形势与工作亮点

2024年是青海发展史上具有里程碑意义的一年，全省深入贯彻落实

---

* 文斌兴，青海省社会科学院社会学研究所副所长、助理研究员，主要研究方向为城乡社会发展；索南努日，青海省社会科学院社会学研究所助理研究员，主要研究方向为农村社会学；张雪悦，青海省社会科学院社会学研究所研究实习员，主要研究方向为教育社会学。

习近平总书记考察青海重要讲话精神，推动各项社会事业发展取得显著成就，特别是在生态文明高地建设、医药卫生体制改革、乡村全面振兴、打造高原民生青海样板、人才支撑高质量发展、民族团结进步示范省创建、地震灾后重建等方面亮点纷呈，中国式现代化青海实践迈出坚实步伐。

（一）加快打造生态文明高地

青海牢牢把握"三个最大"省情定位和"三个更加重要"战略地位，加快打造生态文明高地，奋力建设美丽新青海。一是国家公园建设继续走在全国前列。截至2024年底，青海国家公园占全省自然保护地总面积的75%。三江源国家公园区划面积由试点阶段的12.31万平方公里增加到19.07万平方公里，范围扩大到5县（市）15个乡镇。祁连山国家公园设园准备工作已全面完成。青海湖国家公园创建共有8个方面55项任务，形成65项成果，并已按程序上报国家林草局审核。编制实施《青海推进以国家公园为主体的自然保护地体系现代化建设总体规划（2023—2035年）》等规章制度，推动国家公园制度健全。二是大力推进生态环境保护整治。青海采取八项改革举措深化治理体系和治理能力现代化建设，生态环保督察效能和水生态保护能力显著提升，治理水土流失面积308平方公里，完成"三北"工程六期建设任务910万亩、林草综合植被覆盖度达到60%以上，水土保持率提升至77.4%，新增国土绿化624万亩、防沙治沙149万亩、草地修复治理470万亩。[1]建立全国首个生态环境常态化监管问责机制，生态环境损害赔偿制度被写入地方性法规，办案数量和质量取得突破。加快西宁、海西、玉树"无废城市"创建，全省环境空气质量优良天数比例为96.3%。三是珍稀濒危野生动植物种群稳步增长。青海严格落实保护政策，生态环境逐年向好。青藏高原珍稀野生动物数量逐年增加，雪豹种群数量约为1200只，白唇鹿达25000只，高原旗舰物种藏羚羊由不足3万只恢复到7万多只，青海

---

[1] 《政府工作报告——2025年1月19日在青海省第十四届人民代表大会第三次会议上》，《青海日报》2025年1月25日。

湖精灵普氏原羚羊从 300 多只恢复到近 3400 只，高原旗舰物种雪豹数量增加到 1200 多只，生物多样性不断丰富。

（二）协同推进"三医"改革

持续学习推广三明医改经验，统筹推动医疗、医保、医药协同治理和发展提质增效，参保扩面、异地就医、民族医药使用等工作走在全国前列。一是医保巩固衔接评分连续位于全国医保系统前列。居民医保率先实现省级统筹，职工医保向省级统筹迈进，"智慧医保"覆盖全部参保群众，异地就医直接结算范围进一步扩大。2024 年为 51.97 万农村低收入及脱贫不稳定人口提供 1.06 亿元的参保资金支持，确保其参保率稳定在 99% 以上。农村特困人员、低保对象以及易返贫致贫人员在住院时的费用报销比例已提升至 80% 以上。二是率先达成国家"十四五"规划集采任务目标。青海持续推动集采工作常态化和加速开展，成功实施了 11 批次涵盖 445 种药品和 100 类耗材的集中采购，并确保了累计 990 种药品和 200 类耗材的集采政策落地执行，使药品和耗材的平均价格降低 55% 以上。在全国率先出台藏蒙医院制剂医保目录共 531 种 3200 个，各族群众用药需求得到进一步保障。① 三是不断深化医疗服务改革进程。完成 2024 年度医疗服务价格的评估调整工作，其中 590 项价格调整得以实施，832 项实现动态优化。将 9 项辅助生殖项目纳入医保报付范围，设立药事服务收费项目。率先建成运营西宁、海东高原康养中心，国家紧急医学救援基地、国家区域医疗中心等 11 个重点项目正在加速推进，紧密型县域医共体覆盖全省，县医院医疗服务能力不断提升。

（三）持续推动乡村全面振兴

以习近平新时代中国特色社会主义思想为指导，全面贯彻落实党的二十大和党的二十届三中全会精神，深入贯彻落实习近平总书记关于"三农"工作的重要论述，扎实推进乡村全面振兴。一是学习运用"千万工程"经

---

① 《我省多项医保工作领跑全国》，《西海都市报》2024 年 11 月 26 日。

验。2024 年 2 月，青海省委办公厅、青海省人民政府办公厅印发《青海省学习运用"千万工程"经验 建设高原宜居宜业和美乡村五年行动方案（2024—2028 年）》《关于学习运用"千万工程"经验有力有效推进乡村全面振兴的实施意见》，对农村牧区人居环境整治提升、着力提升乡村建设水平、着力提升乡村产业发展水平、着力提升乡村治理水平等方面提出明确要求和具体措施，因地制宜，分类施策，循序渐进，推动"千万工程"在青海的实践。二是强化乡村建设，打造宜居宜业和美乡村。投入资金 18 亿元，用于扶持乡村环境综合整治、水利枢纽建设、农村电网巩固提升工程、乡村基础设施改善、冷链物流发展等 150 个项目。持续推行"三清三改治六乱"整治活动，新建 2.11 万座农村家庭厕所，使农村卫生厕所的覆盖率提升至65.1%，新改建普通省道和农村公路 5733 公里。三是发展乡村特色产业，促进农牧业高质量发展。青海将 69.56% 的中央财政衔接资金用于乡村产业发展，重点发展牦牛、藏羊等特色产业，实施 1016 个项目带动 24.5 万名农牧民增收。加大冷凉蔬菜产业投入力度，建成多个蔬菜基地，打造区域品牌，播种面积 66 万亩，产量 161 万吨。通过品牌赛事、展销等方式推进农体文旅商融合发展，创建湟中设施蔬菜和高原冷凉蔬菜国家现代农业产业园、青海枸杞优势特色产业集群及 3 个农业产业强镇。向省外输出 173.2 亿元产品，绿色食品、有机农产品认证总量达 1200 个，农产品质量安全合格率超 98%。

（四）着力打造高原民生青海样板

积极回应和解决群众急难愁盼问题，聚焦教育、就业、养老、托育等热点实施民生重点工程。一是深入实施就业优先战略。2024 年，青海城镇新增就业 6.45 万人，城镇调查失业率同比下降 0.3 个百分点。创新打造"青海 e 就业"特色品牌，引导帮助 1.5 万名应届离校未就业毕业生就业，农牧区劳动力转移就业 109.38 万人次，脱贫人口实现务工就业 24.83 万人次。"青海拉面""青绣""互助家政"等 49 个特色劳务品牌带动农牧民就业 40万人次以上。二是持续实施教育强省战略。推进学前教育和特殊教育普惠发展，推动义务教育优质均衡发展和城乡一体化，推进教育数字化建设。促进高中阶段学校多样化发展，实施现代化职业教育与产教深度融合促进工程，促进职普融通。实施高等教育优质本科扩容工程和教学质量攀高行动，全力推进两所本科大学实现首次招生，实施高原科学研究平台集群建设工程，提升科研创新能力。健全家校社协同育人机制，在全省50%以上的县城建立"教联体"。三是不断完善养老托育服务体系。推进养老服务高质量发展，投入9600万元支持12个县区创新开展"高品质养老服务社区项目"建设，健全三级养老服务网，改造100个农村互助幸福院。印发《青海省推动托育服务高质量发展若干措施》，大力发展社区嵌入式托育，扶持有条件的用人单位建设托育机构，新增普惠托位4200个。

（五）广聚人才赋能高质量发展

青海深入贯彻落实习近平总书记关于做好新时代人才工作的重要思想，通过一系列措施汇集人才，助力青海高质量发展。一是加强组织保障，坚持党管人才。为提升人才的组织保障感和归属感，青海坚持党的领导在人才工作中的核心地位，严格执行领导干部与专家人才联系服务的制度，确保企业成为汇聚人才的核心平台。二是开展赴外引才活动，优化人才战略布局。强化"组团式"引才实效，引进生态文明高地建设、产业"四地"建设等领域急需紧缺优秀高校毕业生，涉及生态环保、绿色算力、教育医疗、特色农牧业等众多行业领域。通过举办"毕业生访企交流"及"青海学子看家乡"等专题活动，引领高校毕业生实地探访青海企业，促进深度交流。三是以发展新质生产力为导向，优化人才战略布局。依托"六新"产业优化人才战略布局，紧扣社会经济发展需求，引进569名高端创新人才[1]，推动产业转型升级和创新发展。通过政策创新、对口支持机制、"人才+项目"服务等措施，发挥人才优势，促进教研成果应用。

（六）稳步推进民族团结进步示范省建设

坚持以铸牢中华民族共同体意识为主线，坚持我国宗教中国化方向，在

---

[1] 夏吾交巴：《新质生产力视域下青海省人才队伍建设研究》，《新西部》2024年第5期。

全国率先实现所有市州和93%的县成功创建全国民族团结进步示范区，率先出台民族团结进步示范创建测评指标体系，拓展深化各民族交往交流交融。一是率先实施民族团结进步宣传教育活动。青海结合地方特色率先实施民族团结进步宣传教育活动，创立特色宣讲队伍，深入基层宣传党的理论和方针政策，弘扬爱国主义和改革创新精神，增强"五个认同"，培育社会主义核心价值观。二是有形有感有效构筑中华民族共有精神家园。完善制度促"有形"，成立专门领导小组，采用"双组长"责任制，将铸牢中华民族共同体意识纳入全省工作和考核制度。持续改善民生促"有感"，坚持以人民为中心，搭建"线上+线下"公众服务平台，提高公共服务能力。发挥作用促"有效"，以"中华民族一家亲，同心构筑中国梦"为总目标，打造新时代民族工作"青海样板"，全省多地建成民族团结进步示范区，形成可借鉴、可复制、可推广的"青海经验"。三是着眼建设中华民族现代文明。推出系列专题片活化利用文物资源，实施"旅游+民族团结进步"行动，打造红色旅游景区和民族团结进步主题旅游线路。推出优秀民族文艺作品，扩大青海文化影响力，展现民族团结进步历程。推动民族文化产业快速发展，促进各民族交往交流交融。

（七）高效重振积石山地震灾后家园

2023年甘肃省积石山县发生6.2级地震后，青海相关部门迅速响应，精心规划并实施一系列灾后恢复与重建工作，涵盖了农房重建、公共服务设施修复等7大类别，共计240个项目，创造了在青藏高原当年开工当年建成的重建奇迹。一是有序进行基础设施与房屋重建。青海省将原用于住房城乡建设领域的4亿元乡村建设项目资金、针对4万户居民居住条件改善的工程资金和1.76亿元用于89个和美乡村建设项目的资金调配至海东市。截至2024年12月，青海灾区3.65万户受损农房的建设任务全面完成。① 二是加快恢复受灾民众就业。青海灾区优先吸纳受灾群众参与物资转运、危房拆除、

---

① 《震后一年，积石山地震青海灾区群众迁新居》，《人民日报》2024年12月18日。

垃圾清运等工作，并通过"以工代赈"等方式吸纳受灾群众实现"家门口就业"。海东市人社部门通过举办线上线下招聘会、设立"就业服务工作站"等方式，积极为受灾群众提供就业岗位。开展装载机、叉车、挖掘机等急需工种的短期技能提升培训，满足灾后重建项目急需工种用工需求，受灾群众的收入水平得到了显著提升。三是大力加强社会保障与心理援助。为保障灾区民众生活，青海建立省市县三级快速响应机制，确保社保待遇及时发放。对受灾单位缓缴 2024 年社保费，免缴滞纳金。针对受灾群众出现的恐惧、焦虑等情绪体验及睡眠欠佳、躯体不适等状况，各大医院派出心理救援队现场进行细致分析、详细解释、简单教授，帮助受灾群众快速舒缓情绪。

二 2024年青海社会发展存在的问题及挑战

2024 年青海省锚定全面完成"十四五"规划目标，奋力推动经济社会高质量发展，但社会建设和城乡协调发展正面临多维度的转型挑战。人口发展进入总量趋稳和流动加剧的关键转折期，多元共治的基层治理体系有待进一步完善，民生保障领域仍有短板制约群众获得感提升，农牧业转移人口市民化进程中面临的难题需要进一步破解。

（一）人口发展迎来关键转折期

人口高质量发展是现代化建设的基石，随着我国人口发展呈现的少子化、老龄化、区域人口增减分化趋势日趋明显，青海人口规模和人口结构也正在发生历史性变化。2021 年全省出生人口首次低于死亡人口，2023 年全省人口出现负增长，人口自然增长率下降至 1.68‰。0～14 岁人口占比从 2020 年的 20.81% 下降到 2023 年的 19.81%，15～64 岁人口占比从 2013 年的 73% 下降到 2023 年的 69.74%，65 岁及以上人口占比达到 10.45%，少年儿童人口和劳动年龄人口均已跨越了从增长到减少的关键转折点，人口老龄化程度持续加深。同时，受经济发展形势和高原气候环境影响，外来务工经商人员回流和省内退休人员迁居省外的现象更加普遍。

因此，准确认识和把握人口结构性变动趋势、积极应对人口老龄化、促进人口长期均衡发展、以人口高质量发展支撑现代化新青海建设成为现阶段面临的重大挑战。

（二）基层治理需要更加精细精准

随着党组织领导的自治、法治、德治相结合的城乡基层治理体系不断健全，青海社会治理效能显著提升，平安青海建设迈向更高水平。但是青海基层治理长期面临不同的区域发展水平、显著的城乡二元环境和独特的民族宗教文化，传统制度和习俗习惯等对基层治理影响深远，城市、农区和牧区的社会基础和治理难点差异较大。城市主要体现为房产管理和交易历史遗留问题、物业服务保障和监管制度不健全、业主与物业服务企业之间情绪对立以及老旧小区设施和环境卫生整治等。牧区主要是长期以来的草山地界纠纷、近年来出现的家庭内部草场分配矛盾，以及生态环境保护等领域的问题。农区主要是人口流动导致的空心村问题，基层治理主体缺位引起的政治参与弱化、利益分配失衡、公共生活淡化，高价彩礼、厚葬薄养、大操大办等陋习不易破除，村规民约难以发挥应有作用，移风易俗缺乏有力抓手。

（三）民生保障短板需要进一步补齐

一是城乡基本公共服务均等化水平仍有较大差距。省内优质医疗、教育、就业、养老等服务资源主要集中在西宁、海东等城市，随着全省农牧区人口持续向中心城市聚集，城乡基本公共服务的差距甚至在逐渐拉大，城市基本公共服务在向农村延伸的过程中，大部分乡镇和村庄承接能力有限，优质项目无法落地或较难推进。二是农牧区基础设施建设还有很大改善空间。由于青海地域面积大、人口密度小且居住分散，尤其是环湖和青南牧区部分乡镇电力、通信、道路、供水供暖等基础设施覆盖率还不能很好地满足群众需求，东部地区县城城中村改造任务繁重，农村道路沙化问题较为普遍，农村寄递物流体系有待进一步完善。三是城镇环境基础设施存在弱项。主要表现为设施建设不足、布局不合理、处理能力有限、运营管理水平不高，特别是西宁市和海东市污水处理厂建设滞后，垃圾处理设施运行不均衡问题较为突出。

（四）农牧业转移人口市民化亟待提质增效

随着城乡人口流动不断加剧，2024 年全省常住人口城镇化率达到 63.86%，比户籍人口城镇化率高近 20 个百分点，以全省人口基数计算约有 120 万人在城镇居住但未落户，推进以人为本的新型城镇化，必须更加注重解决影响农牧业转移人口市民化的障碍和制约因素。进城务工人员大多从事体力劳动、外卖配送、餐饮服务等低技能工作，工作条件差、工资水平低、稳定性差，缺乏社会保障。由于城乡教育差距，进城务工人员随迁子女在学习适应方面容易出现问题，如学习吃力、缺乏良好学习习惯，子女教育稳定性对于父母务工稳定性也有一定影响。现有政策支持将符合条件的进城务工人员纳入城镇住房保障范围，但住房保障的供给与需求之间仍存在明显差距，部分进城务工人员面临住房困难和居住隔离。个别用工企业拖欠克扣工资，平台隐性收费和乱收费等现象五花八门，农民工的合法权益容易受到侵害。

三 2025年青海社会发展形势展望

2025 年青海省将进一步推进全面深化改革为经济社会发展注入强劲动力，进一步提升公共服务均等性可及性促进区域和城乡协调发展，进一步织密扎牢多层次社会保障网兜牢民生底线，进一步加快以人为本的新型城镇化充分释放农业转移人口和县域发展潜能，进一步加强党的全面领导，加快形成共建共治共享的社会治理格局，进一步健全人口发展支持和服务体系，以人口高质量发展支撑现代化新青海建设。

（一）全面深化改革将进一步推进

为奋力推进中国式现代化青海实践，省委、省政府制定进一步全面深化改革分工方案，形成275项重要改革任务，明确51项省级领导领衔推进的重点任务，明确每项改革任务的牵头单位、实施路径、时间节点和具体目标。科技体制改革方面，将重点实施科技创新资源配置优化行动、科技计划管理改进行动、科技创新平台能级提升行动等九大行动，推动全省科技创新体系更加健全完善，资源配置更加公平高效，科技人才队伍不断壮大，创新活力进一步释放。省以下财政体制改革方面，将围绕"六个聚焦"，进一步厘清省以下财政事权和支出责任划分等，健全权责配置更加清晰、收入划分更加规范、财力分布更加均衡、基层保障更加有力的省以下财政体制。综合医改方面，将持续推进药耗集采改革、医保支付方式改革、医疗服务价格管理改革和定点医药机构管理改革等"四项改革"，紧盯群众急难愁盼问题，持续减轻群众医药负担。同时，高质量完成国有企业改革深化提升行动、深入实施促进民营经济高质量发展护航行动、融入和服务全国统一大市场、全面深化财税体制改革、大力发展普惠金融和绿色金融、高质量编制"十五五"规划等标志性改革将落地见效。

（二）统筹城乡的公共服务将进一步优化

推进公共服务一体化均等化是统筹区域和城乡协调发展的内在要求，2025年青海省将以县域为整体，更加聚焦群众需求迫切、反映强烈的基本公共服务需求，推动优质教育、医疗、公共文化等资源从城镇向周边农村辐射延伸，统筹推进城乡公共服务一体化发展。教育方面将严格落实教育经费投入"两个只增不减"工作要求，聚焦人口变化，优化教育资源配置，系统推动义务教育优质均衡发展和城乡一体化，通过集团化办学缩小学校、城乡、区域之间的差距，持续提升异地办学质量，优化县城中小学布局，补齐乡村教育信息化短板。医疗卫生方面将建成2所国家区域医疗中心，投运3所省级区域医疗中心，持续抓好紧密型县域医共体建设工作，促进家庭医生签约服务提质升级，开展"儿科、精神卫生服务年"行动，助力医疗服务能力提升。公共文化方面将推动实施西宁、海东市县级图书馆、文化馆基础设施建设达标工程，支持州、县公共文化服务单位推进实施提档升级项目，持续实施村（社区）文化活动室设备配置项目，组织开展优秀文艺节目下基层惠民演出，积极举办文化人才培训班，不断提升公共文化服务水平。

（三）多层次社会保障网将进一步织密扎牢

一是社会救助政策体系将进一步完善。加强低收入人口认定和动态监测，构建多元参与的"大救助"格局，加快完善"1+5+N"社会救助体系，细化完善低收入人口认定和救助政策措施，全面推行社会救助"掌上办""网上办"，不断提高社会救助精准性和时效性，实现社会救助领域"应保尽保"，持续发挥社会救助纾困兜底的重要作用。二是社会保险覆盖面将进一步扩大。城乡居民基本养老保险集体经济补助政策将正式实施，按照试点先行、因地制宜、民主管理、"一村一策"的原则，推动集体经济组织收益用于居民养老保险缴费补助，持续提升城乡居民养老保障水平。将延续实施失业保险一次性扩岗补助、灵活就业人员享受社会保险补贴等政策，推动住房公积金向职业劳动者覆盖。三是养老和托育服务能力将有更大提升。通过构建由养老服务机构、社区日间照料中心、农村互助幸福院组成的县乡村三级养老服务网络，持续增加城乡养老服务供给；以公办幼儿园向下延伸开办托班、用人单位办托、社区嵌入式托育等多种模式发展普惠托育服务，年内将完成改造100个农村互助幸福院，新增普惠托位4200个。

（四）以人为本的新型城镇化步伐将进一步加快

新型城镇化是中国式现代化的重要标志和必由之路。当前青海经济社会发展迎来新的更好的发展机遇，城镇化发展也正处于从量变到质变的关键时期，省委、省政府将更加注重农牧业转移人口市民化，更加注重优化城镇化空间布局，更加注重发挥都市圈引领作用，更加注重推进公共服务一体化，统筹"人口、产业、公共服务、城镇、生态保护"五位一体推进，聚焦"水、电、路、产、城"重点领域，全力实施城镇化发展空间优化提升行动、新一轮农业转移人口市民化行动、县域城镇化水平提升行动、都市圈一体化发展提速行动、城市更新和安全韧性提升行动、以城带乡促进融合发展行动等"六大行动"。聚力打造县域经济发展新引擎，支持潜力地区发展特色产业集群，分类推进全省城镇依据资源禀赋和功能定位协调发展，引导人口向中心城市、县城和低海拔地区聚集，充分保障进城落户农民土地合法权益和随迁子女平等接受义务教育，从而实现产业升级、人口聚集和城镇发展良性互动。

（五）共建共治共享的社会治理格局将加快形成

2024年1月，中共青海省委社会工作部正式挂牌成立，这是加强党对社会工作集中统一领导的重大举措，是推动社会治理体系和治理能力现代化的关键一步，标志着青海省社会建设事业开启了新篇章，将进一步推动协同构建基层治理现代化新格局。一是党建引领作用将更加凸显。通过推动基层党组织建设与基层治理深度融合，完善基层党组织领导的群众自治机制，进一步激发基层治理活力。统筹推进党建引领基层治理和基层政权建设，聚力打造基层治理共同体。二是治理方式将更加精细化。通过推动基层治理方式创新，进一步完善"五社联动"机制，即社区、社会组织、社会工作者、社区志愿者、社会慈善资源协同发力的治理模式；加快智慧社区建设，推进大数据在社区治理中的应用，实现"传统治理"向"整体智治"转变。三是矛盾纠纷化解将更加高效。社会工作部将统筹指导人民信访工作，健全矛盾纠纷"一站式"化解机制，推动"三调联动"（人民调解、行政调解、司法调解）高效运转，有效解决群众急难愁盼问题，维护社会和谐稳定。

（六）人口发展支持和服务体系将更加健全

党的二十届三中全会提出健全人口发展支持和服务体系，明确以应对老龄化、少子化为重点完善人口发展战略，提出健全完善生育支持政策体系和激励机制等改革举措，青海省及时对完善支持人口发展政策做出部署，推动人口长期均衡发展的政策效应将逐步显现。一是生育支持配套措施将进一步完善。截至 2024 年底，全省已有果洛州、海南州、海东市等 6 个市州出台相关政策，对符合政策生育二孩、三孩的家庭发放一次性生育补贴，对于符合政策生育的职工延长生育假和配偶护理假等，后续将有更多包括生育保险、医保报销、住房保障、税收补贴等的专项政策出台。二是生育成本将逐步降低。青海省推动辅助生殖技术项目正式纳入医保报销范围，随着辅助生殖技术日益成熟和相关支持政策的深入实施，全省参保群众生育相关医疗费用负担将显著减轻。三是优生优育服务水平将进一步提高。持续推进各级妇幼保健机构标准化建设和规范化管理，提升危重孕产妇、新生儿、儿童救治能力，2025 年将初步实现省市县三级均设置一所由政府举办的标准化妇幼保健机构。

四　促进青海社会发展的对策建议

2025 年，青海省将全面深入贯彻落实党的二十届三中全会精神，扎扎实实把《中共青海省委关于贯彻落实党的二十届三中全会精神 进一步全面深化改革、奋力推进中国式现代化青海实践的决定》精神落实在各项工作当中，全面深化改革，加速推进具有青海特色的中国式现代化实践，圆满完成"十四五"规划目标任务，为全省"十五五"目标的制定和实施打下坚实的基础。

（一）积极应对人口结构变动

1. 进一步完善人口政策

放宽落户条件，优化子女教育、住房、医疗和养老等社会保障措施，制定与青海现状和未来需求相匹配的人口政策，吸引更多外来人口流入，增强人口活力。强化人口监测机制，密切关注人口增长及流动趋势，为制定科学的人口规划和政策提供有力依据。促进城乡人口有序流动。加速西宁-海东都市圈建设，通过强化基础设施、公共服务等协调合作，促进两地人口流动和聚集，加大对欠发达地区的扶持，因地制宜引导产业转移以减少人口外流，实现均衡发展。

2. 完善养老保障体系

截至 2024 年底，全省 60 周岁以上老年人口占比 14.23%，老龄化程度进一步加深。一是遵循全国统一部署，并结合青海本地实际情况，稳步提升养老金待遇水平，积极推动养老保险的商业化进程，引导有条件的老年人选择商业养老保险。二是推动多元化养老服务，不断完善老年人食堂、日间照料中心等基础设施建设，尤其是要加强对农村老人的关怀，积极探索互助型养老、村集体经济给予养老保险补贴等多种养老模式。三是鼓励更多的社会力量投身养老服务产业，实现养老服务的多样化、个性化供给，共筑老年人幸福晚年。

3. 优化劳动力资源配置

一是通过加大教育投入力度，提高基础教育及中高层次教育的质量，为青海省的长远发展培养高素质人才。二是强化职业教育与培训，以市场需求为导向，及时调整教育培训内容，确保教育与就业紧密结合。三是制定吸引优秀人才落户青海的政策，通过优化就业、创业环境，提高工作、生活待遇，吸引更多优秀人才参与青海的建设与发展。四是大力发展新兴产业，特别是高新技术产业和现代服务业，创造更多高附加值就业岗位，提升劳动力需求层次。五是促进传统产业优化升级，运用新技术、新设备、新工艺提升其生产效率与竞争力，从而稳定和扩大就业规模，为青海省的经济社会发展注入新的活力。

（二）持续推进乡村全面振兴

1. 确保全省粮食安全

一是完善耕地保护与粮食安全责任制的考核体系，力保粮食年产量稳定在 110 万吨以上。二是聚焦小麦等核心粮食作物，推广良田、良种、良机与良法的有效结合，促进粮油单位产量实现显著提升。三是通过落实耕地地力保护补贴、农机购置补贴、产粮大户奖励等惠农政策，有效激发农民的种粮热情。四是坚决开展"非农化""非粮化"整治行动，结合青海实际，制定耕地占补平衡、撂荒地常态化治理机制，构建耕地数量、质量、生态"三位一体"保护体系。五是持续加大高标准农田的投入力度，加快实施《青海省水网规划》，推进水利灌溉地区的农田升级改造，出台将永久基本农田逐步建成高标准农田的实施方案。六是倡导爱粮节粮的健康饮食文化，通过提升全民节粮意识与强化监管体系，坚决制止餐饮浪费行为，共同为青海省的粮食安全保障贡献力量。

2. 做强培优农牧业特色产业

一是立足青海独特的自然条件，大力发展牦牛、藏羊、青稞、油菜等特色产业，通过提升种植养殖科学化水平、实现深加工等措施完善产业体系，延伸产供销链条。二是整合土地、资金、科技等资源，重点培育一批"链主型"龙头企业，打破地域和行业壁垒，扩大农畜产品规模，打造具有地域特色的"青字号"品牌。三是加大乡村一二三产业的融合力度，积极探索观光农业和畜牧业，提升农畜产品附加值，扩大对外知名度。

3. 丰富乡村文化活动

一是加强对乡村传统文化的保护与传承，依托新时代文明实践中心与村史馆等平台建设，深入发掘并守护那些蕴含地域风情的传统文化，塑造独具青海韵味的乡村文化标识。二是通过"我们的节日""中国农民丰收节"等多样化活动的举办，不断充实乡村民众的文化生活，充分展现青海省农村文化建设所取得的崭新成就。三是精心策划青超联赛、"青BA"篮球赛与环青海湖国际公路自行车赛等各类体育赛事，采取"走出去 请进来"的策略，着力培育具有持久吸引力及广泛影响力的乡村赛事品牌，持续提升青海省农村文化的知名度与美誉度。

4. 强化基层组织建设

一是加强农村基层党组织建设，选拔并培养优秀的村党组织带头人，以提升基层党组织的整体凝聚力和战斗力。二是完善村民自治机制，拓宽村民参与公共事务的渠道，借助村民议事会、理事会等民主协商平台，广泛吸纳村民的意见与建议，确保村民的知情权、参与权、表达权和监督权得到充分保障，实现民事民议、民事民办、民事民管，构建共建共治共享的乡村治理新格局，激发村民参与乡村治理的积极性和主动性。

（三）持续提升社会治理现代化水平

1. 加强党建对社会治理的引领

始终坚持党的核心领导地位，全面发挥党的领导作用。建立健全省、市州、县（区）三级党建引领基层治理协调机制，形成党组织统一领导、政府依法施政、各类组织协同配合、群众广泛参与的社会治理新格局，以推动社会治理现代化的进程。

2. 深化社会治理的"党群"融合

一是在党的坚强领导下，持续强化基层民主政治建设，健全基层群众自治机制，致力于构建"大家的事情大家办"的协商治理格局。二是依托"爱心超市"等平台，推广积分制管理，激发社区居民参与治理的热情，使自治为社区注入活力。三是深入开展法治宣传，提升全民法治素养，引导人民成为社会主义法治的忠实崇尚者、自觉遵守者与坚定捍卫者。四是通过修订村规民约、开展新时代文明实践活动等途径，弘扬新风正气，引领社会风尚，共同营造和谐美好的社会环境。

3. 实现社会治理的多元主体共治

一是通过完善机制与政策，大力发展社会组织，提升各类社会组织专业化服务水平，鼓励其积极参与教育、医疗、养老、环保等领域的社会治理。二是壮大社区志愿者队伍，引导公众参与社会治理，如治安巡逻、安全宣传、群众服务、矛盾化解等，同时建立激励保障制度，确保志愿者的积极性和可持续性，共同为青海省的社会和谐贡献力量。

4. 提升社会治理的数字化水平

一是以西宁市、海东市为试点，推进"12345热线+网格"模式。以市级热线平台为核心，建立各村（社区）的平台接入账号，实现诉求表达与处理的无缝对接。二是加强与领导信箱、网络平台、信访部门、党委部门热线的联动，探索建立社区事务管理服务平台，推动数据融合与工作融通，提升社区治理效率。三是通过规范各级综治中心建设，构建五级社会治安防控指挥运行处置机制，确保上下贯通、反应迅速。四是加强雪亮工程和公安大数据平台建设，提升警务云平台能力，提高风险预测预警预防能力。五是优化应急指挥通信网络，提升数字化、智能化水平，在应急监督管理、指挥救援、物资保障、社会动员等方面实现全面升级。六是加快自然灾害综合监测预警信息化平台建设，汇聚多部门数据，提升应急管理能力。七是实施"互联网+基层治理"行动，完善基础数据，依法依规向村（社区）开放数据资源，推动基层治理向更加精准、高效的方向发展。

（四）持续提升民生保障能力和水平

1. 全面提升教育质量

一是着力推进学前教育发展，新改扩建公办幼儿园，持续扩大普惠性幼儿园覆盖面，让更多孩子享受优质学前教育。二是改善义务教育条件，实施薄弱环节改善与能力提升工程，新改扩建学校，优化教育资源配置。注重提升普通高中教育质量，挖掘优质学校资源潜力，增加教育资源总量。三是实施职业学校办学条件达标工程，提升教学和实训水平，增强职业学校办学实力。四是积极推动智慧教育建设，为学校配套信息化设备，改善数字化条件，发挥国家智慧教育平台优势，引导教师常态化应用，助力教育现代化发展。

2. 持续加强医疗卫生保障能力

一是深化数据管理，通过"一人一档"的精细化策略，确保所有重点群体均被纳入保障体系，全面享受应有待遇。针对困难群体，实施强有力的保障措施，全额资助特困人员，同时为低保对象等符合条件的困难群众提供定额资助。二是积极探索适应中藏医及紧密型医共体等特色的支付方式，并将生育住院医疗费用纳入 DRG/DIP 付费体系。三是优化医疗服务网络，合理布局定点医药机构，完善协议管理，强化准入与退出机制。四是加大"智慧医保"建设力度，广泛应用医保码、移动支付等，加速搭建"刷脸"结算、影像云共享及医保云平台，高频事项实现"跨省通办"。五是不断完善多层次保障体系，规范和促进商业健康保险发展，推动其与三种制度综合保障协同共进，为民众健康提供更坚实的保障。

3. 多措并举推进住房保障

一是持续改造城镇老旧小区，通过统筹完善基础设施等措施，提升居民生活质量。二是实施农牧民居住条件改善工程，精准改造城市危旧房，确保居民住房安全。三是完善公租房管理体系，推广"一件事一次办"服务，规范公租房小区管理，同时为城镇住房困难家庭提供租赁补贴，切实保障其基本居住需求。

（五）持续加快农牧业转移人口市民化进程

1. 深化户籍制度改革

一是全面推行"零门槛"落户政策，助力农牧业转移人口在城镇稳定就业生活，缩小户籍人口与常住人口城镇化率差距。二是简化迁移手续，实施"省内通办""跨省通办"，并推出居民身份证补换领、居住登记"全程网办"及证件照片"一拍共享、一照通用"等便民措施，为群众提供更加便捷、高效的服务。

2. 健全常住地公共服务制度

一是依据常住人口规模和服务半径优化服务设施布局，增加服务项目。在人口集中流入地设立街道、社区服务机构，以便更好地服务转移人口。二是推动居住证与身份证功能衔接，构建以居民身份证号码为标识的服务机制，确保非户籍人口享受同样的基本公共服务，实现服务由常住地供给，覆盖所有常住人口。

3. 积极稳定和扩大就业

一是鼓励多方开展补贴性职业技能培训，扩大职业院校对农牧业转移人口的招生，并引导农民工参与职业技能评价。二是做优特色劳务品牌，开展公共就业服务活动。落实稳岗促就业政策，健全劳动合同和劳动关系协调机制，并强化农民工工资支付保障，全方位保障其劳动权益，为就业稳定提供坚实支撑。

4. 切实保障随迁子女教育权利

一是将随迁子女全面纳入流入地教育保障范围，增加公办学校学位，确保其在公办学校就读。二是将其纳入普惠性学前教育、中职及高中教育，保障其参加中考及招生录取。依据常住人口变化动态调整师资力量，深化"县管校聘"改革，为随迁子女提供更加公平、优质的教育资源。

（六）持续深化生态保护和治理

1. 完善生态保护制度体系

以自然保护地体系建设为核心，依托国家公园示范省建设，健全具有国家代表性和世界影响力的自然保护地典范制度体系。其中，三江源国家公园完善长效保护机制，打造青藏高原生态保护修复示范区；祁连山国家公园建立最严保护机制；青海湖国家公园理顺管理体制，创新运行机制，共同推动青海省生态保护事业不断迈上新台阶。

2. 积极推动生态系统的保护与修复

一是坚定树立"整体观"，山水林田湖草沙冰一体化治理，在保护和治理过程中注重长期效果，不断扩大全省草原植被综合覆盖率，巩固荒漠化和沙化土地面积"双缩减"成效。二是加强水资源的保护和合理利用，强化源头责任，构建完善的水资源、水环境、水生态系统治理体系，促进上下游、左右岸、干支流的协同作战，凸显"河清海晏"的青海担当。三是推动绿色低碳循环发展，建立绿色产业体系。牢牢把握这一发展主线，持续加大生态保护修复的力度，不断完善相关政策措施，推动全社会形成保护生态环境的共识和行动。

3. 加强环境监管与执法

提升环境监测能力，改进监测技术，建立完善的监测网络，采用遥感等先进技术，提高监测的准确性和密度，提高管理水平和治理效率。加强环境执法，惩治各类环境违法行为，强化对关键区域和行业的监管，确保环境质量持续改善。

参考文献

罗东川：《2025年青海政府工作报告》，《青海日报》2025年1月19日。

青海省发展和改革委员会：《青海省2024年国民经济和社会发展计划执行情况与2025年国民经济和社会发展计划草案的报告》，《青海日报》2025年2月5日。

青海省统计局：《青海省2024年国民经济和社会发展统计公报》，青海省统计局门户网站，2025年2月28日

经济篇 ⟩

B.3
2024年青海发展以绿色算力为引领的
新质生产力研究

任妍妍　王礼宁*

摘　要：　党的二十届三中全会《关于进一步全面深化改革、推进中国式现代化的决定》中要求"健全因地制宜发展新质生产力体制机制"。2024年6月，习近平总书记在青海考察时强调，"青海要认真贯彻党中央决策部署，完整准确全面贯彻新发展理念，要着力培育体现本地特色和优势的现代化产业体系。"青海省委、省政府紧抓生成式人工智能爆发重大机遇，结合青海气候、区位、能源等各项优势，及时作出"加快发展以绿色算力为引领的新质生产力"的决策部署。经过近一年的发展，绿色算力产业为青海协同推进生态环境保护与高质量发展注入强劲动力。面对布局较晚、整体规模较小等一系列问题，青海应重点塑造绿色算电协同发展新优势、加强分级分类

* 任妍妍，青海省社会科学院经济研究所助理研究员，主要研究方向为民营经济、区域经济；王礼宁，青海省社会科学院生态文明研究所副所长、副研究员，主要研究方向为生态经济、能源经济。

培训、提高招商服务效率、放大"数据援青"效应、加快推进数字政府建设。

关键词： 新质生产力 人工智能 绿色算力 青海省

数字经济时代的生产力，正在由以资本、劳动、土地等传统要素为基点转向以数据、算力、算法等新型要素为基点，生产力的数字化、智能化特征十分明显，算力已成为塑造新质生产力的核心驱动力，也是衡量一个国家综合国力的重要指标。绿色算力更是在应对全球气候变化、"双碳"目标约束背景下，人工智能爆发导致能源需求激增的必然选择。绿色算力依托清洁能源发展成果，以数字化、智能化，特别是生态化的方式，提升单位资源、能源、劳动等投入所创造的经济价值和社会效益，促进新质生产力发展。

一 青海省绿色算力产业发展现状与成效

算力即国力，即核心竞争力。2024年，青海在人工智能的爆发中紧跟时代浪潮，聚力打造立足西部、服务全国的绿色算力基地，清洁能源与数字经济的融合发展，正成为青海算力与时代相拥的重要纽带。实践证明，青海发展绿色算力产业，是符合青海比较优势、打造青海高质量发展新引擎、融入和服务全国大局的好路子。一年来，全省绿色算力发展已经全面起势。

（一）政策体系持续完备

青海省持续加强顶层设计，加大政策支持力度。相继出台了《青海省加快融入"东数西算"国家布局工作方案》《青海省绿色零碳算力网络建设行动计划（2023—2025年）》《青海省绿色算力基地建设方案》等绿算产业发展纲领性文件；相关职能部门陆续出台《青海省促进绿色算力产业发展若干措施》《科技支撑青海省绿色算力基地建设行动方案（2024—2028年）》《青海省能源电力领域支持绿色算力产业发展若干措施》等配套政策；发布实施《绿色算力基础设施等级评定规范》等 5 项绿色算力地方标准。青海已初步构建起集总体规划、实施方案、配套政策、技术标准于一体的支持政策体系，为助力全省绿色算力产业发展提供了有力的政策支持。随着国家四部委联合批复《青海省绿色算电协同发展实施方案》的落地实施和全国算力发展"8+1"格局的初步形成，青海已成为全国首个开展绿色算电协同发展试点的省份。

（二）算力规模迅速扩大

青海绿色算力规模虽然较小，但增速较快。2023 年底，我国在用算力中心机架总规模超过 810 万标准机架，算力总规模达 230 EFLOPS，近三年复合增长率约为 30%，青海在用在建机架数为 4.3 万架，算力规模为 140 PFLOPS，仅占全国总算力 230 EFLOPS 的 0.6‰[1]，排名全国倒数第三。经过近一年时间的发展，"1（西宁-海东核心集群）+2（海南、海西集聚区）+N（其他市州县）"体系初步建立，截至 2024 年底，全省已建在建标准机架规模达 9.3 万架，是年初的 2 倍多，算力规模达 8400 PFLOPS，比年初净增超过 8000 PFLOPS[2]。青海正在加快建设 4 个万卡集群项目，预计2025 年全省标准机架、算力规模将实现"双翻番"。

（三）供需结构更加匹配

2024 年，通过产业政策，青海招引百度、阿里、360、京东科技、寒武纪、中贝、鹏银、富本等头部企业签约落地，华锐等民间资本自主入青投资，激发了绿算市场活力。签约的重大项目包括智算、通算、超算等算力类型，涉及大模型训练和推理、绿算运营、算力调度等多种算力应用，极大地

---

① 王礼宁、殷光治、刘志强、杨春月：《新质生产力视角下青海发展绿色算力的逻辑、挑战与路径》，《青海社会科学》2024 年第 1 期。
② 资料来源于青海省数据局。

优化了青海算力以供应商云服务、灾备业务为主体的供给结构，有望快速形成规模化的多元算力供给，满足不同行业、不同场景的算力需求。同时，青海打造绿色算力基地，建设大规模的绿算中心，需要大量的数据、算法、应用场景作为需求方匹配，已签约的企业中，数据及应用场景涉及游戏、办公、安防、金融、能源、生态等行业，增强了算力消费端的多样性。

（四）绿算品牌逐渐打响

2024年，青海绿算宣传推介热度持续升温。3月29日，省委、省政府在北京举办以"保护高原生态、发展绿色未来"为主题的青海绿色算力产业发展推介会，正式打响了青海绿色算力产业高质量发展的"第一枪"。4月29日、5月17日，青海分别在深圳、南京召开青海绿色算力招商引资座谈会，打响青海绿色算力品牌。年内，各市州充分发挥对口援青机制作用，开展招商活动9次，签订合作协议28份，招引项目30项，意向投资总额达420亿元①。省智慧双碳大数据中心在国内首创集中功率预测模式，三大运营商数据中心入选国家绿色数据中心名单，入围数量居西北第一、全国第五。涌现出青海中水数易智慧水利平台、西宁市智慧综合管网"一张图"平台等一批青海本地原生创新应用。青海绿算产业发展已经得到了业界的广泛认可和关注，品牌影响力明显提升。

（五）算力生态持续向优

青海省已建成数据中心15个，西宁、海东成功申建"千兆城市"，省内本地网间时延降低94.35%，全国访问青海网间时延降低12.2%②。加大力度招才引智，出台《青海省集聚绿色算力人才的十条措施》，在"昆仑英才·高端创新创业人才"项目中拿出30%的指标支持"绿色算力人才计划"，通过整合举办传承"两弹一星"精神中国青年英才论坛和"智汇三江

---

① 数据来源于青海省数据局。
② 数据来源于青海省数据局。

源·助力新青海"人才项目洽谈会，成功对接绿色算力、生态环境、能源资源项目600个，柔性引进急需紧缺人才1499名[1]，持续强化现代化新青海建设人才支撑。产业链"多点开花"，从算力、模型到应用，从数据标注、呼叫客服到存储灾备，推动业态多元拓展。百度在海东、海南等地建立人工智能数据标注基地，解决就业400余人，海东市联合阿里集团打造呼叫中心，解决就业200余人[2]。算力在天文、盐湖、电网、旅游、农牧、生态保护、政务服务等领域的创新应用持续深化，探索人工智能大模型场景落地应用，征集场景应用典型案例73项，应用场景得以深度拓展。

二 青海绿色算力产业发展面临的主要问题

近一年来，青海的绿色算力发展起步快、势头好，成绩斐然，但也存在发展基础仍较薄弱、整体认知较为滞后、招企稳企有落差、人才支撑不强、绿电价值尚未明显体现等短板和不足。

（一）布局起步相对较晚，发展基础较为薄弱

当前，国内外算力需求和供给呈现快速爆发、高速增长的特点，全国各地都在纷纷布局算力产业。贵州、宁夏等地早已抓住机遇，抢先布局，如今贵州综合算力指数位居全国"第一方阵"，宁夏十年前就布局数字经济，而青海算力布局才刚刚起步，算力规模排名全国倒数第三，发展基础较为薄弱。一是网络设施不优。尚未与国家枢纽节点间形成直连通道，数据传输仍需通过公共网络绕转，与直连网络相比时延较长，与国家枢纽节点间高速传输网络建设还需加强。二是产业链条还需拓展。目前项目集中在绿色算力中心建设和算力设备投资等方面，产业链条短，产业生态尚未形成，国家部委、央企、科研机构等单位或企业存储设备较少，数据标注中心、呼叫中心

---

① 郑思哲：《凝心聚力 实干笃行 为中国式现代化青海实践提供坚强组织保证》，《青海日报》2025年2月10日，第1版。

② 数据来源于青海省数据局。

等项目落地较少。三是要素支撑不强。部分签约落地的项目在土地审批、环评能评、电力保障等方面存在审批周期、建设周期较长等问题，西宁、海东电力配套设施建设尚需规划周期，特别是能源领域的支持举措还需进一步细化落地。

（二）绿算认知整体滞后，内生动力明显不足

从数据中心到算力中心，从通算、智算到超算，青海全社会对绿算的认知，整体滞后于北上杭深等发达地区及"东数西算"枢纽节点省份，不利于对绿色算力产业发展窗口的研判和重大机遇的抢抓，进而影响招商引资、落地稳企、培育产业等一系列后续举措。一是政府绿算认知统一尚需时间。近一年来，青海开展了针对政府工作人员，覆盖面较广的绿算相关培训，取得了一定的成效。但因绿算是快速发展、日新月异的新兴行业，除省发改委、数据局、能源局等绿算直接主管单位外，其他部门对于绿算发展前沿的追踪性不强、知识储备不足。二是企业界对绿算行业认知不足。绿算行业相对于传统行业专业门槛较高，存在一定的技术壁垒，投资金额较大，尤其是民营企业参与绿算产业投建的资金成本压力较国企、央企更大。调研中，一些省内民企表示，自身无法获得全省绿算培训的"入场券"，缺乏相应的见识经验、专业人才和技术储备，想入却难以入局绿算行业。三是绿算培训课程不成体系。绿色算力涉及能源、计算机、通信、经济等多个领域的专业知识和技能，需要形成涵盖清洁能源、计算机科学、数据处理、人工智能、电力管理、市场管理等不同学科背景的专业团队。整体看，省内还没有一个较好的专门针对绿色算力的完整课程体系，干部培训还需不断完善，全社会需提高对绿算的整体认知，形成产业发展的内生动力及合力还需一定时间。

（三）招企稳企有落差，投资环境需持续优化

2024年，青海省级层面及各市州开展绿色算力推介和多次招商活动，考察洽谈几百家企业，签约落地了一批项目，但在后续落地稳企过程中部分企业持观望态度。一是政策宣传解释待加强。部分企业认为青海绿算投资吸

引力不足，投资意愿有所减弱。如有企业认为《青海省能源电力领域支持绿色算力产业发展若干措施》中提到的绿算光伏指标配比较少，不及新疆、甘肃等地。而该政策光伏指标配比是依据可并网光伏电量核算的，确保了可落地性，且有一定的筛选性，避免了政府与企业互开空头支票的情况，但因对政策宣传解释不充分，使企业产生了一定的误解。二是落地项目服务质量待提高。近年来依托清洁能源，青海省虽然引进了不少企业，但是从调研情况来看，配套设施不完善、企业信心不足、产业后劲乏力等问题正在持续显现，不少企业反映招商政策难兑现，前期垫付资金被拖欠。三是配套措施待优化补充。目前，青海发布的部分支持绿算产业发展政策配套具体实施细则还未跟上，对企业开展业务的指导性不够，影响了政策落地。如各项政策举措中均提出了"支持算力企业参与绿电中长期交易"，但目前没有实施细则，没有以文件形式固定下来，企业不知道具体该如何参与。

（四）算力专业人才支撑不足，科技创新难度大

青海人口规模小、科教资源少，数字化转型人才和信息化人才相对短缺，科技人才的培养和引进力度仍不足，对数字经济发展支撑能力较弱，且科技部门和企业在绿色算力方面的自主科技投入还较少，科技创新难度仍较大。一是科技创新投入不足。青海尚未有人工智能领域的先进企业，算力科创投入几乎可以忽略不计。绿色算力科技研究主要依靠省科技专项及高校领域的投资开展，特别是在青海较有优势的算电协同方面，已经有了一些立项，但总体投入还不足。二是数据市场化政策与可用数据不足。青海企业端对接使用政府端、各行业、各领域的数据资源仍缺少数据交易平台和政策支持，使得数据算法应用、人工智能应用及其创新难度较大，绿算经济价值体现不足。三是引进与培养人才发挥作用还不显著。直接、柔性引进的绿算产业界、学术界高层次人才在生产、学术、科技成果转化中应发挥的引领作用还未完全体现，产学研间未形成联动指导、考核与督导体系，科技攻坚目标不清晰。省内高校职校与科研机构、企业的合作意向强烈，但实际推进不足，短期内还难以形成对绿色算力相关领域人才的规模性供给和支撑。

（五）绿电价值尚未凸显，同质化竞争激烈

算力中心属于高载能行业，有测算结果显示，电费支出在数据中心运营总成本中的占比达 50%~60%，电价是影响企业投资决策的重要因素，青海的绿电价值目前还没有完全体现出来。一是电价不具明显优势。算力企业高度关注青海电价问题，青海算力产业的电力成本在全国范围内并没有明显的优势，如贵阳、中卫两市企业用电价格在实行补贴政策后均在 0.35 元/度左右，较青海电价低 0.1 元/度，青海目前还不足以应对算力企业电价敏感度极高的现实需求。二是同质化竞争激烈。邻近兄弟省区资源禀赋相似，中国通信院测算的 2024 年省级行政区环境评价 Top10 中，内蒙古自治区、宁夏回族自治区与青海省均跻身前列且得分相当，同质化竞争激烈，且内蒙古自治区连续两年召开中国绿色算力大会，已具一定优势，青海绿算产业还未形成聚合品牌效应，需要加强品牌建设和市场推广，以提高知名度和影响力。

三 青海绿色算力产业发展形势展望与对策研究

近年来，以生成式人工智能（AIGC）为代表的新质生产力爆发式增长，大模型训练及推理激发多元应用，有望引发新一轮工业革命。AI 重要支撑的算力，特别是智能算力需求激增，年均增速超 30%，算力是高载能产业，将引发海量的能源消耗。而在应对气候变化背景下，算力低碳化、绿色化已是大势所趋。党中央、国务院高度重视人工智能的发展，密集出台《关于深入实施"东数西算"工程加快构建全国一体化算力网的实施意见》等多项政策文件。青海抢抓人工智能爆发和"双碳"战略目标机遇，依托自身资源和清洁能源等优势，以绿色算力产业为抓手发展新质生产力，这一决策恰逢其时，潜力巨大，前景广阔。

（一）塑造绿色算电协同新优势，为全国提供青海经验

以加快绿色算电协同发展为引领，在深化改革创新、建强算力集群、持

续招大引强、拓展产业深度广度、深化特色应用赋能等方面不断突破，打造算电协同"青海样板"。一是创新云网算电资源重构。升级打造全新的"算网大脑"，建设统一调度"算网大脑"纳管异构通算、智算、超算芯片，建立与共享储能电力交易市场协同的算力交易市场，推动算力低成本应用。二是打造多个算力中心示范基地。按照"西宁—海东算电协同核心集群+西宁绿电智算融合示范园、海东零碳算力产业园+海南、海西、海北等绿色算力发展集聚区"算力布局，加强数据中心科创成果转化，打造以"零碳、极速、高效、智能、安全"为标准的全国一流、业界领先绿色智算中心。三是确立一批核心工程并加快落地实施。打造算电协同示范国家级实验基地，同时有针对性地确立一批核心工程并快速落地推进。确立零碳算力产业核心工程，建设零碳算力产业集群，以绿色算力引领新质生产力；确立新型算力网络枢纽核心工程，保障网络时延问题；确立绿色算力调度运营核心工程，通过全国一体化算力能力调度，实现"甘青宁"多元算力互联互通、统一服务；确立算电协同安全防护核心工程，提升人工智能和数据中心安全防护能力，保障算力服务稳定运行。确立热点算力消纳牵引核心工程，深化"飞地经济"合作，吸引产业链项目落地青海，共促绿色算力产业可持续发展。

（二）加强分级分类培训，持续强化全省算力认知

促进绿算产业发展最重要的内生动力，是强化政企学各界的绿算认知，关键在于紧盯算力领域发展前沿，持续加强政企学界相关培训。一是优化绿算课程体系，加强分级分类培训。打造并不断优化集合人工智能、网络通信、能源电力、产业经济等跨学科知识与技能，且针对不同级别、不同主体的绿算培训课程体系特别要将企业家纳入培训范围。持续开展培训，加强政企学界对绿电、数据、算法、算力的深层次学习和理解，尤其是要加强对各级政策的研习和解读。二是加强政企交流，确保政策供需匹配。由政府绿算相关业务部门持续组织针对绿算产业落地问题的座谈会、业务交流会，汇总绿算企业参与青海绿算产业的堵点、难点、痛点。组织

政企学界代表赴省外算力经济发展较好的城市、企业考察学习，政府及时研究解决办法，在政策制定和衔接等方面做到紧贴前沿、超前谋划、确保落地。三是强化理论经验传递，以点带面实施案例推广。积累、凝练绿算企业在青海绿色算力产业发展方面的成功案例，持续面向全省各市州开展案例经验交流与有针对性的招商引资培训，特别是要针对产业园区和区县一级发改、数据等部门。

（三）高效服务落地项目，精准实施招商引资

青海绿色算力产业招商引资，不必追求轰轰烈烈，而要找准企业需求与青海优势之间的结合点，通过服务和政策，鼓励更多企业来青海发展。一是高质量服务好签约落地项目。加强统筹协调，在规划用地、环评、安评等方面强化项目属性管理，审查审批同步合并办理，提高服务质效，推进已开工项目加快建设，尽快竣工投运。二是全面提升服务意识。对绿算产业进行独立核算和考核，从而有效提升政府部门和运营商的服务意识。同时，梳理优化已经出台的绿色算力相关政策，加快出台支持数据中心绿证、碳证交易等相关政策具体措施，切实服务好企业需求。三是吸收借鉴先进地区招商政策和举措。在持续招大引强算力企业的同时，注重对大模型研究团队的招引。特别是要走出国门，研究、借鉴东南亚各国最近几年出台的算力引进相关政策措施，以国际视野优化青海"双招双引"政策体系。

（四）建立协调推进机制，提升"数据援青"质效

把"数据援青"上升为全省重大战略，深化协调推进机制，强化政策衔接，将"数据援青"打造成青海绿色算力产业发展的强劲引擎。一是强化人才智力支撑。充分利用对口援青和东西部协作机制，请援助方选派更多对算力行业懂技术、善运营、有产业发展经验的干部加入援青大军，加强数字经济和算力领域"组团式"专业人才帮扶。充分发挥绿色算力专家咨询委员会、青海高等研究院等智库作用，加强与援青数字经济智库团队

的对接，为绿色算力政策制定、项目招引等提出战略性、全局性、专业性、前瞻性建议。二是进一步扩大"数据援青"发展空间。鼓励援青省份把对口支援的项目、资金向"数据援青"方面聚集，解决援青省份在绿色电力、绿色算力方面面临的问题，有效提高对口援青资金使用效率和项目建设质量。三是加强市场化合作。按照市场化模式，进一步发挥青海与援青省市各自优势，持续在项目、技术、人才、市场等方面加强高效对接和协同联动，做好优势互补、发展互动、政策互通、市场互联，在推进"东数西算""西数西算"过程中不断寻找合作机遇，搭建合作平台，扩大合作覆盖面。

（五）以数字政府为切入点，打造良好的营商环境

主动顺应社会数字化发展趋势，积极推动数字政府建设，提高政府运行效率，努力打造良好的营商环境。一是积极加快推进数字政府建设。将数字政府建设作为数字青海建设的基础性、先导性工程，坚持全省"一盘棋"布局，着力构建"四横四纵两端"① 数字政府建设体系，提升数字化履职能力。加快推动形成协同高效的数字化履职能力体系、公平普惠的数字化服务体系、科学规范的数字化建设制度体系和全方位的数字化安全保障体系。二是以数字化赋能政务服务和社会治理。加快完成政务服务事项标准化规范化梳理，迭代升级一体化政务服务平台，聚焦企业群众高频刚需事项，围绕"高效办成一件事"，搭建更多数据应用场景，推动实现政务服务事项"一网通办、智办"。围绕推进治理体系和治理能力现代化，通过公共数据及时动态归集共享分析，不断提升社会治理的"感知力""组织力""反应力""保障力"。三是鼓励企业进行数字化转型升级。鼓励全社会用好数据资源，直接引进为企业做数字化转型服务的服务商，扶持有意愿的企业进行数字化转型升级。以数字政府建设推动数字化赋能，通过政府引导形成集聚效应，

---

① 四横四纵两端：四横指基础设施体系、应用支撑体系、数据资源体系和数字化履职能力体系；四纵指安全保障体系、政策制度体系、标准规范体系、组织保障体系；两端指政务服务办事端、政务办公端。

丰富拓展数字政府的应用场景，使青海不仅成为一个算力基地，也成为算力应用的大市场。

参考文献

余东华：《算力：数字经济时代的新质生产力》，《财贸研究》2024 年第 7 期。

王礼宁、殷光治、刘志强、杨春月：《新质生产力视角下青海发展绿色算力的逻辑、挑战与路径》，《青海社会科学》2024 年第 1 期。

B.4
2024年青海省消费形势分析报告

杨春月　杜青华*

摘　要：　消费需求在推动经济发展过程中发挥着基础性作用。2024年，青海省贯彻落实国家恢复和扩大消费的系列政策，消费市场呈现向好迹象，但也面临居民可支配收入水平偏低、实体店铺零售增速放缓、部分消费领域增长乏力等问题。展望2025年，随着宏观经济恢复向好发展、消费政策利好不断释放，青海居民消费能力和消费意愿将进一步提升。下一步，要加快提升城乡居民收入水平，大力开拓农村消费市场，加快传统零售业创新转型，着力打造新型消费增长点，切实增强消费经济稳定器的作用。

关键词：　消费形势　居民收入　新型消费　青海省

　　消费作为支撑经济增长的"三驾马车"之一，相较于投资和出口两大需求，消费需求更有韧性，在促进经济健康发展方面发挥着重要的先导性作用。近年来，面对复杂严峻的外部环境和国内经济运行中的新情况新问题，青海始终坚持稳中求进工作总基调，全力稳住经济大盘。2024年，在青海省委、省政府科学谋划下，切实推动以新换旧等系列扩内需、促消费政策落实落细，政策与资金相互配合，深度挖掘消费潜力，促使消费市场整体平稳运行。

---

　*　杨春月，青海社会科学院经济研究所研究实习员，主要研究方向为人口、资源与环境经济学；杜青华，青海省社会科学院经济研究所所长、研究员，主要研究方向为宏观经济与政策分析。

一 2024年消费市场运行的主要特征

2024年，为更好地贴近群众需求，更多惠及民生福祉，青海省重点实施"1+4+24+N"消费促进活动计划，全力打造消费促进区域公共品牌"青亲U惠"，策划新春、惠享、乐游、嗨购等主题消费季，全省消费意愿逐步提升，消费市场运行总体向好。

（一）消费市场降幅收窄，消费呈现向好迹象

2023年新冠疫情后的消费复苏效应明显，许多之前被抑制的消费需求被释放出来，尤其是在餐饮、旅游、娱乐和零售等聚集性和流动性强的行业，疫情后的报复性消费推动了整体消费的增长。如图1所示，2023年青海全年社会消费品零售总额同比增长17.3%，高于全国增速10.1个百分点，为近5年来最高增幅。2024年，虽然青海消费有持续增长的潜力，但疫情后的恢复效应逐渐消退，因此消费增长的速度较2023年有所放缓。且受近年来国内外经济形势变化的影响，消费者对未来收入和支出能力的预期显得更加谨慎。尤其是在青海这样相对偏远的地区，消费行为往往更加保守，导致大宗商品和高消费品的购买意愿降低。

整体上看，2024年青海消费市场整体降幅收窄，但消费增速低于全国平均水平，稳固预期仍需多端发力。尽管2024年青海省消费增速较上年同期下降明显，但随着6月政府一系列"以旧换新"政策逐渐见效，月度消费增速持续回升。2024年，青海省社会消费品零售总额为981.3亿元，同比下降0.7%，与同期全国平均水平3.5%的增速相比，低了4.2个百分点，但社会消费品零售总额降幅一季度收窄2.7个百分点。其中，限额以上单位实现零售额398.83亿元，同比下降5.5%；限额以下单位实现零售额582.47亿元，同比增长3.0%。据青海省商务厅统计，2024年，青海省消费品以旧换新政策补贴已累计审核通过32.90万人，发放资金15亿元以上，撬动消费133.7亿元，短期内消费已出现向好的迹象。

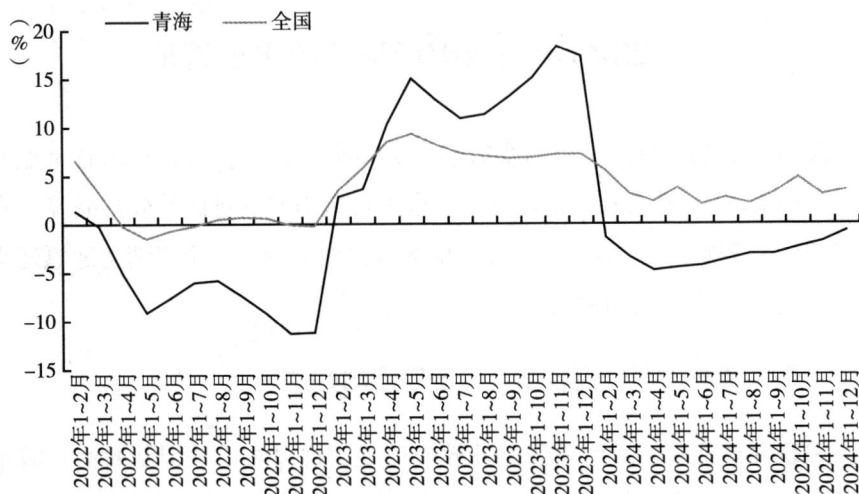

图1　2022~2024年全国和青海社会消费品零售总额增速变化情况

资料来源：中华人民共和国国家统计局、青海省统计局。

从商品消费类别上看，基本生活类商品销售回暖。2024年餐饮收入80.3亿元，同比增长1.9%；限额以上批发零售业大类商品中，汽车类零售额较上年增长2.9%，建筑装潢材料、家电、智能手机、体育娱乐用品零售额分别增长39.8%、12.6%、15.5%和7.6%；石油及制品类同比下降8.6%。

（二）城乡消费趋向协调，消费二元结构得到改善

如图2所示，2010~2024年，青海省城乡居民人均生活消费支出总额整体呈波动增长态势，且农村居民人均生活消费增速明显高于城镇居民，乡村市场活跃度亦高于城镇。2012年，我国实施了一系列提高城乡低收入群体收入的政策，如最低工资标准上调、社会保障体系的完善等政策，在一定程度上增强了城乡居民的消费能力和消费意愿。青海省积极响应号召，出台多项增资和促消费政策，实现八大类消费全面增长，城乡居民消费迎来小高峰。2022年受国内外复杂经济环境和新冠疫情的影响，青海省城乡居民人

均生活消费支出总额出现短暂下滑，但随着疫情的稳定，消费形势稳中向好。2024年青海城镇居民人均生活消费支出达到26413元，农村居民人均生活消费支出达到15421元。

在青海农村居民收入不断增加、县域商贸持续推进、乡镇物流中转站和村物流综合服务站覆盖率不断提高等因素促进下，2024年青海省乡村消费品零售额达192.7亿元，同比增长4.8%，乡村市场零售增长势头强劲，城乡消费差距逐渐缩小，城乡发展逐渐趋于协调。与此同时，青海省居民的恩格尔系数持续下降，2023年城镇居民的恩格尔系数为29.52%，农村居民的恩格尔系数为39.43%，城乡居民的恩格尔系数分别同比下降3.6%和1.09%，城乡居民消费结构不断改善。

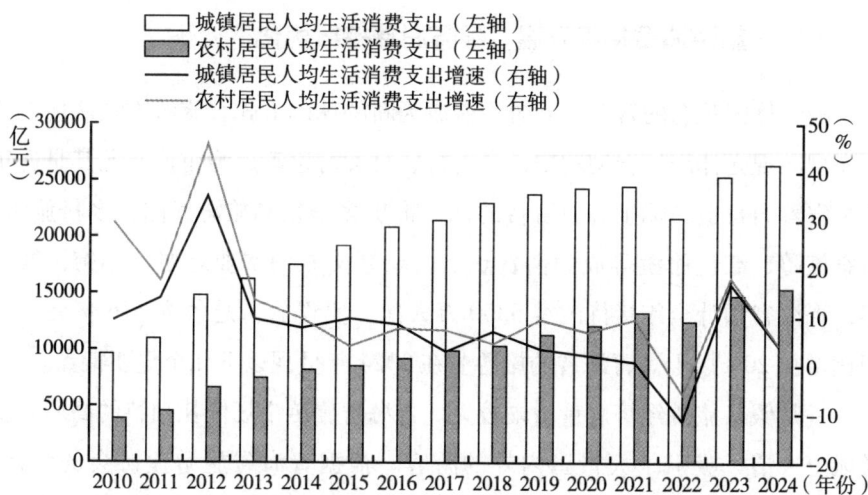

图2　2010~2024年青海省城乡居民人均生活消费支出情况

资料来源：青海省统计局。

（三）新兴消费成长较快，消费增长态势良好

随着经济社会发展，居民新型消费类型不断拓展，新能源汽车成为消费新增长点，直播带货、即时配送等消费新模式不断涌现，带动线上消费持续活跃，消费品市场加快恢复。一方面，当前绿色化和智能化全面渗透消费各

领域，大数据、人工智能等新技术催生新的绿色消费场景，青海依托清洁能源资源禀赋，持续推动绿色消费增长。2024年，全省限额以上批发零售业主要商品中新能源汽车零售额增长2.5倍。自2024年9月起，限额以上单位新能源汽车零售额环比增长84.9%，扭转了汽车类消费连续下降的趋势，新能源汽车消费成为消费新增长点。

另一方面，电子商务消费快速增长。青海省在推进数字商务体系建设、完善物流配送体系、壮大电商主体培育、深化与国内知名电商企业合作等方面取得新进展，电子商务推进了青海省电商市场的发展。2024年，全省限额以上批发和零售业通过公共网络实现的商品零售额达19亿元，增长2.1倍，网络消费持续增长。

（四）旅游消费持续升温，服务消费持续优化

随着休闲观念的转变，旅游逐步成为新的休闲方式，旅游方式从传统的观光型向观光休闲复合型转变，自由行、自驾游逐渐成为主流，尤其是近年来全省着力打造国际生态旅游目的地，推出多条精品旅游线路，乡村旅游、生态旅游、红色旅游等成为消费热点，新型文旅消费业态层出不穷。2024年，青海省预计全年接待游客5300万人次，实现旅游总收入516亿元，均同比增长20%以上。青海省的旅游业在2024年呈现以下几个重要特点。

一是假日旅游经济总量增幅较大。青海省旅游市场依托独特的高原景观及风土人情，吸引了大量国内外的游客。根据青海省旅游业协会的统计，2024年暑期，青海湖的游客接待量几乎达到历史新高，同程旅行平台暑期累计服务青海游客人次较去年同期增长29%，较2019年同期增长近50%，假日旅游成为青海省旅游经济的"亮点"。

二是国内和境外游客回升。目前青海省的旅游市场以国内游客为主，来自东部沿海及周边省份的游客增多。2024年上半年，来自江苏、浙江、山东等省份的游客占到青海省游客总数的40%左右。青海省通过强化与周边省份的交通连接，提升了区域间旅游互动，并通过特色宣传和精准营销吸引了大量游客。与此同时，境外客的回流也为青海省旅游市场带来了新的增

长点。据青海省商务厅统计，截至 2024 年上半年，累计执行国际（地区）航班 4300 余架次，出入境旅客 16 万余人次，这主要得益于青海省大力推进国际生态旅游目的地建设，增强了与周边国家和地区的文化和旅游交流。

三是旅游消费结构优化。2024 年青海省的旅游消费结构正在发生显著变化，传统的观光型消费逐步转向体验型、个性化和高端化消费。根据青海省旅游局的数据，2024 年，旅游者在青海的平均消费水平较上年增长了 20% 左右，且消费层次逐渐分化。高端旅游产品和服务的需求持续攀升，如定制化旅游、生态旅游、高端酒店住宿、特色餐饮等服务消费均出现明显增长。

二　青海省消费市场运行面临的主要问题

目前，虽然青海消费规模持续扩大，但消费市场回升基础较弱，部分商品销售仍旧低迷，居民消费能力及意愿有待进一步提高，这些问题的存在制约了青海省消费升级和经济高质量发展。

（一）居民可支配收入水平偏低

在价格总水平不变的条件下，家庭部门的消费支出主要取决于收入水平，即消费是收入的函数。当前青海省消费不振的根本原因在于居民收入水平不高和收入分配差距较大。2024 年，青海省居民人均可支配收入为 30117 元，比全国平均水平低 11197 元。其中，城镇居民人均可支配收入为 42191 元，农村居民人均可支配收入为 16715 元，分别比全国平均水平低 11997 元和 6404 元。可以看出，青海城镇居民人均可支配水平仍低于全国平均水平，在西北五省区中，青海城镇居民人均可支配水平仅排名第 4。此外，青海省居民收入增速也较为缓慢，青海在西北五省区中人均收入增速也是排列倒数，这在一定程度上制约了青海居民消费水平的提高和消费市场的发展（见表 1）。

表1　2024年西北五省区居民人均可支配收入情况

单位：元，%

地区	全体居民		城镇居民		农村居民	
	收入	增速	收入	增速	收入	增速
全国	41314	5.3	54188	4.6	23119	6.6
陕西	33905	5.5	46821	4.7	18199	7.1
甘肃	26612	6.4	41842	5.0	14105	7.4
宁夏	33355	5.5	44449	4.8	19015	7.0
青海	30117	5.4	42191	4.4	16715	7.1
新疆	30899	6.7	42820	5.5	19427	8.2

资料来源：中华人民共和国国家统计局。

此外，如图3所示，青海的人均可支配收入占人均生产总值的比重为45.2%，略高于全国平均水平（43.13%），与东部发达地区相比差距仍较大。表明青海经济增长的收益并未普遍惠及全体居民，揭示了其经济增长发展的瓶颈。长久以来，青海的经济增长模式以资源密集型和劳动密集型为主，这种增长方式不仅对环境造成压力，而且难以形成以消费为主的内生增长动力。与此同时，近几年来，青海民营企业经济占GDP比重约为40%，

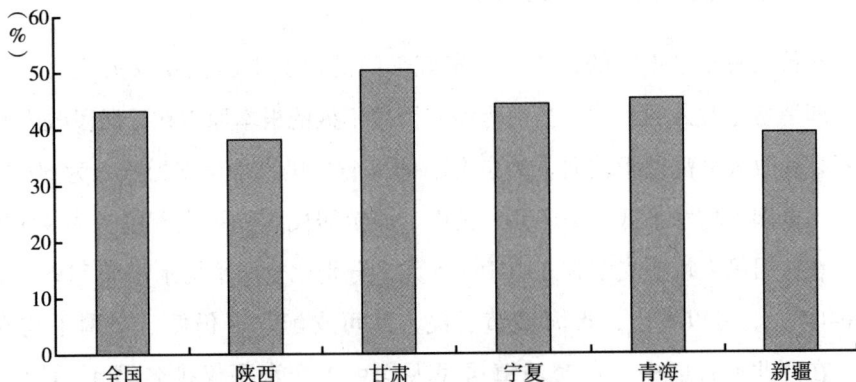

图3　2024年西北五省区人均可支配收入占人均生产总值的比重

资料来源：国家统计局。

其经济增长主要依靠大型国有企业和资源开发，民营企业发展相对薄弱，缺乏多元化的就业机会和收入来源，这使得大部分居民的收入水平较低，消费潜力未能得到有效激发。

（二）城乡消费不均衡

长期以来，受城乡二元结构以及城乡发展不平衡、不充分等问题影响，青海省的城乡消费差距一直较大。虽然随着城市化进程的推进，城市居民的消费能力逐步提高，但相较于东部其他省份，青海的城乡居民收入差距仍较为显著。2024年青海省的农村地区和偏远地区居民收入水平仍然较低，这使得农村消费市场较为薄弱，农牧民消费主要集中在基础生活消费上，而对于高端商品、个性化消费等需求相对较低，城乡之间的消费结构不均衡，导致消费市场无法在全省范围内形成全面增长。

（三）实体店铺零售业发展困境依然存在

近年来，数字经济背景下快速发展起来的电子商务，已成为居民消费的重要途径。虽然青海的电商渗透率较低，但线上消费趋势逐步扩展，传统实体店面临生存压力，其利润空间受到挤压，传统大型商家销售疲软尤为明显。传统实体零售企业为保持市场份额，在市场中不断发展多业态经营模式，但受新零售形式的冲击，部分实体零售企业发展压力仍未得到有效缓解，青海超市、品牌专卖店等传统大型商贸企业面临市场竞争、资金和成本等多重压力。

（四）房地产消费低迷

青海省积极采取各项措施稳地价、稳房价、稳预期，但整体房地产市场消费信心不足，房地产市场持续低位震荡。如图4所示，2024年，商品房销售面积同比增长1.9%，实现商品房销售额163.59亿元，总体去库存压力较大。青海省部分城市，尤其是西宁和海东等地区，面临着房地产库存过剩的问题。开发商在前几年过度开发，再加上现期购房需求不足，导致大量商品房库存积压，库存过剩使得市场上的供应量过大，造成了市场的供需失衡。近几年来，在整体经济环境和消费市场的双重影响下，青海商品房成交市场持续低位徘徊，导致消费回升缺乏足够的动力支撑。

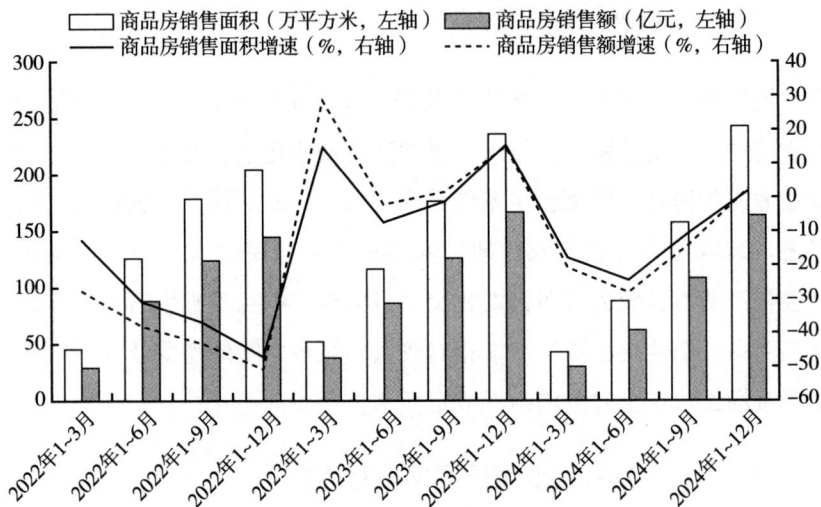

图4　2022~2024年青海省商品房销售情况

资料来源：青海省统计局。

三　青海省消费市场形势展望及对策建议

2024年，青海省消费市场面临一定的挑战与机遇。随着经济的逐步复苏和居民收入的提高，消费增长潜力仍然巨大。然而，城乡消费差距大、部分消费领域增长乏力等问题仍制约着消费市场的进一步发展。为推动消费升级，青海省需着力提升城乡居民收入水平、持续推进实体零售业发展、加快创新消费场景等，从而可以进一步释放消费潜力，推动消费结构向高端化、多样化发展，促进经济高质量发展。

（一）2025年消费市场形势展望

展望2025年，随着政策的进一步支持和消费者需求的升级，青海省消费市场有望持续增长，消费形势将呈现持续回升和多元化的特点，并为全省经济高质量发展提供强大动力。一是消费市场持续恢复。2024年中央经济工作会议提出"大力提振消费、提高投资效益，全方位扩大国内需求"，表明国家支持消费的政策措施将在2025年持续发力，在经济企稳预期和收入增长预期下，CPI将温和运行，青海消费市场总体向好。二是居民消费结构不断升级。随着居民收入水平持续提高及消费观念的转变，居民消费从注重量的满足转向追求质的提升。可以预见，2025年青海省包括智慧医疗服务、健康养老等在内的大健康产业消费增长空间较大，新能源汽车的市场渗透率预计将大幅提升，代表消费品质的教育文化娱乐消费也将提升。三是消费领域信息化变革加速推进。随着5G、物联网和大数据的普及，电商与传统产业将进一步深度融合，消费者将享受到更便捷的购物体验和个性化服务。

（二）关于促进消费增长的对策建议

1.提升城乡居民收入水平，提振居民消费信心

从短期来看，主要依赖于政府支出、税收优惠、直接补贴等政策增加居民收入来源和刺激消费支出，迅速提振民众消费信心。增加政府财政投入，能直接有效地刺激消费增长。低收入家庭的基本需求更多地依赖于当前的收入水平，他们倾向于将新增收入用于消费，其边际消费倾向通常高于高收入群体。因此，提高居民收入可以极大地促进社会平均消费水平。一方面，青海可以通过加大公共投资，尤其是基础设施建设和社会服务领域，创造就业机会，增加低收入水平家庭收入。适度提升城市公共部门就业容纳能力，针对农民工、低收入群体等出台专门的帮扶政策，开发临时性、公益性岗位，稳定低收入群体的就业。通过实施扩大社会保障等政策，能有效提升居民消费信心，推动整体消费水平的提升。另一方面，通过发放消费券、现金补贴等方式，直接刺激居民消费。具体而言，应进一步优化建强"青亲U惠"公共消费促进品牌，通过数字化平台，如银联云闪付等，向广大居民发放涵盖汽车、住房、家电、文旅等重点领域的消费券。并结合特定节日和活动，如春节、元旦等，定向发放主题消费券，聚焦夜间消费、假日消费等消费新

增长点，增加消费品补贴品类。

从长期来看，青海省要提升消费增长的可持续性，必须转变经济发展方式，推动经济结构的优化升级。青海是重要的生态保护区和新能源资源大省，推动绿色经济发展是提升居民收入和消费信心的长期路径。一是通过推动传统企业的转型升级，提高产品的市场竞争力和附加值，并通过发展可再生能源、生态旅游、低碳工业、绿色算力等产业，提升地方经济发展的可持续性，增加居民收入，并为消费者提供更具吸引力的绿色消费选择。二是通过振兴民营中小微企业和个体工商户，激发市场主体创新创造活力和增加就业岗位。除减税降费、提供融资补贴和设立创新基金等传统政策支持外，还需进一步优化营商环境，通过简化行政审批程序、减少不必要的审批环节，减轻企业的经营负担，提升企业的运营效率。特别是在项目审批、税务处理等方面，政府可以为民营企业提供绿色通道，快速响应企业需求。青海应加强对市场的监管与公平竞争的维护，消除行政干预和市场壁垒，让民营企业能够在公平的市场环境中竞争。

2. 大力开拓农村消费市场，激活乡村消费潜力

青海作为一个典型的多民族聚居的高原省份，具有独特的自然资源和文化优势，同时面临着城乡消费差距和乡村经济发展相对较弱的挑战。为此需要通过多方面的措施大力开拓农村消费市场，激活乡村消费潜力，推动社会整体消费水平提高。一是推动农村电商发展，拓宽消费渠道。随着互联网的普及，农村电商成为促进乡村消费增长的重要途径。青海可以借助这一趋势，进一步发展农村电商。通过完善物流和支付体系，打破农村市场与城市市场之间的壁垒，增加乡村居民的消费选择。政府可以出台政策支持本地电商平台的建设，鼓励农村创业者和农民通过网络销售本地特色产品，如青海特产、农副产品、手工艺品等，增加消费品类并提高农副产品附加值。二是加快乡村基础设施建设，改善消费环境。乡村消费市场的开拓离不开基础设施的支持。青海应加强农村的交通、通信、能源、商业等基础设施建设，为农村居民提供便捷的生活和购物环境。例如，推动乡村道路的改造和乡村物流配送网络的建设，缩短城乡之间的物资流通时间和成本，从而使农村市场的商品种类更加丰富，消费选择更加多样化。同时，加强农村地区的信息化建设，推动 5G 网络覆盖和智能支付系统的普及，提升乡村居民的网络购物体验，解决传统零售业的不足，方便农民日常消费。三是推动乡村产业融合发展，促进消费升级。激活乡村消费潜力还需要推动农村产业与消费的深度融合。青海可以通过融合农牧业与旅游、文化、教育等产业，促进乡村消费的多样化和升级。同时，青海还可以结合地方特色，发展手工艺品、绿色食品等特色产业，通过线上线下结合的方式，将农牧产品推向更广阔的市场。

3. 继续推进实体零售业发展，推动零售业创新转型

推进青海省实体零售业的发展，并推动其创新转型，既需要应对当前面临的经济和市场挑战，还要把握未来发展趋势，特别是在数字化转型、消费升级等方面。一是推动实体零售企业数字化转型。鼓励实体零售企业利用人工智能技术提升产品和服务的智能化水平，推动线上线下消费场景的深度融合，优化消费流程，提升消费体验。此外，还应加强人工智能在消费者权益保护方面的应用，如利用大数据和人工智能技术加强市场监管，打击假冒伪劣商品和欺诈行为，保障消费者合法权益。通过"无缝连接"不同渠道，提升用户体验，吸引消费者在不同场景中进行购物。二是打造多元化商业模式，推动实体零售创新。通过"零售+服务""零售+娱乐""零售+文化"等创新形式，以消费者体验为中心，培育"年轻力""她经济""文艺范"等时尚型商业，打造复合型零售空间。例如，可以结合文创产品、文化展示与零售相结合的形式，利用大数据和人工智能进行消费者行为分析，帮助零售商精准制定营销策略、个性化推荐产品、优化库存管理等，增加消费者的参与感，提升消费的附加价值。三是优化零售环境和提升消费体验。升级改造老旧的商业设施，提升商场、商店的环境和服务质量。此外，物流和配送是实体零售不可或缺的环节，尤其是在电商与实体零售融合的趋势下，青海省需要加强物流基础设施建设，提高物流配送效率。

4. 加快创新消费场景，打造新型消费增长点

随着数字化转型的推进和消费升级的不断深入，青海在加快创新消费场

景、打造新型消费增长点方面具有巨大的潜力。为了实现经济高质量发展，青海应积极探索符合本地实际的创新消费场景，并通过一系列政策和市场举措推动新型消费的持续增长。一是大力发展绿色低碳消费。政府可以通过补贴、税收优惠、设置环保指标等措施，鼓励企业生产绿色产品和提供环保服务。同时通过政策引导和宣传教育，培养消费者的绿色消费意识，推动消费者参与绿色消费，提升市场需求。二是推动智能消费升级。青海应加大对智能家居、智能出行、智能医疗等消费场景的创新，提升消费者的生活质量与体验。例如，在智能家居方面，青海可以通过政府与企业的合作，引入智能家居产品的本地化生产和推广。在智能出行方面，可以大力推行共享单车、电动汽车等绿色出行方式，推动低碳出行的消费模式，减少环境污染，提高市民的出行效率。此外，智慧医疗也是青海可以重点发展的一项新型消费增长点。随着老龄化社会的到来和健康管理需求的增加，智能医疗服务的市场前景广阔。三是全力扩大文旅消费。青海应积极回应市场需求，首先，在坚持生态保护优先的基础上，深度挖掘本地丰富的民族文化和自然资源，打造具有青海特色的文化旅游产品，如藏文化体验、冰雪旅游、丝绸之路文化等。其次，加大对旅游基础设施的投资，提升景区、交通、住宿、餐饮等配套服务，推动智慧旅游建设，提升游客体验。最后，通过数字化平台实现线上预订、智能导览等功能，提升游客的便捷性和满意度。四是大力推进夜间经济消费。青海应着力培育多元化夜间消费业态。可以通过丰富夜间文化和娱乐活动，摆脱"夜经济"就是餐饮小吃的传统思路，将特色小吃街、民俗文化表演、夜间文艺演出等多元化消费热点活动嫁接到夜市经济中，逐渐形成集食、游、购、娱、体、展、演等于一体的多元化夜间消费市场，满足消费者的多样化需求。

参考文献

万广华、罗知、张勋等：《城乡分割视角下中国收入不均等与消费关系研究》，《经济研究》2022年第5期。

李清彬、姜雪：《当前我国消费市场形势、走势及对策研究》，《中国物价》2024年第1期。

陈昌盛、许伟、兰宗敏等：《我国消费倾向的基本特征、发展态势与提升策略》，《管理世界》2021年第8期。

杨春源、陈秋菊、邹韬：《人工智能发展对我国居民消费潜力释放的影响效应——基于缩小"数字鸿沟"视角》，《商业经济研究》2024年第23期。

B.5
2025年青海省绿色有机农牧业发展形势分析与优化路径

魏　珍*

摘　要： 打造绿色有机农畜产品输出地是习近平总书记亲自为青海省农牧业把脉定向、擘画的发展蓝图。2024年，青海省快速推进农业现代化进程，集中精力发展绿色有机农牧业，产业融合和富民增收相互促进，绿色有机农畜产品输出地建设成果丰硕，产业发展的潜力不断积聚，发展红利进一步释放。2025年，青海省绿色有机农牧业发展仍面临产业标准化进展缓慢、品牌知名度不高、产业融合程度低等挑战，需要在加强农牧业各领域基础设施建设、提升生产流通"硬"实力、聚焦"强链补链延链"、助推农牧业新型经营主体提档升级等方面持续发力。

关键词： 绿色有机农牧业　高质量发展　青海省

2016年、2021年和2024年，习近平总书记先后对青海省进行了三次考察，两次参加全国人大青海代表团的审议工作，多次提出青海要打造"绿色有机农畜产品输出地"的重大要求，为青海立足新发展、贯彻新发展理念、融入新发展格局、全面推进乡村振兴指明了前进方向。农牧业是青海乡村产业的支柱，近年来，青海省委、省政府聚力打造绿色有机农畜产品输出地，着力调结构、建链条、促振兴，积极培育农牧业领域新质生产力，产业发展的能级不断提升，发展成果持续丰硕，全省各地绿色有机农牧业高质量

---

* 魏珍，青海省社会科学院经济研究所副研究员，主要研究方向为区域经济、农村经济。

发展基础不断夯实。从全省绿色有机农牧业发展的现状和成效来看，产业发展的优势正在积蓄，未来的发展潜力有待释放，以绿色有机农牧业振兴带动全省乡村产业振兴的前景十分广阔。

一 2024年青海省绿色有机农牧业发展亮点

2024年，青海以打造绿色有机农畜产品输出地为契机，推进农牧业高质量发展，聚焦提升农牧业技术、创新农牧业相关产业新业态、开拓农牧业发展新模式、增强全省绿色有机农畜产品质效和综合竞争力，以"提质、稳量、补链、扩输"为路径，绿色农牧业各领域发展亮点纷呈，产业整体发展迈上新台阶。

（一）聚力"固本强基"，基础建设更加扎实

2021年以来，青海立足农牧业发展基础，按照习近平总书记打造"绿色有机农畜产品输出地"的重大要求，精准对接产业发展需求，建立省部共建机制，制定行动方案和5年规划。加大各类投资力度，完善绿色有机农牧业发展体系，丰富发展平台和载体，绿色有机农牧业的发展基础得到有效夯实。截至2024年底，全省农牧业增产丰收，粮食、油料、蔬菜产量均创十年新高。[①] 聚焦牦牛、藏羊、青稞、枸杞、冷水鱼等优势特色产业，累计创建国家级现代农业产业园6个、优势特色产业集群5个和产业强镇21个，省级现代农业产业园33个，建设千头级牦牛、千只级藏羊生产基地超200个，农村新型经营主体1.73万家。[②] 特色农产品生产基地面积占全省农作物种植面积的近60%。规模养殖取得突破，占全省养殖比重的50%以上。全省绿色食品、有机农产品和地理标志农产品总量达到1220个。目前，青海已经成为全国最大的绿色有机农产品生产基地。

---

① 青海省专家人才联合会：《2025年青海省政府工作报告》，2025年1月19日。
② 《青海打造绿色有机农畜产品输出地取得丰硕成果》，中国新闻网，https：//www.chinanews.com.cn/cj/2024/08-27/10275543.shtml，2024年8月27日。

（二）培育农牧业领域新质生产力，发展模式有效创新

习近平总书记指出：新质生产力是创新起主导作用，摆脱传统经济增长方式、生产力发展路径，具有高科技、高效能、高质量特征，符合新发展理念的先进生产力质态，旨在解决传统产业的效率问题和瓶颈，提升整体经济效率。① 农牧业既是青海经济的基础性传统产业，也是乡村产业的支柱，其高质量发展是提升区域经济发展层级、推进乡村全面振兴、推动中国式现代化建设进程的重要引擎，更加需要新质生产力的创新驱动。2024 年，全省致力于为农牧业贴上绿色、高效的标签，将数字技术与农业产业链深度融合，加快形成农牧业领域新质生产力。

一是数字基础设施持续完善。随着青海省智慧农牧业大数据平台、北斗生态畜牧业数据服务平台的上线应用，牦牛藏羊原产地可追溯等工程的持续推动，智能农用无人机、智能服务机器人、云端放养管理等高端先进科技进入农牧业，科技的力量赋能养殖、种植生产的每个环节，青海省农牧业由传统向现代智能化迈出了重要步伐，生态、经济和社会效益显著，为青海高原农牧业健康发展注入了强大动力。

二是农牧业产学研用协同发展。多年来，在科技部门的支持与指导下，科研团队不断挖掘创新，农牧业领域取得多项重大科技成果。青海种业持续发力，青稞研究水平在全国处于前列，种源"卡脖子"技术难题不断被破解，夯实了"高原种都"基础，青海海北多胎藏羊育种水平处于全国领先，对全省农牧业产业发展支撑作用凸显。2024 年 4 月，全省由"会种地变'慧'种地"取得突破性进展，30 台无人驾驶农机靠北斗卫星导航，海北州上万亩土地实现了耕地、喷药、施肥、播种全过程无人驾驶耕种。

三是数字化助力农牧产品供销优势凸显。以打造绿色有机农畜产品输出地为契机，全省农牧业向数字化、智慧化转型，对接淘宝、天猫、京东等全

---

① 习近平：《发展新质生产力是推动高质量发展的内在要求和重要着力点》，《求是》2024 年第 11 期。

国性网络销售平台，充分运用"西部优选""牛咖部落"等本土电商平台、整合物流资源，通过直播带货、内容视频等新业态，打造品牌与打开销路两手抓，"电商+数据+农特"的产业化运营模式在全省铺开，整合数据资源，疏通农畜产品销售堵点，稳定农畜产品供求，为助力农畜产品进入上行市场开辟了新路径，不仅降低了运输成本，增加了经济收益，更加快了全省绿色有机农畜产品的认证和标准化进程，打响了青海农畜产品"净土青海·高原臻品"区域公用品牌知名度。2024年前三季度，全省农畜产品网络销售额达10.41亿元，同比增长11.2%。①

（三）农牧业产业链条延伸拓展，联农带农效果显著

青海有序拓展农牧业功能，挖掘农牧业发展多元价值，融合农文旅、贯通产加销，在探索中逐步走出一条农牧业循环、品牌效益突出、一二三产业融合的特色发展之路。

一是综合生产能力不断增强。持续培育壮大家庭农场、农民合作社、农业产业化龙头企业等新型农业经营主体，建成了一批"企业+合作社+家庭农牧场+产地+农牧民"的产业化联合体。截至2024年，全省农民合作社达到1.73万家，家庭农场达到2.07万个。

二是加快提升产品加工水平。2024年，青海已培育国家级重点龙头企业29家、省级龙头企业154家、市州级龙头企业409家，农产品加工转化率提升至64%，较2021年（62%）增长了2个百分点。

三是绿色有机农牧业的快速发展，有效拓宽了农牧民增收渠道。以采摘枸杞劳务收入为例，2023年，全省采摘枸杞劳务收入达5.89亿元，人均增收8000元以上。2024年，全省农村居民人均可支配收入增长7.1%，高于全省城镇居民人均可支配收入增速2.7个百分点，高于全国农村居民人均可支配收入增速0.8个百分点。

四是推动农体文旅商融合发展，提升农牧业产业附加值。2024年，全

---

① 《前三季度青海各类农畜产品网络零售额突破10亿元》，《青海日报》2024年11月17日。

省积极谋划，立足高原特色，通过举办青超联赛、环湖赛、农牧民篮球赛等赛事，跨界配置农业和现代产业元素，做好"土特产"文章，促进一二三产业深度交叉融合，形成"农业+"多业态发展态势，有效助推了乡村振兴，取得了良好的经济和社会效益。

（四）特色产业效益突出，全省各地农牧业发展方向愈加清晰

青海省依托各自农牧业优势资源和产业发展基础，因地制宜，聚焦特色产业发展，从小农种植到发展规模化特色高效农业，从粗放式养殖到集约化养殖，围绕主导产业和特色优势产业，走出了一条产业化水平高、经营效益突出、发展方向明确的绿色有机农畜产品输出之路。2024 年，全省各市州绿色有机农牧业的发展亮点纷呈，西宁市建设绿色有机农畜产品输出地中心城市，打造牦牛、草莓、食用菌、高原冷凉蔬菜四大明星单品，产品远销省外及粤港澳大湾区和长三角地区等 10 多个省份。海东市立足青海"粮仓"、高原"菜篮子"的农情实际，确保特色优势农作物生产规模比重稳定在 86%以上，富硒产业快速发展。海西州枸杞种植面积较上年增加 4.4%，认证绿色有机枸杞 1.27 万公顷，干果产量达到 9.7 万吨，枸杞鲜果线下销售量达 641 吨，全产业链产值达到 150 亿元。① 海南州依托丰富的冷水资源，大力发展三文鱼养殖，产业规模和品牌影响力突出，产品远销海内外，冷水鱼养殖产量达 1.9万吨，占全国的 36%，龙羊峡水库冷水鱼的出口额已占全国冷水鱼出口额的98%。海北州门源县油菜青稞基地成功创建国家级绿色食品原料标准化生产基地，海晏县金滩乡被评为藏羊产业强镇。海北州成为全省最大的青稞、油菜、藏羊、林麝供种基地和西北最大的冷水鱼鱼苗供种基地。黄南州实施品牌培育行动，相继发布"源味河南县、牛羊天下鲜"等农产品区域公用品牌，有效提升了农畜产品的吸引力和竞争力。玉树州超额完成 2024 年牲畜出栏任务，为地区经济发展和乡村振兴提供了强大信心。果洛州达日县成功入选全国草原畜牧业转型升级试点县，为全州草畜产业高质量发展注入新动能。

---

① 《2024 年海西枸杞全产业链产值达 150 亿元》，金台咨询，2024 年 12 月 10 日。

（五）生产方式提质增效，"绿色"农牧底色更足

青海良好的生态资源和优势的农牧资源为农牧业发展刷上了"绿"的底色。2024年，全省有序推进农牧业绿色循环发展，促进种养业由数量型向质量型转变。

一是绿色低碳农牧业进一步发展。推动化肥农药减量增效行动，全省化肥农药减量增效面积占到总播种面积的1/3，建设省级绿色防控基地300万亩，绿色防控覆盖率达到47.5%；秸秆综合利用率、农田残膜回收率、粪污资源化利用率分别达91%、90%、89%。[①]

二是加快推进有机认证工作。全省有机草原监测面积已突破3亿亩，占草场总面积的50.3%。鲑鳟鱼养殖获得农业农村部绿色食品认证和出口欧洲许可。10家出口农畜产品企业的产品通过香港标准及检定中心（STC）认证，青海省牦牛肉及其制品获供港准入。

三是加快完成绿色有机农牧业全产业链标准体系。目前，全省累计建立国家行业标准5项，牦牛、青稞、八眉猪、渔业等特色产业标准体系10项，发布涉农团体标准56项、企业标准400余项。[②] 玉树扎什加羊、玉树牦牛等26种特色农畜产品被纳入全国名特优新农产品名录。

二 2025年青海省绿色有机农牧业发展面临的挑战

近年来，全省绿色有机农畜产品输出地建设成效明显，农牧业产业现代化迈上新台阶，但在发展进程中也面临基础设施建设存在短板、产业发展内生动力不足、品牌建设相对滞后、农产品线上线下市场综合竞争力不强、产业链条延伸拓展不足、产品附加值低、产业化联合体辐射带动能力弱、农牧

---

① 《逐"绿"而行 向"新"发力——省部共建加速推动青海省绿色有机农畜产品输出地建设》，《农民日报》2024年9月5日。

② 《青海：打造绿色有机农畜产品输出地》《中国食品报》2024年11月29日。

业经营效益不高、生产"高成本"与"低收益"并存、产业人才支撑有待强化等挑战。

（一）基础设施相对滞后，冷链发展存在短板

消费者对生活品质的要求越来越高，对生鲜农产品、水产品、鲜花等商品的需求也越来越多，在为冷链物流的发展提供巨大的市场需求的同时也提出了更高的配送要求。目前，全省农牧业发展的基础设施建设相对滞后，冷链物流领域更加突出，"运不出，储不行，成本高"的问题比较突出。冷链物流设施数量总体不足，冷链的标准化、信息化程度较低，且布局不合理，大部分冷链物流设施集中在西宁、海东等城市，在农牧业主产区，如海南、海北等地的冷库建设相对滞后，原产地的预冷和保鲜能力不足。从输出和输入情况来看，全省每年输出农产品需求在100万吨以上，需要从省外输入200万吨以上，但目前全省冷库的总容量仅为50万吨左右，冷链基础设施存在较大缺口。另外，冷链设施的结构分布也不均衡，冷冻库比例大于冷藏保鲜库，难以满足夏季蔬果保鲜需求。全省第三方冷链物流企业普遍规模较小、分散且实力较弱。市场供需分割、区域分割、条块分割的现象严重，市场机制不能充分发挥调节作用。

（二）产业标准化进展慢，农畜产品综合竞争力不强

从全省农畜产品销售情况来看，面向市场的青海农畜产品的种类不少，多数产品以"天然绿色""丰富营养""净土青海"为卖点，但营收水平较低。由于全省农畜产品普遍存在"分散生产、品牌杂、规模小"的特点，一定程度上增加了生产标准化和产品质量量化监督的难度，不利于品牌价值的打造。首先，现有的农畜产品标准体系主要集中在牦牛肉与畜禽等肉制品产业链的屠宰端，在养殖端、加工端尚未制定推行相关标准，产品优化步伐迟缓的局面难以打破；其次，各地方县市对农作物的质量、生产过程以及畜牧业的生产周期定义不一，这种差异不利于青海农畜产品以"高品质"为特征组团进入高附加值产品市场；最后，农畜产品"触网"需要的"三品

"一标"认定存在一定的滞后，特别是在"绿色""有机"认证方面存在未"应认尽认"的情况，直接影响客户的选择和购买意愿。产品标准的不完善，导致销售中辨识度低，品牌的溢价效应难以实现，企业被动竞价，"劣币驱逐良币"现象频发。

（三）品牌知名度不高，带动效应难以发挥

近年来，全省加大品牌建设力度，在省级层面和各市州均培育了一批农畜产品名优品牌，区域公用品牌的打造力度也持续加快，品牌发布数量增多。但从全国农畜产品大市场来看，全省农畜产品品牌杂、数量多的情况比较突出，仍缺乏在省内外均耳熟能详、认可度高的"拳头"品牌，同时，全省农畜产品产业链短，精深加工不足，截至2024年底，全省农畜产品加工转化率为64%，低于邻近省份甘肃71%的转化率。2022年，我国农产品加工转化率达72%，并有望在2025年达到80%，① 因此，青海与全国及邻近省份的差距仍较大。大部分的优质农畜产品缺之附加值，以初级或粗加工形式进入市场，品牌化运营程度低、缺乏产品标准等原因，导致产品供应链不稳定，持续性、规模性供货水平低，产品价格难以提升。从区域公用品牌的运营来看，省内区域公用品牌起步晚，运营能力不足，品牌特色和知名度弱导致企业参与积极性不高，消费者的信任感建立不足，带动效果难以发挥。

（四）农业新型经营主体带动能力弱，产业融合程度不高

农业经营主体是推动产业发展、实现乡村振兴的主要力量，为产业的发展起到汇聚整合资源、增加投资、促进产业链延长、吸纳激活人力资本的重要作用。目前，全省农业经营主体在服务农业生产、提供社会化服务等领域发展成效显著，形成了一批具有代表性的种养大户、家庭农场主、农民专业

---

① 《2022年，我国农产品加工转化率达72%，网络零售额同比增长9.2% 挖掘产业优势 推进乡村振兴》，《人民日报》2023年3月27日。

合作社、农业产业化龙头企业等，但整体上数量及发育程度仍显不足。从发育程度来看，龙头企业规模普遍较小，市场竞争力弱。从发展方式来看，农牧民专业合作社数量多，发展比较粗放，且趋同性强，规范化、特色化发展的主体较少，全省农民合作社中，合作水平不高，"合而不作"情况突出，闲置社、空壳社占比也较高。同时，龙头企业与农牧民的利益联结机制不紧密，带动特色基地和农牧户不够，虽然多数村镇基本建成为农服务体系，但以提供农资等传统单一业务为主，对农民的吸引力不大，在洞悉市场信息、满足农牧民需求方面存在短板。另外，全省农业经营主体仍处于起步阶段，产业链条短，以传统的种养业为主，生产经营方式落后，拥有初级加工的合作社较少，精深加工更加匮乏，企业负责人文化水平不高，经营理念比较滞后，对一二三产业融合的想法不多，办法不够，利用现代信息技术改造发展传统农牧业、拓展产业链条、发展"农牧+"的能力不足，经营主体的示范带动作用亟待发挥。

三　2025年青海省绿色有机农牧业发展的有利条件

2025年，青海省按照习近平总书记对青海工作的嘱托，高度重视"三农"工作，不断夯实绿色有机农牧业的产业基础，不断聚集发展优势，产业提档升级面临较好的发展环境与条件。

（一）政策支持与资金投入力度将进一步加大

农牧业作为青海第一产业的支柱，全省高度重视绿色有机农牧业的发展，省委、省政府、农业农村部把打造绿色有机农畜产品输出地作为重大政治任务，持续优化合力协调推进机制，持续健全政策保障体系，通过建立并落实省部共建机制，每年召开省部共建工作会议进行系统部署。全省各地结合实际出台了一系列政策措施和资金支持计划。这些政策和资金的支持将有力推动青海绿色有机农牧业的快速发展，促进农牧业产业化经营和农畜产品质量安全和农畜产品输出水平的提升。2025年，全省对绿色有机农畜产品输出地建设的投入保障水平将不断提升，投入量会不断增加，在积极争取中央各类支农资金的基础上，安排专项支农资金，支持绿色有机农牧业和输出地建设，主要用于农牧业基础设施建设、科技创新、品牌培育等方面，为绿色有机农牧业发展提供强大的资金支持，产业发展的资金投入得到保障。同时，将进一步完善农牧业发展各类奖励机制，对新认定的国家级、省级龙头企业，拉动主供区建设、精深加工、省外输出产品效益显著的企业，依法依规给予奖励，更好地激发产业内生动力，推动产业链提档升级。

（二）生态环境与资源优势将进一步释放

近年来，青海深刻认识到其在国家生态建设中的战略地位，明确筑牢国家生态安全屏障的职责，率先推进生态文明制度体系建设，积极探索和实践具有青海特色的生态文明建设之路。全省生态环境持续优化，纯净绿色的特点更加突出。2025 年，全省较之前一个时期发展绿色有机农牧业的条件更加优越，更能生产出高品质、安全放心的农畜产品，满足消费者对绿色有机食品的需求。另外，全省牦牛、藏羊等畜牧资源丰富，肉质鲜美、营养丰富。青稞、油菜、枸杞、藜麦等特色农作物种植历史悠久，技术成熟，丰富的农牧业资源种类特征在全国农畜产品大市场中的竞争力将不断增强，发展绿色有机种植的物质基础更加坚实。

（三）高品质农畜产品消费需求将进一步促进产业提质增效

人民日益增长的美好生活需要和不平衡不充分的发展之间的矛盾是我国现阶段的主要矛盾。随着人民生活水平的快速提高和对高品质健康生活的不断追求，人们对天然绿色有机农畜产品的需求也不断增加。青海因特殊的地理区位，生产的绿色有机农畜产品集天然、绿色、健康、美味于一身，在省内外市场拥有广阔的发展空间。目前，省内多个优质农畜产品种类如牦牛肉、藏羊肉、冷凉蔬菜、虹鳟鱼等已经得到粤港澳、北上广地区市场的充分认可，并进一步走向欧洲等国际市场。加之青海区域公用品牌"净土青海·高原臻品"品牌形象的影响力持续扩大，形成"区域公用品牌+企业品牌+产品品牌"梯次进位的品牌体系，从沙棘果汁、沙棘茶、沙棘籽油到高原夏菜、冷水鱼等，2025年，青海的农牧产品种类将更加丰富，满足不同消费者需求的能力将获得提升。青海绿色有机农畜产品的美誉度和影响力将进一步扩大，持续激发市场、产业高质量发展的潜力。

（四）科技与人才赋能将助推产业发展水平进一步提升

截至2024年，青海省农牧业科技进步贡献率达到59.1%，[①] 接近61%的目标任务，全省组建了104个科技特派员工作站。随着科学技术的不断进步，新品种、新技术、新模式在农牧业生产中的应用推广范围将持续扩大，如牦牛、藏羊多胎性选育技术、青稞新品种选育技术等，有助于推动全省农牧业生产效率和产品质量的提升，也将进一步催生全省农牧业新技术、加快农牧业领域新业态的形成。通过培育与引进并举的方式，青海积极发展农牧业职业教育，培养农牧业职业经理人、农业技术"田教授"等人才，不断完善激励支持农业科技创新的政策体系，探索"候鸟式"引才模式，合理引进急需紧缺高层次人才，加强与农牧业科研院所的合作联系，绿色有机农业人才队伍力量将得到有序壮大，为未来农牧业高质量发展提供持续的智力支持和人才保障，进一步提升产业发展水平。

（五）"农体文旅商"产业融合步伐将进一步加快

近年来，青海积极推进产业融合发展进程，创新产业融合模式，依托得天独厚的地理环境与丰富的农体文旅资源，通过举办体育赛事、文化节庆活动、开发农牧业生态旅游项目等全方位、多场景、高频度地宣传推介农牧产品、生态旅游等，成功地将文体赛事与农产品展销、生态文化旅游紧密结合起来，有效拓展了农产品销售渠道，极大地推动了绿色有机农牧业强链扩

---

① 《"青字号"点亮特色优势产业——青海省打造绿色有机农畜产品输出地调查》，《经济日报》2024年11月8日。

输，推广了农畜产品品牌，提升了农畜产品附加值。同时，也为文化、体育、旅游产业的持续发展注入了新活力，为全省经济社会发展提供了新的增长点。2025年，随着产业协同、互嵌式发展需求的不断提升和文化体育事业的繁荣发展，农体文旅商深度融合发展的条件将更加成熟，相应地农牧业领域新产品、新技术研发水平会更高，通过产业融合发展，推动农牧业强基提能的有利条件将快速积聚。

四 2025年青海省发展绿色有机农牧业的优化路径

青海是一个农牧业结合的省份，农牧业在全省改革发展中的地位突出，不断增加农牧业发展的"绿色""有机"等特征，培育形成农牧业领域新质生产力，加快产业发展的提档升级，不仅是促进农业生产增效、农民增收的重要途径，更是实现现代化新青海建设和乡村振兴的题中应有之义。2025年是"十四五"规划的收官之年，也是为"十五五"时期打好发展基础的重要一年，在产业高质量发展的大背景下，面对青海绿色有机农牧业多元的发展利好条件和面临的挑战，全省应继续高度重视农牧业产业的发展，厘清发展思路，释放发展潜力，明确发展路径，交出"十四五"时期全省第一产业的满意答卷。

（一）加强农牧业各领域基础设施建设，提升生产流通"硬"实力

一是对农田基础设施、农机设备购置、高标准农田建设等领域加大投入，对于老旧设备进行适当更新淘汰，购置适合本地特色的农业生产机械，确保农业基础设施满足现阶段及未来一个时期的农牧业发展需求。二是加强农村交通、仓储等公共服务基础设施建设，调研农村道路情况后适当规划改善，不断提升农畜产品的运送和当地接待游客的能力。提升农村通信网络质量，保障电商发展信息的畅通。以镇为单位建设现代化的仓储设施，保障和提升农畜产品的仓储和配送能力。三是完善各类补贴和优惠政策，在生产环节给予种子化肥、养殖饲料补贴，提高生产积极性，在加工和销售端给予技

术改造补贴、物流补贴等，不断降低农牧民和企业的生产销售成本。四是针对目前全省冷链设施发展的短板和需求，科学规划冷链物流体系建设，提升冷链标准化、信息化水平，各市州结合发展实际，布局一批冷链基础设施，制定规划目标，推动冷藏冷冻设施均衡发展，在农畜产品主产区建设区域性仓储冷链物流设施，确保辐射范围。完善产地预冷、销地冷藏、保鲜运输和加工设施，进一步降低农畜产品的损耗和物流成本。

（二）完善标准化体系建设，助推农畜产品价值链提升

一是政企联动，建立国标、地标、团标、企标有机结合的全产业链标准体系，参考日本、澳大利亚等国家肉制品产业标准建设，推进优势肉业、冷凉蔬菜、奶制品等重点领域的标准化建设，突出青海农畜产品异质性；二是引导企业按体系将所售农畜产品归类上架，迎合消费者新型消费习惯，线上线下渠道分类宣传，按类检索，对行业数据及时汇总开发，最大限度地发挥数字经济提升资源配置效率的作用；三是健全流通环节的标准化规范，围绕目前在售的牛羊肉、枸杞等青海重点特色农畜产品，完善质量分级、采后处理、储存保鲜和包装配送等环节的标准，强化农畜产品的流通安全。在健全全产业链标准化体系的同时，实现青海特色农畜产品价值的提升，规避低水平同质化竞争的恶性循环。

（三）加强品牌建设，提升特色农牧业"特"的影响力

一是挖掘品牌内涵，在现有名优产品的基础上，将产地特色和文化价值相结合，完善品牌形象，赋予品牌更多产品特色、产地优势、文化底蕴等方面的价值。二是在充分尊重企业主观能动性的同时，引导企业突出培养发展一批优势单品，加大单一产品的宣传力度，精细内容制作和线上线下宣传双管齐下，线上通过社交媒体、电商平台、农产品信息网站等渠道加强宣传，线下通过农产品展销会、品牌专卖店、体验店等联合推广，提升企业"拳头"产品的客户知晓度与认可度，同时要制定品牌质量控制体系，提高产品供给的稳定性，注重提升农畜产品销售售后能力，维护品牌声誉。三是在

区域公用品牌塑造中遵循"求质不求量"的原则，参考农业农村部关于农业品牌精品培育的要求，结合地区特色产品特性和线上线下消费需求，为区域公用品牌注入产地文化和竞争优势。

（四）聚焦"强链补链延链"，助推农牧业新型经营主体提档升级

一是坚持第一产业向后延、第二产业两头连、第三产业走高端，引导农牧业经营主体将产业链向下游延伸，提高初加工环节的质量和效率，进一步减少初加工环节的损耗。鼓励经营主体开拓精深加工业务，赋予产品更多的附加值，满足更多消费者的多元化、高品质需求。在精深加工设备购买方面，业务开展前期给予一定的技术支持或优惠补贴。同时，鼓励农牧业生产性经营主体建立与农产品流通企业、加工企业的紧密合作关系。二是支持龙头企业的发展，增强整个产业应对风险的能力，龙头企业在集群产业建设中起着引领和带动的重要作用，要集群成链，引导农产品加工企业由传统的收购形式向订单形式转变，与大型超市、批发市场等建立长期的合作关系，面对激烈的市场竞争，组织农户进行产品的保障与升级，增强抵御市场价格波动风险的能力，稳定农户的收入。鼓励企业发展"数字+"业务，缩短供应链，增强区域农产品的调配能力。三是助推农体文旅商产业融合发展，在有条件的乡村结合特色产业开展多样化经营，推动农业与旅游、文化、生态、体育、健康养老等产业深度融合。立足本地特色农业资源发展乡村旅游，促进已有的休闲农庄、观光农业园区项目提档升级，推进新型农业+旅游项目的实施，提高游客的参与度和体验感。借力环湖赛等高端体育活动，以品牌冠名、设立产品展示区等形式，推动"农业+体育"产业融合发展，变赛事活动流量为经济增量。四是不拘一格吸引人才，聚焦农业生产、产业发展、农业科技等领域，一方面企业要下大力气培养现有人才，给予更多的培训和实践机会，另一方面要向外引智，发展"候鸟型"人才计划，尊重人才、理解人才，形成各类专业人才聚集的良好局面，为农牧业产业的发展提供人才支撑。

参考文献

樊王妮、范国华：《甘肃省乡村振兴的实践探索与推进路径》，《农业科技管理》2025年第1期。

李鹏举、罗滢轩：《乡村旅游发展驱动力量化评价及其赋能乡村振兴路径研究》，《四川轻化工大学学报》（社会科学版）2025年第1期。

贾静、张文政：《乡村短视频嵌入乡村振兴的现实困境与对策研究》，《农业科技管理》2025年第1期。

蒲文鑫、孙发平：《青海省打造绿色有机农畜产品输出地若干思考》，《柴达木开发研究》2024年第5期。

B.6

2024年青海融入长江经济带的成效
与2025年展望

刘 畅*

摘 要: 随着国家区域协调发展战略的深入实施,长江经济带作为我国重要的经济发展轴带,其辐射和带动作用日益凸显。青海作为长江上游的重要生态屏障和资源富集区,融入长江经济带的进程不仅关乎自身经济社会发展,也对长江经济带的绿色发展具有重要意义。2025年,通过提升设施联通效率、深化产业参与程度、拓展合作交流领域,青海与长江经济带的布局关系有望进一步优化,朝向资源共享、优势互补和区域共赢的良好局面稳步发展。

关键词: 长江经济带 区域协同发展 青海省

长江经济带横跨东中西三大板块,具有独特的区位优势和巨大的发展潜力。青海作为三江源头,生态状况对长江流域乃至全国的生态安全具有重要影响。2024年6月,习近平总书记考察青海时指出:"主动对接长江经济带发展等重大战略,推动绿色丝绸之路建设。"[1] 青海融入长江经济带,有助于通过实施一系列生态保护与修复工程,为长江经济带提供坚实的生态服务与环境保障,共同构筑国家生态安全屏障;有助于促进区域间的经济联系和

---

* 刘畅,青海省社会科学院经济研究所副研究员,主要研究方向为城市经济与区域经济协调发展。
[1] 《习近平在青海考察时强调持续推进青藏高原生态保护和高质量发展奋力谱写中国式现代化青海篇章》,中国政府网,https://www.gov.cn/ yaowen/liebiao/202406/content_ 6958386. htm,2024年6月20日。

协同发展，实现资源共享、优势互补，缩小东中西部发展差距，推动区域经济高质量发展；有助于青海扩大对外开放，推动与共建"一带一路"国家和地区携手建设绿色丝绸之路。青海省积极贯彻落实习近平总书记的重大要求，以融入长江经济带为抓手，不断完善与长江经济带各省市在生态保护与治理、产业协作等方面的交流合作机制，持续提升融入国内国际双循环水平。2025年，通过强化生态保护合作、推动产业协同发展、深化区域合作机制等具体措施，青海与长江经济带的布局关系有望进一步优化，从而实现区域协同发展、互利共赢的发展目标。

一 青海融入长江经济带的主要成效

2024年，青海稳步加强与长江经济带各省市的交流合作，融入长江经济带水平不断提升，在生态保护与治理、加强与援青和东西部协作省份合作、提升能源外送能力等方面取得了显著成效。

（一）积极融入生态共治格局，系统性保护水平不断提升

2024年，习近平总书记在青海考察时强调，青藏高原生态系统丰富多样，也十分脆弱，加强生态环境保护，实现生态功能最大化，是这一区域的主要任务。青海作为青藏高原重要核心区域，是国家重要的生态安全屏障。[①] 近年来，青海积极践行习近平生态文明思想及总书记对青海生态保护的指示精神，致力于构建生态文明高地，全面执行国家生态战略，精心守护"中华水塔"。通过实施《中华人民共和国长江保护法》《中华人民共和国青藏高原生态保护法》，以及青藏高原生态屏障区的山水林田湖草沙综合保护与修复工程，青海在生态保护方面取得了显著成效。2023年，全省草原植被综合覆盖率达到57.9%，长江出境水质保持在Ⅱ类及以上标准，空气质

---

① 《习近平在青海考察时强调持续推进青藏高原生态保护和高质量发展奋力谱写中国式现代化青海篇章》，中国政府网，https://www.gov.cn/yaowen/liebiao/202406/content_6958386.htm，2024年6月20日。

量优良天数占比高达96.6%①。此外，雪豹、普氏原羚、藏羚羊等标志性物种数量有所回升，生物多样性保护成果初显，青海切实担当起长江源头生态保护的职责，有效推动了长江流域的整体治理进程。

一是实施关键生态系统保护与修复项目。聚焦长江源头等重点区域，显著提升物种数量，确保了生态系统功能的稳定，并持续优化整体环境质量，力求在社会、经济与生态三个维度上实现效益最大化。二是着力推动青藏高原生物多样性保护事业。借助无人机、AI自动识别、系留气球及卫星遥感监测等先进技术，实现了保护管理的精准化及技术创新，成功构建了三江源国家公园野生动物物种数据库，并完成了物种名录的编制，生物多样性保护工作取得了显著进展。三是强化生态环境分区管控成果的应用。制定了《青海省实施"三线一单"生态环境分区管控工作方案》，将全省超69%的国土界定为生态空间，全面覆盖了长江、黄河、澜沧江源头区域以及青海湖、祁连山诸河源区的自然生态系统。通过明确环境管控单元与制定准入清单，实现了生态坏境的差异化与精准管理。

（二）秉持系统保护理念，融入长江流域生态司法保护体系成效显著

自《中华人民共和国长江保护法》颁布以来，长江流域的生态环境保护与修复能力显著增强，为长江流域生态保护的整体性和系统性提供了坚实的制度支撑。2024年，长江经济带各省市不断深化环境司法与执法协作，构建了"省际协商、生态共治、区域共建、发展共享"的新格局，从司法维度促进了长江流域水体、上中下游、干支流及左右岸的协同保护与综合治理。9月，青海参与长江经济带省市政协关于"共抓长江生态环境保护 共推长江经济带高质量发展"研讨会，强化了与长江经济带各省市政协的联动，共同助力长江生态环境的高水平保护与经济带的高质量发展。11月12日，青海出席"长江大保护司法改革钟山论坛"，与长江经济带各省市法院

---

① 《2023年青海国民经济和社会发展统计公报》，http://tjj.qinghai.gov.cn/tjData/yearBulletin/，2024年2月29日。

就《中华人民共和国长江保护法》的实施进行深入研讨，并依法拓展环境资源审判功能，积极融入"大保护、非大开发"的战略大局，为长江流域生态保护和绿色发展提供更加坚实的司法支持。11月23日，参与"第三届长江大保护司法论坛"，与长江经济带各省市联合发布《加强长江流域生物多样性司法保护倡议》。在"第三届渝川黔滇藏陕青检察机关长江上游生态环境保护协作联席会"上，青海聚焦长江上游生态保护的突出问题，有效利用省际联席会议机制，强化了长江生态检察工作，推动了长江上游生态屏障的稳固构建，协作成果愈发显著。

（三）不断推进对口援青与东西部协作，要素双向流动效率持续提升

对口援青与东西部协作共同推动了青海融入长江经济带发展进程，通过加强区域合作与交流、拓宽市场渠道、促进人才流动与交流以及推动区域一体化发展等措施，青海的经济社会发展水平得到了显著提升。从援青的省市情况来看，上海、江苏、浙江三地分别对口支援果洛州、海南州、海西州，其中，江苏省在援青的同时还在青海全省范围内实施东西部协作任务，负责推动两地在产业、劳务、就业、教育、医疗等领域的合作与交流。青海在承接长三角投资、产业转移的同时，向以江苏为代表的省市输出劳动力能力不断提升，以援青和东西部协作项目为依托，融入长江经济带的步伐逐渐加快。

一是资金要素投入水平不断提升。上海援青团队在交往交流交融、保障和改善民生、干部人才交流合作、产业支援促进就业、文化教育支援等重点领域持续发力，助力果洛州如期打赢脱贫攻坚战，并做好巩固拓展脱贫攻坚成果同乡村振兴有效衔接工作。截至2024年，上海累计实施援建项目1023个，投入资金37.38亿元，其中80%以上投向民生事业，为果洛州的社会经济发展注入了强大动力①。浙江省累计落实援青资金25.71亿余元，实施援

---

① 李兴发：《是"援青"也是"远亲"——上海对口支援果洛工作记事》，《青海日报》2024年8月26日。

建项目 395 个[①]，极大地改善了海西州发展面貌，促进了各民族交往交流交融。江苏共投入支援协作资金 86 亿元、落地项目 1905 个，帮助青海发展产业、保障民生，助力青海打赢脱贫攻坚战并不断巩固拓展脱贫攻坚成果，推进乡村振兴。长江经济带三省市援青资金总额占 14 年间对口援青、东西部协作资金总额的 56.7%[②]。

二是产业落地成效更加显著。浙江在青海注册企业 5700 余家，注册资本 1300 余亿元，实际投资 3600 余亿元[③]，涉及装备制造、新能源、冶炼、矿产品加工、农副产品加工、水产养殖、文旅、绿色算力等诸多产业，国家首批光热发电示范项目——青海中控德令哈 50MW 光热电站已成为浙青产业协作的标志性项目。东西部协作框架下，青海与江苏联手推进现代农牧业的关键环节，包括基地构建、深度加工、品牌塑造及产销对接，支持龙头企业、专业合作社、家庭农牧场及种养大户，致力于构建"一县一业、一村一品"的发展模式，推动青海深入建设绿色有机农畜产品的生产基地。

三是劳动力要素输出能力持续提升。青海依托对口支援和东西部协作平台，广泛收集并发布省外用工岗位信息，与江苏等地企业的合作力度进一步加强，就业渠道得以拓宽。在异地转移就业方面，苏青两地人社部门积极开展劳务供需对接活动，开展"春风行动""雨露计划+""青海浪花"等线上线下招聘活动，依托江苏省各相关设区市劳务输出工作站收集提供符合海南州城乡劳动力特点的岗位超 1 万个，帮助海南州新增就业 2000 多人[④]。

四是产品市场向东迁徙步伐明显加快。随着长江经济带各省份对青海的援助和合作力度不断加大，以绿色有机农畜产品为代表的青海特色优质产品向东部沿海地区规模化输出效果显著，农畜产品市场化水平得到有效提升。2024 年，江苏帮扶同德县、兴海县实施农村电子商务物流中心建设项目，

[①] 《携手共筑海西梦，共绘发展新篇章》，中国新闻网，https://baijiahao.baidu.com/s?id=1806427285392825293&wfr=spider&for=pc，2024 年 8 月 4 日。

[②] 根据网络资料数据计算所得。

[③] 詹茂伟：《发挥援青项目建设"硬核支撑"作用》，《浙江日报》2025 年 1 月 6 日。

[④] 胡芝蓉、马和钰：《当好"青海人"办好"青海事"结好"青海缘"——2024 年江苏对口支援海南州工作综述》，《海南报》2025 年 1 月 7 日。

在南京建成前置冷链仓、有效降低物流成本，帮助采购、销售海南州农特产品超 2 亿元。开展"海南州高原天路飘香'光伏羊'进京暨牦牛下江南活动"，集中采购农畜产品 300 余吨，金额达 1700 多万元。上海援青"五五购物节"期间，果洛的牦牛、藏羊等七大类商品借助上海市场流通优势，成功对接以上海为核心辐射东南沿海区域的消费市场。"沪果优品培育计划"通过上海消费帮扶联盟，对果洛州企业从市场理念、供应链能力到品牌建设提供全面支持，助力果洛州商品的市场化升级，推动农牧民收入增长，为产业发展注入新的动力。

（四）大力提升能源保障能力，对长江经济带绿色发展的贡献更加凸显

青海拥有丰富的清洁能源和独特的自然资源，具备发展绿色经济的良好条件，应通过积极推广绿色发展理念和实践、发展绿色产业、增强绿电输出能力、推动清洁能源基地建设等措施，让青海更进一步地融入长江经济带绿色发展格局。2024 年，国家能源集团青海公司累计实现绿电交易 11.29 亿千瓦时，完成年度计划的 237%，同比增加 255.3%。同时，累计核发绿证404.8 万张，同比增加 155.57%，销售绿证 180.1 万张[1]。玛尔挡水电站成功获得绿色"身份证"，光伏市场化电量已全面实现 100%绿色结算，为公司的可持续发展注入了强大的绿色动力。深入研究市场交易及结算规则，灵活应对市场变化，不断扩大绿色电力的交易规模，努力提升绿色能源资产的收益能力。上海与青海在电力领域开展中长期合作，通过绿电交易、跨省迂回送电等方式，达成大量省间中长期交易电量，有效助力上海的能源保供和低碳转型大局。2024 年 11 月，青海南山口、湖北南漳、湖北清江抽水蓄能电站机组采购合同签约仪式在成都举行，对于提升两地的能源储备和调节能力、促进清洁能源事业的高质量发展有重要意义。青海油田与贵州能源集团

---

[1] 《国家能源集团青海公司年度绿电交易和绿证核发双创新高》，国际风力发电网，https：//mwind. in-en. com/html/wind-2456245. shtml，2025 年 1 月 16 日。

签署了合作框架协议，合作内容涉及新能源规划、新能源资源外送通道、大基地建设等方面，旨在进一步发挥各自专业优势，加强沟通，深化合作，实现共赢发展，标志着双方在能源领域的合作开启了新篇章。

（五）不断拓展文旅合作领域，长江经济带串联效应日益显现

2023年6月，德令哈—杭州往返航线开通；7月，格尔木—温州往返航线复通，"空中桥梁"的搭建进一步促进了浙青两地合作交流。依托便利的交通，海西和浙江不断加强两地文旅产业的交融合作，不断加大两地游客和职工疗休养旅客互送的力度，组织开展多场文旅推介会，打造工会疗养、科普探秘、自驾旅游、亲子度夏品牌线路，仅2023年，来海西景点旅游的浙江游客就达110万人，创历史新高。[①] 联合援青省份在江苏开展"山宗水源·大美青海"文旅推介活动，江苏交通广播与五家援青省份交通广播合作，实现六省联动直播，全网发稿阅读量突破1.13亿人次，极大地宣传了青海的文旅特色。据青海三大运营商提供的数据，江苏2024年到青海旅游超过292万人次，较上年增长13.2%[②]。

青海与上海加强文化旅游领域的交流合作，共同推动入境旅游的全方位发展。2024年黄浦江两岸黄金旅游圈推介活动走进青海，双方文旅部门及企业进行了集中签约，青海赴上海市进行宣传推介暨项目招商活动，进一步加强了两地在文化旅游方面的联系与合作。

2024年被确定为浙江·青海文化旅游互动年，双方共同举办了"浙青一家亲·共筑山海情"文化走亲系列活动、"坐着火车上昆仑"活动等多项文化旅游活动，深化了两地文化交流与合作。2024年10月，"浙青同心共享奥运——浙江奥运健儿海西行"活动在海西州举行。8位浙江省奥运健儿代表在海西州开展了一系列"五进"和"六同"活动，与当地群众交流

---

① 李庆玲：《"浙江力量"让聚宝盆开出繁花——浙江省对口支援海西州工作综述》，《青海日报》2024年7月4日。

② 《融合支援协作机制 助力青海乡村振兴》，江苏援青微信公众号，https：//mp. weixin. qq. com/s/f_ dUOm3lXwJEysRFeXnm2g，2024年12月9日。

互动，传递奥运精神。

随着交通条件的改善和旅游资源的开发，四川与青海之间的旅游线路逐渐增多。自驾游、动车游等旅游方式成为游客们的热门选择，两地之间的旅游合作与交流也日益加强。黄南州同仁市在四川成都举办了冬季农畜产品、文旅推介暨招商活动，两地就文旅交流、农牧发展、大数据合作等相关领域达成了合作，并签署了多项合作协议，签约金额达 2. 15 亿元①。

（六）培植绿色算力产业优势，融入"东数西算"国家布局基础更加坚实

2023 年 4 月，青海省人民政府发布了《青海省数字经济发展三年行动方案（2023—2025 年）》，旨在到 2025 年使全省数字经济规模达到 1200 亿元以上，年均增长率达到 10%，占 GDP 比重超过 30%。该方案强调，将依托东西部协作、对口支援和定点帮扶机制，推进"数据援青"工作，通过数字经济产业链招商，吸引数字经济产业上下游企业和项目落地。目前已有北京、上海、天津等多个省市的数字经济项目签约，紧抓"东数西算"与"东数西储"的发展机遇。

"数据援青"合作模式作为东西部合作的桥梁，有助于接入新产业、新技术和新市场，实现产业融合，提升竞争力，对大数据产业发展具有示范效应。在"数据援青"项目推动下，2022 年，中国电信启动了"中国电信·零碳青海"行动计划，致力于推动企业的绿色高质量发展，目前已建成全国首个零碳数据中心，并部署 500 多个完全依赖太阳能供电的"全绿基站"，同时率先发布了包括零碳数据中心、零碳云在内的六大绿色产品②。

2024 年，青海积极与长江经济带各省市开展绿色算力产业合作，与上

---

① 同仁：《在成都推介招商　首日签约金额 2. 15 亿元》，《青海日报》2024 年 11 月 23 日。
② 《"数据援青"助力数字经济产业发展东西部协同实现互利双赢》，东西部协作微信公众号，https：//mp. weixin. qq. com/s/AiJHIY4QxjGFwLxmORNfww？poc _ token = HEexPWijzolSP _ bWZaabMIyCWbJ8eSnb-toAHZRj，2023 年 10 月 12 日。

海合作共同推动了青海海东京东科技绿色算力运营项目、青海海东金山云智算中心项目等绿算中心的建设和运营，为上海的算力需求提供了有力保障；江苏羲源能源集团通过投资在青海实施独立储能项目，提升了青海服务算力产业的储能基础水平；与浙江合作推动多个绿算中心的建设和运营，国家大学科技园（海西）的揭牌标志着在科技创新和绿算产业方面的合作持续向纵深推进。

（七）积极参与西部陆海新通道建设，长江经济带向西开放通道作用进一步发挥

青海作为西部陆海新通道重要节点区域，自与13个省（区、市）共同签署《高水平服务西部陆海新通道建设跨区域税务合作框架协议》后，积极努力服务和融入以国内大循环为主体、国内国际双循环相互促进的新发展格局，推动产业链加快完善，促进经济社会高质量发展，在推动参与西部陆海新通道建设方面开展多式联运建设、口岸区域合作、通关便利化改革、促进产业与贸易规模提升、增强通道综合效能等多项重点工作。西宁综保区先后多次与以重庆为运营中心的陆海新通道运营有限公司沟通洽谈、反复对接，取得陆海新通道跨区域公共服务平台共建资格，成为青海唯一参与西部陆海新通道（青海）运营公司建设的运营主体，助力全省深度融入西部陆海新通道。西宁综保区赴渝参加2024陆海新通道经济发展论坛等系列活动，与陆海新通道运营有限公司进行了第三次增资扩股合资合作意向协议签约，确定出资入股，标志着青海正式成为西部陆海新通道"13+2"体系成员之一。近年来，青海积极组织参加消博会、广交会、服贸会、进博会等重大展会，主办的青洽会作为全省重要的展会载体，正在逐渐成为深化东西部协作、促进区域合作、有效拓展对外开放的重要平台。

二　青海融入长江经济带面临的形势与问题

国家持续推动西部大开发，并在长江经济带、兰西城市群及对口援青等

项目中不断推出新的政策机遇，有助于充分发挥青海的比较优势，加快构建开放型经济的新格局，促进对内开放与优势互补的有效衔接，共同打造西部内陆开放的新高地。

（一）青海融入长江经济带的机遇

融入长江经济带为青海构建新发展格局、建设全国统一大市场、共建"绿色丝绸之路"带来了政策利好，有望为青海高质量发展注入新的内生动力。

一是开放发展地位向更加重要的方向转变。随着新时代西部大开发战略的不断推进、西部陆海新通道及川渝滇黔桂综合通道逐步打通，西宁、格尔木的综合枢纽功能将进一步强化，青海承东启西的区位优势和向西开放战略平台地位逐渐增强，更有利于促进共建"一带一路"和长江经济带互动发展。

二是产业链与创新链的更新为融入带来新优势。青海正在积极依托高原特色资源禀赋和产业基础加快建设产业"四地"，通过优化升级优势产业全产业链，促进上下游、产供销有效衔接，增加中高端产品和优质服务供给，推动提升产业链与创新链融入全国市场。未来在融入长江经济带过程中，通过加强省域科技资源对接，实现与长江经济带各地区的合作交流，积极承接跨区域产业转移。

三是建设现代化商贸流通体系为综合交通与物流网络的优化带来新机遇。建设现代化商贸流通体系是青海加快发展商贸流通、对接长江经济带的重要机遇。青海正着力优化综合运输通道布局，增强交通运输流通承载力，做强做大西宁、格尔木国家物流枢纽，以及强化县乡村三级物流服务体系建设，补齐冷链物流设施短板，为更好地融入长江经济带市场格局打好商贸流通基础。

（二）青海进一步融入长江经济带面临的主要问题

从地理区位来看，青海只有小部分地区在长江源头，且属于人迹罕至的高原地区，远离经济政治文化中心西宁，省内自然条件和人文传统与长江流域的主要地区存在差异，加之交通、通信、能源等基础设施的不完善限制了青海与长江经济带其他地区的互联互通，为青海进一步融入长江经济带增加了困难。

一是生态环境保护压力仍然较大。生态安全风险不断增加，生态环境治理成效尚不稳固，生态环境保护和建设任务的长期性、艰巨性和复杂性仍然存在。绿色有机农畜产品产地环境治理要求不断提高，臭氧、微塑料等新型污染风险显现，城镇污水处理厂运行效率偏低、配套管网不健全，固废处置能力不足、资源化利用水平整体较低。绿色发展水平有待继续提升，工业结构仍然偏重偏粗，能源高耗型和资源依赖型企业占比高，战略性新兴产业总体处于起步阶段，产业生态化水平不高，绿色技术水平总体不高，绿色生产生活方式尚未形成，生态环境约束目标日益趋紧，新增主要污染物总量指标与经济发展需求仍存在矛盾。

二是基础设施协同发展能力有待提升。区域协同联动发展机制运行不畅，对外通道保障不足，作为联通东西部的重要枢纽之一，青海与周边地区之间的连接通道尚未完全贯通，还不能有效支撑区域发挥集聚辐射、对外交流作用。区域内路网布局不平衡不充分，普通省道和农村公路基础薄弱，整体路网韧性不足。综合枢纽换乘还存在一体化衔接不畅、换乘成本较高等情况，对城镇化产业、要素、人才集聚和拉动能力尚未显现，交通引领区域高质量发展的能力仍需提升。

三是人力资源支撑发展能力有待增强。青海的人才结构呈现高层次人才短缺、基层人才队伍整体素质不高的主要特点，限制了青海在专业技术密集领域的发展潜力。在教育资源方面，青海的教育资源相对有限，限制了人才培养的规模和速度，现有的教育培训机制在覆盖面、针对性和实效性方面存在不足，难以满足不同层次、不同领域人才的需求。且受编制等因素影响，高技能、创新型人才难以进入关键岗位。

四是数字赋能经济发展水平还有较大提升空间。数字经济、算力产业是青海未来与长江经济带合作交流的重要突破口，但是从青海实际情况来看，在5G、数据中心、云计算、人工智能、物联网和区块链等关键领域的投资不足，导致系统性建设进程缓慢，现有的数字基础设施仍呈现孤立状态，存在"信息孤岛"现象。政府、产业、学术界和研究机构之间的全链条建设滞后，阻碍了区域间的信息数据流通及城乡融合发展，城乡主体的数字化建设依然存在条块分割、各自为政的问题，数字技术的应用和发展存在显著的不均衡问题，数字技术赋能生态保护、经济高质量发展的水平还有较大的提升空间。

三　2025年青海进一步融入长江经济带前景展望

随着国家区域协调发展战略的深入实施，长江经济带作为我国重要的经济发展轴带，其辐射和带动作用日益凸显。青海作为长江上游的重要生态屏障和资源富集区，融入长江经济带的进程不仅关乎自身经济社会发展，也对长江经济带的绿色发展具有重要意义。2025年，青海进一步融入长江经济带建设要求在更加重视生态保护的基础上，向设施联通效率更高、产业参与程度更深、商贸往来更频繁、合作交流内容更丰富的目标稳步发展，从而促进长江经济带上、中、下游生态保护与经济高质量发展整体平衡，实现资源共享、优势互补、区域共赢的良好局面。

（一）进一步平衡生态保护和高质量发展关系，为长江经济带绿色发展格局作出青海贡献

青海在融入长江经济带的过程中，应充分发挥生态优势，创新发展模式，为实现长江经济带绿色发展格局贡献青海力量。一是坚持生态优先，坚定绿色发展策略。青海应充分发挥生态优势，将生态环境保护作为经济发展的前提。通过实施严格的生态保护政策，确保长江上游水源地生态安全。在此基础上，推动绿色产业发展，如清洁能源、生态旅游、有机农业等，实现生态价值向经济价值的转化。二是完善生态环境治理体系，提升环境治理能力。青海应建立健全长江源头生态环境监测、预警和应急体系，提高生态环境治理水平，积极融入长江流域环保执法体系，确保生态环境法律法规得到有效执行。三是强化科技创新驱动，培育绿色发展新动能。青海应加大科技

创新投入，支持绿色技术研发和应用，推动科技成果转化为绿色发展动力。同时，培育绿色产业人才，为长江经济带绿色发展提供人才支持。四是提升公众环保意识，构建绿色发展社会氛围。通过宣传教育、政策引导等方式，提高公众对生态保护和绿色发展的认识，形成全社会共同参与长江经济带绿色发展的良好氛围。

（二）运用好东西部协作、对口援青等国家战略部署，进一步提升青海与长江经济带的要素流动效率

推动青海与长江经济带沿线省市的市场一体化，消除行政壁垒，建立统一的市场规则和标准，有效提升青海与长江经济带的要素流动效率，促进区域经济协调发展，实现互利共赢。一是深化区域合作机制。建立和完善东西部协作和对口援青的长效机制，确保信息要素流动畅通。积极参与长江经济带高层对话和专题合作会议，推动区域合作的深入发展。二是优化资源配置。利用对口援青政策，引导东部地区的资本、技术、人才等要素向青海流动。青海通过发挥清洁能源、生态旅游资源优势，与东部地区的市场需求对接，实现资源互补。三是加强基础设施建设。通过争取对口援青、东西部协作项目及资金，加大对青海交通、能源、信息等基础设施建设的支持力度，特别是提升与长江经济带沿线省市的互联互通水平，降低物流成本，提高人流物流效率。四是促进技术创新与人才交流。利用东西部协作平台，推动东部地区的高校、科研机构与青海的企业和科研单位开展技术合作，促进科技成果转化。实施双向人才交流计划，通过挂职锻炼、技术培训等方式，提升青海的人才素质。五是加大政策支持力度。在税收减免、金融支持、土地使用等方面制定针对长江经济带各省市开展合作的优惠政策，吸引东部地区企业到青海投资兴业。

（三）立足"四地"构建特色产业集群，不断提升青海融入长江经济带的产业竞争力

一是加速建设绿色有机农畜产品输出地。充分利用高原冷凉气候、清洁

生态环境和优质农牧资源的独特优势，通过提高质量、稳定产量、完善产业链和扩大输出来实现目标。重点围绕品种优化、品质提升、品牌建设和标准化生产，保护并发展地方特色优势种质资源。培育优势产业，推动精深加工，促进综合价值开发，并加强仓储保鲜和冷链设施建设。加强"三品一标"认证和保护，健全农牧业投入品和农畜产品质量安全追溯体系，推动三江源生态与高原农牧业国家重点实验室建设，创建国家级农畜产品优势区。二是加快打造国家清洁能源产业高地。着眼助力全国能源结构转型、降碳减排，大力发展清洁能源产业。稳步打造零碳电力系统，持续开展全网绿电行动，加大清洁能源消纳外送能力和保障机制建设。为长江经济带的企业提供云计算、大数据处理等服务，促进信息技术与实体经济的深度融合。吸引和培养绿色计算、绿色管理等方面的人才，为绿算产业发展提供智力支持。三是加快打造国际生态旅游目的地。着眼于生态保护与生态旅游的双赢发展，从国际视角研究并构建生态旅游产业机制。推出包括生态体验、生态科普、自然教育和生态体育在内的精品路线，创建国家级旅游景区和国家级旅游度假区，塑造具有国际影响力的生态旅游品牌，推动大区域、大流域旅游联动发展。

（四）提升基础设施联通水平，不断拓展与长江经济带的合作空间

青海应积极与长江经济带沿线省市开展区域协同，通过共享资源、互通有无，与沿线省市形成产业联动，优势互补，共同推动区域经济发展。一是加快基础设施联通步伐。加快西宁至成都铁路建设，实现青海与成渝双城经济圈的高效联通，提高青海与长江经济带各省市之间的通达性，为进一步融入长江经济带建设打好客观基础。二是加强信息基础设施建设。推广5G网络、大数据中心等新型基础设施建设，提升信息传输速度和扩大覆盖范围。促进物联网、人工智能等技术在基础设施管理和服务中的应用，提高基础设施智能化水平。三是青海充分利用自身的区位优势，加快与长江经济带其他省份的交通网络对接，提升货物集散、中转、配送等能力。利用大数据、云计算、物联网等信息技术，建立智慧物流平台，提高物流效率和服务水平，针对青海特色农产品，补齐冷链物流短板，确保产品品质和降低损耗。四是

推动产业协同发展。鼓励青海与长江经济带沿线省市共建产业园区，发展飞地经济。

（五）协同推进对内对外开放，构建全面开放新格局

参与建设陆海新通道，加强与四川、重庆、云南等西南省份的合作，是青海持续扩大对外开放的内在需求。深度融入西部陆海新通道建设，以"澜湄合作机制"为契机，实现与西南主要省份和湄公河流域国家的快速连接。重点围绕生态保护、文旅融合发展、国际商贸物流等领域，进一步强化青海与西部陆海新通道相关省份和共建"一带一路"国家和地区的联系，拓展对内对外经贸合作。挖掘与湖南、贵州等省份的合作领域，丰富合作内容，拓展合作形式，促进文旅、医疗、教育等领域合作先行，从更深层次加强与长江经济带沿线省份的互动交流。

发挥青海在清洁能源、绿色算力等方面的基础优势，充分利用长江经济带各省市高水平科技创新优势，为青海科技创新平台赋能，促进新能源、新材料、绿色有机农畜产品种苗培育等特色优势产业科技水平提升的同时，鼓励青海与长江经济带沿线省市共建产业园区，发展飞地经济，引导东部产业向青海有序转移，同时推动青海特色优势产业向长江经济带延伸，为长江经济带参与"绿色丝绸之路"建设夯实"绿色"基础。

参考文献

程必定：《以全面智能化推进长江经济带协调发展》，《西部论坛》2020年第1期。

李雪松：《以区域协同融通推进长江经济带高质量发展》，《人民论坛》2024年第24期。

刘兰姝菲等：《数据要素促进长江经济带区域协调发展的机制研究》，《江西社会科学》2024年第10期。

王韬钦：《发挥长江经济带发展的内外协调作用——双循环新发展格局形成的中介逻辑》，《技术经济与管理研究》2021年第10期。

B.7
2024年青海加快构建新型能源体系调查报告

王礼宁*

摘　要：　青海在加快构建新型能源体系的实践中，极大地改变了青海能源发展面貌，深刻地影响了青海经济社会发展。面对"五个错配"及体制机制等方面问题时，应该着重提高电力保障及安全供应能力，加快建设坚强电网，创新算电融合发展，发挥多元储能作用，持续优化营商环境。

关键词：　新型能源体系　清洁能源　青海省

　　2024年6月，习近平总书记在青海考察时强调，"青海承担着维护生态安全的重大使命，产业发展必须坚持有所为、有所不为，着力培育体现本地特色和优势的现代化产业体系""有序推进重点领域节能降碳，发展生态友好型产业，加快构建新型能源体系。"[①] 习近平总书记强调"能源保障和安全事关国计民生，是须臾不可忽视的'国之大者'""要科学规划建设新型能源体系，促进水风光氢天然气等多能互补发展"。[②] 2024年，青海省牢记习近平总书记"打造国家清洁能源产业高地"的殷殷嘱托，积极融入国家重大能源战略布局，充分挖掘资源禀赋和比较优势，加快推进清洁能源规模

---

* 王礼宁，青海省社会科学院生态文明研究所副所长、副研究员，研究方向为区域经济、能源经济。

① 贺勇、王梅：《青海着力培育体现本地特色和优势的现代化产业体系》，《人民日报》2025年3月26日第1版。
② 金轩：《"四个革命、一个合作"指引我国能源高质量发展》，《人民日报》2025年4月9日第6版。

化、基地化发展。青海省全面贯彻落实党的二十届三中全会精神和省委十四届六次、七次全会精神，立足能源工作实际，坚持把清洁能源作为重要的发展机遇，统筹推进高水平保护和高质量发展，深化与央企、兄弟省份合作，聚力解决"五个错配"问题，推动国家清洁能源产业高地建设行稳致远，全省清洁能源装机占比、新能源装机占比、非水可再生能源消纳比重保持全国领先，能源产业的含绿量、含金量、含新量不断提升，新型能源体系构建加快推进。

一　青海构建新型能源体系的突出成就

2024年，青海省能源工作强化统筹布局，加快构建规划、政策、基地、项目、企业"五位一体"推进格局，推动水风光火储等多种电源协调发展，加快形成安全、稳定、可靠的绿电供给体系。制定印发《青海省"十四五"能源发展规划2024年度实施方案》，明确年度主要目标，细化7个方面69项工作任务，确定责任单位，梯度安排完成时限，确保规划目标稳步实现。加快推动清洁能源发展、构建新型能源体系已成为奋力谱写中国式现代化国家青海篇章的时代机遇，更是青海实现高质量发展的新路径、新动能。

（一）能源供给结构加速重塑

依托丰富的风能、太阳能等资源优势，青海省积极推动能源结构调整，大力发展风电、太阳能发电等清洁能源，能源清洁低碳转型加快推进，清洁能源供给能力和质量稳步提升，清洁能源已成为青海省能源转型重要部分和未来电力增量主体。2024年，青海省电力总装机突破7100万千瓦，清洁能源、新能源装机占比分别达94.6%、70%，在全国率先实现新能源装机和发电量占比"双主体"。一年来，新增清洁装机1500万千瓦，清洁能源总装机达6788.8万千瓦。其中，水电1644.5万千瓦、光伏3631.7万千瓦、风电 1268.3 万千瓦、光热 21 万千瓦、储能 200 万千瓦/661 万千瓦时。[①] 新能源发电装机容量在全省电力总装机容量中的占比,从 2019 年的 50% 增长至 2024 年的 70%,近六年均保持增长态势,新能源装机占比连续五年超过 60%,持续保持全国最高。

(二)调节电源建设加快推进

以电力安全保供为首要目标,坚持先立后破的理念,全面加快调峰支撑能力建设。12 年来首次投产两个大型水电站,同时在建两座百万千瓦级水电站。玛尔挡水电站 3 号、4 号、5 号机组已正式并网发电,2 号机组转子已顺利吊装就位;羊曲水电站已成功下闸蓄水,3 台机组转子已吊装完成。格尔木燃气电站完成大修,首台机组并网投运;桥头火电站完成钢架吊装,即将吊装机组;格尔木火电站浇筑主厂房第一方混凝土,主体工程开工建设。公开遴选德令哈火电项目业主,项目完成核准;加快青海海南清洁能源基地外送工程、青海海西柴达木沙漠基地送电广西工程配套火电前期工作,均已具备核准条件。研究编制《青海省火电中长期规划布局方案(2024—2030 年)》,国家支持青海省新增内用火电 396 万千瓦被纳入国家规划。同德、哇让、南山口共 760 万千瓦三座抽水蓄能电站均已开工建设。德令哈(60 万千瓦)抽水蓄能电站已完成三大专题审查,正在开展可研工作。新增并网电化学储能电站 9 座,新增装机 124.2 万千瓦/478.4 万千瓦时。

(三)电网骨架全面扩大补强

坚决贯彻落实新型电力系统建设理念,强化坚强电网建设,加快打造新型电网示范区。2024 年,初步完成青桂直流配套电源方案、输电方案、选站选线三项研究,明确输电规模,优化配套电源实施方案;积极开展海南清洁能源基地外送工程电力流优化、配套电源方案、输电方案和选站选线等研

[①] 《2024 年青海省新增清洁能源装机突破 1500 万千瓦》,青海省人民政府网站,2025 年 1 月 3 日,http://www.qinghai.gov.cn/zwgk/system/2025/01/03/030062243.shtml,最后检索时间:2025 年 2 月 8 日。

究工作。建成红旗 750 千伏输变电工程、郭隆 750 千伏变电站主变扩建工程、达乌 330 千伏输变电工程；直却 330 千伏输变电工程，玉树、果洛第二回线路工程加快建设；新开工红旗、托素 750 千伏主变扩建，桥头火电送出工程；新核准格尔木火电送出工程；松如沟、卡阳、东台等 750 千伏输变电工程和德令哈（鱼卡）火电送出完成可研；推动丁字口、昆仑山 750 千伏主变扩建工程和红坡、热水 750 千伏输变电工程提前开展前期工作。

（四）技术创新能力不断提高

坚持科技创新引领，加快提升青海新型能源体系的科技含量。2024 年，多能源电力系统互补协调调度与控制关键技术达到国际领先水平，成果推广应用于多个省区。青海光伏、储能两大千亿级产业发展取得长足进步，首个绿氢项目——华电德令哈 PEM 电解水制氢示范工程建成投产，成功制出青海省第一方纯度 99.999% 的绿氢。"黄河造"高效 IBC 组件产品获国际环境产品声明 EPD 认证证书，认定产品整个生命周期的环保性能符合国际公认的环保评估体系，成为青海省获得的首个国际 EPD 认证证书。全省首例多功能光伏建筑一体化项目成功并网发电，为探索高效 IBC 晶硅电池组件技术与建筑融合应用提供助力。天合光能至尊 670W 系列超高功率组件在西宁成功下线，标志着西宁市在超高功率组件领域实现零的突破。持续实施《科技助力国家清洁能源产业高地建设行动方案（2023—2030 年）》，重点围绕清洁能源产业发展短板弱项和新型电力系统示范省建设"五个错配"问题，明确今后发展的 6 个科研方向和 20 项重点任务，基本覆盖清洁能源发展的重点技术领域和关键环节。同时围绕清洁能源领域，布局 7 家省级重点实验室、9 家省级工程技术研究中心，正在组建全国首个省级新型电力系统技术创新中心。

（五）能源安全水平不断提升

坚持把能源安全保供作为高地建设根本目标，能源安全开创新局面。密切关注来水、存煤、负荷、天气等因素条件变化，持续做好能源运行监测，完善能源数据信息报送机制和数据质量，强化保暖保供期能源产供需日调度机制。定期开展能源经济运行分析和供需形势研判，衔接沟通气象、水利等部门落实能源安全预警机制，预测潜在性趋势性问题风险，提出防范应对措施，做好充足应对准备。优化电力运行调度，加强发电机组运行管理，优化机组检修时序，严格执行非计划停机考核。精细化开展水电调度，优化小水电运行曲线，度夏期间全力增发水电。挖掘新能源发电潜力，充分调用储能、火电调峰资源，促进新能源多发多用。提前落实外购电量，确保全电力平衡。落实煤矿停减产报告制度，挖掘煤炭油气企业增储上产潜力，确保全省煤矿日均产量达到1.2万吨目标任务、高峰期油田日产气量保持在1650万方以上，在确保安全的前提下稳定电煤、油气供应。常态化开展"四不两直"等督导检查，全面开展风险隐患排查治理，严格落实安全防范措施，全年能源领域无重特大安全事故发生。

（六）市场机制不断建立健全

充分发挥市场在电力供需中的调节作用，加快推动能源体制革命。2024年，加快推进电力现货市场建设，完善电力现货市场配套规则，完成三次调电试运行，计划年底前完成首次结算试运行。落实好容量电价与市场化交易电价的有效衔接，实现煤电容量电价机制平稳运行。完善绿色电力市场化交易机制，在政策层面首次将绿电交易纳入省内电力中长期交易范围，促进可再生能源就地消纳。完善省间交易机制，推进省间现货、调峰辅助服务交易，配合西北能监局优化完善辅助服务机制。深挖省内供给潜力、优化外购电结构、发挥分时峰谷电价机制作用、合理运用尖峰电价收入，多措并举实现工商业电价稳中有降，有力地支持企业降本增效。1~9月，青海电网平均到户电价0.415元/千瓦时，同比下降0.017元/千瓦时，其中工商业用户平均电价0.417元/千瓦时，同比下降0.018元/千瓦时。积极对接新疆、四川、宁夏、甘肃、陕西、上海、湖北、重庆、江西等省（区、市）协商签订2024年度电力合作（互济）协议。积极引导市场主体签订年度电力中长期合同，电量规模达到691.8亿千瓦时。

（七）清洁能源促进共同富裕

青海省通过大力发展清洁能源，实现了生产、生态、生活"三生共赢"，有力地巩固拓展脱贫攻坚成果，扎实推进了共同富裕。生产方面，省内许多荒漠、戈壁通过板上发电、板间种草、板下牧羊，变成了富民的绿洲和光伏牧场，呈现"风吹草低见牛羊"的美好画卷。植被恢复的塔拉滩光伏产业园年牧草产量达 11.8 万吨、节约养殖成本 720 万元，养殖出栏"光伏羊" 2 万多只，实现收入 1600 万元，牧民年人均增收 547 元，清洁能源成为富民之源。生态方面，青海省光伏扶贫电站年均发电量约为 12 亿千瓦时，相当于年均节省标准煤消耗约 46.8 万吨，减排二氧化碳约 92.6 万吨。电站建设选址方面，有效利用戈壁荒漠、荒山荒坡，全部采取高支架农光互补、牧光互补模式，增强了土地综合利用的叠加效应。实际运行中，光伏电站使地区风速降低、湿度增长，退化荒漠化草原植被得到恢复，有效改善了生态环境。生活方面，自脱贫攻坚以来，青海省共建成 42 座光伏扶贫电站，年发电产值 8.8 亿元，使 7.7 万户、28.3 万脱贫人口拿上了"阳光存折"，20 年内将滚动扶持包括 1622 个脱贫村及部分村集体经济薄弱的村庄，每年以村均不少于 20 万元用于发展集体经济。不少农牧民还用上了光伏取暖，"光伏+电采暖"取暖效果更好、安全性更高，农牧民生活品质切实获得了提升。

二 青海加快构建新型能源体系的主要挑战

2023 年，青海省清洁能源发展推动能源结构转型取得了显著成就，但依然存在一些问题，主要表现为"五个错配"。

（一）电源结构错配问题

主要表现为光伏过快增长，常规电源建设缓慢，新能源占比高达 68.3%，作为支撑电源的水电占比 23.7%、火电占比 7.1%，导致电力系统呈现季节性的"夏丰冬枯"与日内的"日盈夜亏"。

（二）网源时空错配问题

主要表现为新能源建设进度快，电网建设周期长，造成网源时序衔接不匹配。外送通道仅有青豫直流，海西风光资源富集，但电网支撑能力不足，且缺乏外送通道，造成网源时空错配。

（三）生产消纳错配问题

主要表现为本地消纳能力有限，用电负荷增速为新能源增速的1/8。海西蒙古族藏族自治州、海南藏族自治州清洁能源资源富集区与西宁市、海东市负荷中心逆向分布，供需两端空间不匹配。工业负荷约占全网的80%以上，且多为不可中断负荷，与光伏发电时间不匹配。

（四）储能周期错配问题

主要表现为已建储能为短时电化学储能，寿命周期短、投资造价高、无法提供转动惯量支撑，同时抽水蓄能建设周期长达7~10年，且缺乏电价激励引导机制。

（五）价值价格错配问题

主要表现为新能源上网电价全国最低，青豫直流落地电价低于河南燃煤标杆电价，未体现出"绿电"生态价值，夜间外购电多为高价煤电，省际购、送电价格倒挂，抬高了省内用电成本。

三　青海持续构建新型能源体系的对策建议

面对青海构建新型能源体系中存在的各项问题，站在新的历史起点上，青海做好能源工作意义重大、责任重大。应深入贯彻习近平总书记能源安全新战略和考察青海重要讲话精神，聚焦"五个错配"问题，构建"五位一体"发展格局，着力推动清洁能源高质量发展，努力开创新型能源体系构建的新局面。

（一）不断提高电力保障和安全供应能力

清洁能源发展中存在"五个错配"问题，特别是全省光伏单兵突进、常规支撑电源占比较小、负荷需求与电源出力不匹配、省内电力电量存在"双缺"问题。同时，受西北各省份电源同质化影响，新能源"低谷不要、高峰不送"，外购火电比例居高不下，电力供应保障存在较大挑战。建议统筹"十四五"后期和"十五五"初期省内用电需求，加强煤炭煤电兜底保障能力，按照"先立后改、超超临界、不选新址"的原则，综合考虑青海现役公用电厂厂址、煤源、水源条件，尽快开展一批高效先进节能的支撑性火电项目前期工作，同步加快在建水电站建设进度，发挥支撑电源保供作用。

（二）持续推动省内外坚强电网开工建设

加快推动特高压外送通道前期工作按照《全国跨省跨区输电通道输电规划研究工作方案（2024—2027 年）》的要求，结合送端电源类型、受端供需形势、通道走廊布局，统筹研究跨区通道及配套电源送出工程系统方案，做好送端配套网架优化补强工程方案研究，加快外送通道预可行性研究、可行性研究等工作。加强骨干电网建设，衔接国家"沙戈荒"大基地规划、省内重点负荷和"绿色算力"布局，聚焦新能源消纳、短路电流超标、局部潮流重载等问题，加快推进卡阳、东台、松如沟 750 千伏输变电工程，托素、红旗 750 千伏变电站主变扩建工程，格尔木电厂、鱼卡电厂 750 千伏送出工程等 7 项 750 千伏电网工程，并尽快争取将丁字口 750 千伏变电站主变扩建及输电工程，昆仑山 750 千伏变电站主变扩建工程，红坡、热水、兴和 750 千伏输变电工程等 750 千伏电网工程滚动调整纳入国家"十五五"电力发展规划并开工建设，提升重要断面电力交换能力，保障负荷中心电力可靠供应以及满足新能源富集区上送需求。

（三）着重发挥多元储能应用价值

按需建设储能，推动各类型储能科学配置。按照"以需求定规模、以发展定类型、以条件定布局、以市场定模式、以内外改革定政策"总体目标，根据电力系统需求，统筹各类调节资源建设，持续开展全省储能配置研究，因地制宜推动各类型储能科学配置，形成多时间尺度、多应用场景的电力调节能力，更好地保障电力系统安全稳定灵活运行，改善新能源出力特性和负荷特性，支撑高比例新能源建设。完善储能市场配套机制，加快推进电力中长期交易市场、电力现货市场、辅助服务市场等建设进度，推动储能作为独立主体参与各类电力市场。开展多元化储能示范应用，积极参与国家储能示范项目申报，推动储能材料、单元、模块、系统、安全等基础技术攻关。开展压缩空气、液流电池、飞轮等大容量储能技术，钠离子电池等高安全性储能技术，固态锂离子电池等新一代高能量密度储能技术试点示范。结合系统需求推动多种技术联合应用，开展复合型储能试点示范，拓展储氢、储热、储冷等应用领域。

（四）争创青海"国家算电融合创新发展试验区"

充分发挥"数据援青"政策优势，以"大力发展智算、积极发展超算、有序发展通算"的发展思路，积极招引"大模型"及对网络通信速率要求不高的相关业务，形成省内算力多元供给，扩大青海省算力产业规模。通过"源网荷储"一体化和智能微电网建设，统筹新能源开发与消纳，协同多元供能与负载响应，持续推动电力市场改革，促进绿电与算力相互赋能，从算力"生产、运营、管理、应用"四端不断提升碳效，提高算力产业绿电供应稳定性并持续降低用电成本。争取国家大力支持，争创青海"国家算电融合创新发展试验区"，获取财政、金融、科技、人才等相关支持，抢占"算电融合"制高点。

（五）积极建设投资型政府

清洁能源开发利用是国家长期的战略规划，青海应紧抓机遇，全力在发展中分一杯羹。清洁能源电站及制造业投资动辄数十亿，甚至上百亿元，投资回收周期较长，如集中式光伏一般需 5~10 年，分布式光伏需 7~10 年，需要大量的低成本资本运作。鉴于青海各平台公司的金融信誉，应集中力量迅速扭转不利局面，争取提升金融机构内部信用评级，通过市场化融资获取低成本资金。先争取在央企的投资中占一定股权，形成参与式发展，积累运营管理、投融资、资本运作等经验，然后实现主导乃至完全自主化发展清洁能源产业。具体措施包括：兼并融合以扩大主体规模、重组优质资产以优化资产配置、引进团队以提升经营效率、成立清洁能源产业引导资金、运作多层级基金投资体系、持续优化营商环境。

（六）有效推动绿色信贷可持续发展

持续推动"源网荷储"一体化建设，不断提升光伏、风电利用率，推动企业效益提升，增强其扩产动力，提升银行效益的整体评价，降低银行总部对青海省大型新能源项目的贷款审批难度。建立新能源产业目录和信息共享机制，降低银行对光伏企业、光伏项目信息的获取难度，促进银行信贷的认定和支持效果。培育更多优质的新能源项目，扩大绿色信贷项目的有效需求，持续推动碳金融等绿色金融创新，推动绿色信贷的多元、稳定供给，形成银行间绿色信贷的良性竞争，使新能源项目贷款利率回归正常市场化标准，促进绿色信贷整体可持续发展。

（七）争取税收优惠，增强微观主体活力

争取从国家层面对于青海省清洁能源发电企业给予增值税即征即退、优惠税率、减税、退税等更多较为灵活、多元的支持政策，帮助企业在筹建、运营等各环节轻装上阵、加速发展。建议从国家层面进一步优化企业购置环保节能节水专用设备抵免企业所得税政策，适当提高抵免比例，引导企业不断向绿色、智能、高效方向发展。提高征管信息化水平，完善电子税务功能应用，积极实现资源整合、畅通多部门税费征管协同机制，建立涉税信息共建共享机制，提升征管质效，寻求税收制度、税收政策、税收征管与国家清洁能源产业高地打造的最佳结合点，促进清洁能源产业集约化发展。

参考文献

袁继军：《"双碳"目标下支持打造国家清洁能源产业高地的税收建议》，《税务研究》2023 年第 5 期。

王礼宁：《双碳背景下青海打造清洁能源产业高地的难点与破解路径》，《青海社会科学》2022 年第 4 期。

王国栋：《打造国家清洁能源产业高地》，《国家电网报》2022 年 3 月 29 日。

解丽娜：《〈青海打造国家清洁能源产业高地行动方案〉内容摘要》，《青海日报》2021 年 7 月 14 日。

陈刚：《走好绿色低碳发展"新赛道"打造国家清洁能源产业新高地》，《青海党的生活》2024 年第 5 期。

苏赟：《金融助力青海清洁能源产业高地建设》，《中国金融》2023 年第 17 期。

常红、蒋雅冰：《税惠赋能清洁能源产业风生水起》，《中国税务》2023 年第 6 期。

尹秀娟：《青海打造国家清洁能源产业高地研究——基于创新型产业集群的培育》，《新西部》2023 年第 5 期。

社 会 篇

B.8

2024年青海省乡村振兴战略实施报告

杨 军 田鹤翔*

摘 要： 2024年青海省从推进特色产业发展，推动农牧民可持续增收、统筹乡风文明建设和乡村人居环境综合整治，大力提升乡村治理效能等维度，全面推进乡村振兴战略，取得显著成效。但随着外部压力增大和乡村产业转型升级，一些薄弱环节和深度问题逐渐显现。2025年，推进乡村全面振兴还需要坚持系统集成理念，通过新质生产力赋能，重新优化组合生产资料，健全社会化服务体系，以农牧业转型升级推动特色产业发展和农牧民可持续增收；同时，以大学生"到村任职"为契机，全面提升乡村治理效能，以乡风文明建设助推乡村生态治理，多角度协同推进乡村振兴战略深入实施。

关键词： 乡村振兴 乡村治理 青海省

---

* 杨军，青海省社会科学院政法研究所所长、副研究员，主要研究方向为青海经济史；田鹤翔，青海省社会科学院政法研究所研究实习员，主要研究方向为环境法、社会治理。

2024年，青海省深入贯彻落实习近平总书记关于"三农"工作的重要论述和考察青海时的重要讲话精神，学习运用"千万工程"经验做法，建立健全乡村全面振兴长效机制，以提升产业发展水平、乡村建设水平、乡村治理水平为重点，强化落实农牧民增收举措，持续巩固拓展脱贫攻坚成果，切实增强了各族群众的获得感、幸福感、安全感。

一 2024年青海实施乡村振兴战略具体举措和主要成效

习近平总书记指出，要坚持把解决好"三农"问题作为全党工作重中之重，举全党全社会之力推动乡村振兴。[①] 2024年，青海省制定《关于学习运用"千万工程"经验有力有效推进乡村全面振兴的实施意见》，在实施乡村振兴各项工作中，围绕乡村振兴"二十字"总方针，加快重点项目建设进度，因地制宜培育壮大特色产业，加快推动城乡融合发展和农业农村现代化建设。

（一）聚焦产业兴旺，激活农村经济发展新引擎

一是加快产业集聚发展。青海省聚焦"产业四地"建设，着力向"五化"配资源、向"四主"配政策，抓基地求突破、抓升级增效。创建5个国家优势特色产业集群，支持102个企业，带动脱贫户、小农户近4.6万户；创建6个国家级现代农业产业园和33个省级现代农业产业园，入驻龙头企业86个、合作社920个，带动农牧民6.2万户；创建"龙头企业+合作社+基地+农牧民"产业化联合体60个，带动合作社558个、联结农牧民4.8万户。并且实施了农牧业品牌培育计划，以"净土青海·高原臻品"省级区域品牌为主，培育"1+8"品牌体系，"神奇柴达木""祁连山下好牧

---

① 习近平：《坚持把解决好"三农"问题作为全党工作重中之重 举全党全社会之力推动乡村振兴》，《奋斗》2022年第7期。

场"等区域公共品牌知名度不断提升。

二是加大产业帮扶力度。青海省将年度中央财政衔接资金的69.56%用于乡村产业发展，结合打造绿色有机农畜产品输出地，聚焦牦牛、藏羊、青稞、油菜、马铃薯、枸杞、蔬菜等十大优势产业，综合运用订单采购、生产创业、托养托管、土地流转等10种带动模式，实施1016个产业项目，带动24.5万户农牧民实现增收。加大冷凉蔬菜产业投入，建成了互助万亩供港蔬菜基地等具有代表性的露地蔬菜生产基地，打造了一批蔬菜区域品牌。

三是推动农体文旅商融合发展。以建设绿色有机农畜产品输出地为牵引，青海省通过"品牌足球赛事+特色农畜产品展销+特色文旅产品展示+特色文艺节目展演+线上线下宣传推广"的方式，强力推进农体文旅商融合发展。在8个县开展融合发展试点示范，举办"大美青海·高原足球"超级联赛、农特产品展销等活动，发展农事体验、民族文旅等新业态，培育国家级乡村旅游重点村39个、重点乡镇7个，省级重点村213个，乡村旅游接待点2107家，农牧民脱贫群众从业人员1.8万人。

（二）聚焦生态宜居，打造宜居宜业和美乡村

一是基于顶层设计打造生态文明建设示范区。青海省在2024年先后制定出台《青海省学习运用"千万工程"经验建设高原宜居宜业和美乡村五年行动方案（2024—2028年）》《关于加强生态环境常态化监督管理和问责的实施意见》等文件，编制完成村庄规划1379个，优化乡村空间布局，依法依规保障乡村振兴产业、公共服务和基础设施等项目用地需求。开展生态文明示范创建。目前，青海省玉树州、泽库县、乌兰县等3州8县（区）被生态环境部命名为生态文明建设示范区，平安区、同德县、茶卡镇等6县（市、区、镇）被命名为"绿水青山就是金山银山"实践创新基地。

二是通过环境整治推动乡村生态环境改善。青海省2024年下达涉农资金132.3亿元，建设300个高原美丽乡村、200个乡村振兴试点村和100个乡村治理示范村，推动乡村整体提档升级。常态化开展村庄清洁行动，新改建农村公路3719公里，改造危旧房5166户，新改造农村户厕2.11万座。

强化农业农村面源污染防治，大力推进化肥农药减量增效行动，完成"双减"面积 300 万亩，实现有机肥替代化肥和绿色防控全覆盖。

三是通过科技成果转化赋能乡村振兴高质量发展。实施重大科技专项"柴达木盆地盐碱地改良与饲草高效栽培关键技术研究及集成"，建立柴达木盐碱地盐分聚散机制与适生耐盐饲草品种定向选育、饲草稳产保质以及草改土协同增效等技术模式，初步构建以"科研试验基地＋示范展示基地＋基层农技推广站点＋新型经营主体模式"为范例的"两地一站一体""产学研推结合"的协同推广机制，建成全省最大的集中连片饲草种植基地。

（三）聚焦乡风文明，培育移风易俗新风尚

一是构建移风易俗长效工作机制。为增强移风易俗工作推动力，青海省先后印发《关于开展"推动移风易俗、提升乡风文明"行动的指导意见》《健全完善村规民约居民公约实施意见》《重点领域突出问题治理工作方案》《"破除十种陋习""倡导八种文明新风"系列专项方案》，召开农村移风易俗重点领域突出问题专项治理工作推进会、经验交流会，并将婚丧领域移风易俗纳入全省年度目标责任考核指标体系，为培育向上向善、奋发奋进的文明风尚提供有力保障。

二是规范丧葬礼仪标准。青海省各地结合实际，制定了移风易俗促进条例，将婚丧喜事礼仪流程、随礼标准、办理天数、宴席桌数、宴席标准等纳入村规民约，并监督落到实处。制定既符合各民族习俗又满足现代文明的丧葬礼仪标准，全面推行丧事简办。同时加强与人民法院的沟通协调，以案释法，用因高价彩礼引发矛盾纠纷、造成家庭致贫返贫、酿成家庭悲剧的反面典型案例教育群众。

三是强化乡村新时代精神文明建设。围绕"感党恩、听党话、跟党走"主题，青海省积极举办富有乡村特色的文体活动，开展戏曲进乡村等各类活动 2000 余场次，丰富群众的精神文化生活。深化农村婚俗和殡葬习俗改革，开展移风易俗重点领域突出问题专项治理，全省文明乡镇、文明村、五星级文明户创建率分别达到 77.5%、62.6%、49.4%。

（四）聚焦治理有效，持续健全乡村治理体系

一是优化村"两委"班子结构。2024年4月，青海省印发了《大学生到村"任职"行动计划》，其中明确着眼高质量推进乡村振兴工作的现实需求，积极回引愿意在村工作的本村大学生，有计划地安排其担任"村级事务助理员"，到村"两委"帮助工作，并在条件成熟时调整进村"两委"班子，提升村干部服务群众、推动发展的能力水平。

二是健全乡村治理机制。青海坚持和发展新时代"枫桥经验"，启动《青海省矛盾纠纷多元化解促进条例》立法工作，开展重点领域矛盾纠纷排查化解专项行动，2024年共调处化解涉家庭婚恋、邻里关系、经济债务等矛盾纠纷1836件。推广久治县"十户长"制、祁连县"千岗万哨"、贵南县"三约一制度"、湟中区"村级议事协商"等基层治理新做法新典型，不断提升基层治理效能。

三是引育乡村人才。依托"京青专家服务活动"遴选确定乡村振兴方面省级专家服务基地5个，设立"昆仑英才·乡村振兴人才"项目，遴选支持农业科技人才、新型经营主体领军人才87名，团队7个，为推动乡村振兴提供人才智力支撑。

四是开展社会治理综合服务中心优化提升三年行动。2024年4月，青海省政法委开展社会治理综合服务中心综合功能优化提升三年行动，并制定了《关于在全省开展社会治理综合服务中心综合功能优化提升三年行动的指导意见》，对制度机制、人员队伍、服务流程，以及三级中心规范化建设率制定了具体指标。2024年底实现市（州）、县（区）级社会治理综合服务中心规范化建设率不低于60%，乡（镇）级不低于30%。同时，州县级社会治理综合服务中心有效整合人民调解信息平台、综治维稳信息系统、法律援助信息平台、国家信访信息系统、诉前调解系统等，加强中心智能化信息化建设，强化矛盾纠纷线上流转、处置、回访和评价，着力构建系统集成、协同高效、多元联动、整体智治的治理新格局。

（五）聚焦生活富裕，持续巩固拓展脱贫攻坚成果

一是精准开展动态监测。严格落实防止返贫动态监测帮扶机制，青海省2024年将年度脱贫人口收入监测参考标准提高到7900元，依托防返贫监测信息可视化平台和"一码通"自主申报程序，提升主动发现响应能力。全年累计识别监测对象18284户66715人，已消除风险6489户25690人，其中新识别监测对象5517户22005人，全部落实针对性帮扶举措。

二是开展农牧民技能培训。青海省农业农村厅2024年出台了《青海省农牧民培育管理办法》，以学习运用"千村示范、万村整治"工程经验为引领，紧紧围绕农业农村高质量发展人才需求，聚焦提升技术技能水平、提升产业发展能力、提升综合素质素养，安全高效开展农牧民培育工作。2024年以来，青海开展"头雁"人才培育、高素质农牧民、农村实用人才、农牧民中等职业教育等四种类型人才的培训，累计培训人员近6000人次。[①]

三是以工代赈实现生态惠民。在生态保护修复领域激发以工代赈效能，促进农牧民增收致富，强化以工代赈项目资金监管，及时足额发放劳务报酬，积极引导支持脱贫人口参与林草生态建设，推动拓展脱贫攻坚成果同乡村振兴有效衔接高质量发展。2024年全省林草生态建设领域通过以工代赈方式带动5893人务工，发放劳务报酬703万元，其中脱贫人口（易地搬迁群众）人均增收5200元，全省脱贫人口人均纯收入达到17188元，同比增长14.03%。

四是推进乡村"四好农村路"建设。2024年青海省交通运输厅印发《青海省普通省道和农村公路"以奖代补"实施细则》，先后完成5个深化农村公路管养体制改革国家级试点验收评估。全面推进省内"四好农村路"建设，统筹推进交通惠民工程，搭建通村畅乡、连片成网的农村交通基础设施网络，2024年新改建普通省道和农村公路5330公里，新增通硬化路自然村150个。

---

① 《2024年青海完成农牧民培训6000人次》，青海省人民政府网，2024年12月13日，http://www.qinghai.gov.cn/msfw/system/2024/12/13/030060456.shtml，最后检索时间：2025年1月3日。

二　2024年青海实施乡村振兴战略存在的主要问题

当前，青海省乡村振兴工作紧跟国家安排部署和工作要求，在乡村振兴的道路上持续奋进，已经取得了一定成果。但面对现代化农业强国建设目标任务和现代化新青海建设实际需求，全省乡村振兴工作仍存在一些薄弱环节和突出问题。

（一）乡村产业发展带动能力有待加强

全省农牧业生产方式仍以传统的分散式家庭经营为主，集约化、规模化发展不足，有特色优势、有竞争能力和辐射带动力强的龙头企业比较少。从省级层面的顶层设计来看，特色产品高端品牌打造、全省生产资源的有效整合、补链延链强链还有不足，同质化、碎片化发展现象严重；农牧业生产的社会化服务和保险体系不健全，产前技术培训、市场对接、要素投入等准备不充分，生产后营销能力不足，产销脱节且难以有效对接；绿色有机品牌打造不足，在进口牛羊肉冲击下，青海绿色有机牛羊肉的品牌效应未能凸显，对牛羊肉价格未形成保护效应，质优价不高的问题仍影响了农牧民的生产积极性和可持续增收，有机牛羊肉特色产业发展预期不稳定。同时，新质生产力对农牧业现代化发展的推动作用还不够明显，特色科技产业集群尚未形成。人才方面，有合作意识、会管理、开拓市场能力强的复合型骨干人才仍然缺乏。

（二）环境整治精细化治理有待深化

青海由于自身面积大，大部分农村基础差、底子薄，区域之间、村庄之间的"公共区域"环境整治工作推进不够均衡，尤其是牧区，村庄分布分散，公共基础设施建设难度大，生活垃圾和生活污水无害化处理方面仍存在诸多困难。此外，农村人居环境整治需要投入大量资金，运营成本高且后期维护管理费用高，如公厕建设完毕之后，后期管护困难较大，并无专门部门明确负责，相应的项目治理服务监督方案不明确，导致治理效果低于预期。

（三）基层治理队伍专业素质有待提升

村干部是党建引领乡村振兴的先锋力量，是乡村经济发展中的"领头雁"，肩负维护乡村和谐稳定、政策宣传、项目实施、困难帮扶、环境整治、文化建设等众多任务。多角色、全方位的乡村振兴工作，对村干部的综合素质和能力水平提出的要求越来越高，但部分村干部受年龄、学历限制，工作压力大，这在一定程度上制约了谋划产业发展、引领带头发展的主观能动性。此外，青海省虽然启动了大学生到村"任职"行动，但整体上村干部学历在本科以上的人数还是较少，在提升乡村治理效能、推动农业农村全面发展方面还缺乏有力有效举措。加之农村人才政策不完善，对优秀人才缺乏足够的吸引力，难以真正留住和吸引人才。

（四）农牧民可持续增收渠道有待拓展

由于优质羊肉的区域品牌打造还不够有力，品质好、分级高的特色产品抗价格波动的能力弱，品牌溢价效应不明显，受价格周期影响大。在消费趋稳、产量增加、竞争加剧等因素叠加下，牧民"增产不增收"和"质高价低"的担忧日益加重，挫伤了牧民扩大化、精细化养殖的积极性。尤其是2023 年、2024 年连续两年羊肉市场价格走低，牧民不愿低价出售，导致牧民家庭收入渠道单一，主要为草原奖补和低保补助等政策性收入，经营性收入占比较小，收入水平低。此外，由于县域劳动密集型产业不发达，缺乏足够的非农就业岗位，加之农牧民劳动技能差、出省就业能力弱，农牧民非农就业增收仍存在较大困难。

（五）农村公共文化建设存在短板

虽然青海省加大了基础设施投资，各村建设了公共文化设施，但利用率低，整体上文体活动较少，农牧民精神文化生活单调匮乏，与乡风文明建设要求有差距。村庄虽然都配备了文化设施、健身器材，但配套不完善、维护管理水平不高。大部分乡镇虽然每年都会组织文体活动，但整体来看，活动数量较少，群众参与热情不高。同时，地方特色文化资源挖掘与利用不足，文化资源未能得到充分利用和展示，缺乏深入融合和互动，导致旅游产业无法提供丰富的文化体验。部分旅游项目缺少前期的考察论证和评估，盲目跟风，仓促上马，同质化现象比较普遍，创新亮点和地方特色不足，缺乏吸引力和竞争力，产业持续性和效益性都较低。

三　2025年青海推进乡村全面振兴的预期与展望

2024年，青海省乡村振兴战略实施取得了扎实成效，现代化产业体系建设稳步推进、农牧民收入稳步增长、人居环境得到有效改善、治理模式不断创新，效能持续提升。与此同时，在经济下行压力加大背景下，农牧民非农就业机会减少、农牧业结构调整空间受限和进口牛羊肉冲击下的畜牧业发展预期不稳、利益诉求多元化诱发的矛盾纠纷增多及农牧区综合污染治理难度加大等因素仍将制约乡村振兴战略的高质量实施。但从整体发展趋势来看，乡村振兴战略实施具有长期性、稳定性，随着政策供给的不断丰富、农牧民生产理念的转变和生产技能的提升，以及乡村治理模式的创新，机遇仍大于挑战，2025年青海省推进乡村全面振兴仍将取得显著成效。

（一）政策供给和帮扶力量将更加充足有力

2025年是"十四五"规划的收官之年，也是谋划"十五五"时期发展的关键之年。今后，党和国家针对农业农村发展、保障粮食和重要农产品稳定安全供给等问题，势必出台一系列农业补贴等富农惠农政策，鼓励发展特色农业、生态农业等，助推农牧业产业升级，提升农畜产品附加值，提高生产效益，推动产业兴旺和农牧民增收；尤其是对进口牛肉进行保障措施立案调查，对青海省牛羊肉产业将起到稳定预期的作用，有利于保障农牧民生计和青海省基础产业安全；针对农牧区物流发展滞后问题，将重点扶持农牧区基层物流建设，扶持发展农村电商，拓宽农产品销售渠道，增加农牧民收入；对口援青和东西部协作的深入推进，将为青海省乡村振兴带来资金、技术、人才及先进地区发展经验等方面的支持，有力推进青海省农业农村发展。

（二）特色产业发展将更加注重集约化、规模化发展

当前来看，青海农牧业发展水平与"产业兴旺"还存在一定的差距，农牧业产业化仍处于较低水平，与有机农畜产品输出地建设仍有较大差距，农牧业对群众可持续增收的带动能力仍较薄弱。从近十多年来的发展经验来看，今后，集约化、规模化发展仍是推动青海农牧民提质增效的有力途径。2025年，青海将全面贯彻落实党的二十届三中全会精神，全面深化农牧区改革，通过劳动者、劳动资料、劳动对象的优化组合和更新跃升，以生产要素的创新性配置推动传统农牧业深度转型升级，催生新模式、新动能，以新质生产力赋能传统农牧业，实现集约化、规模化、高效化发展，带动农牧民可持续增收，形成生态、生产、生活协调联动的良好局面。

（三）乡村旅游将成为推动城乡融合发展的先导产业

随着城乡融合的不断推进，以乡村旅游为主要载体的农牧业和文化旅游业融合发展将实现提档升级。乡村旅游将更加注重传统区域民族历史文化对乡村旅游的赋能，针对新兴的消费需求，更加注重旅游品质的提升和要素的齐全，推动现代旅游与传统农耕文明的深度融合。同时，在地方政府消费政策的助推下，东部农业区乡村旅游业在保持良好发展态势的同时，发展质效将得到进一步提升，乡村旅游也将由传统的"观景"逐步向观光旅游、文化寻根、农业体验等方向发展，农家小院短租、生态共享菜地等新的旅游模式将成为市民乡村旅游的重要选择。同时，乡村旅游将成为推动城乡融合发展的先导。在乡村旅游的带动下，农业农村的发展潜力将加快凸显，传统人才、资金向城市单向流入的不利局面也将得到改变，推动人才、土地、资本等要素在城乡之间双向流动和平等交换，有利于进一步畅通城乡经济循环、培

育壮大农村发展新动能。同时，随着县域劳动密集型产业的发展和农牧民劳动技能的提升，更多的农牧区劳动力进入城镇就业，有利于推动农牧民收入的增加和思想观念的改变。

（四）大学生到村"任职"将有效提升乡村治理效能

2024年，中共青海省委组织部立足当前乡村振兴战略实施推进的现实需求，启动了《大学生到村"任职"行动计划》，为返乡干事创业的大学生提供了工作平台。到村"任职"的大学生有着较高的文化素养，又得到农业农村、人力资源、卫生保健、文化旅游等部门的具体指导，将有效助推乡村振兴战略的深入实施。同时，大学生较高的知识素养、开放现代的思维方式、懂法遵法的法治意识、公平公正的民主意识以及爱党爱国的朴素情怀，将为乡村振兴战略注入新活力、新动力，有望提升乡村综合治理效能。

（五）和美乡村建设将有力推进乡村宜居宜业

经过持之以恒的新农村建设，住房、文化以及医疗等公共服务的均衡化发展，加之受现代化生产生活方式的浸润，目前青海农牧区群众的思想观念也正在悄然发生变化。今后，随着乡风文明建设工程和青海省学习运用"千万工程"经验的开展，现代农业产业体系的构建和农牧业污染治理、农牧民生活垃圾治理、农牧区生活污水治理、户厕改造及村庄美化等项目的有效实施，农村生态环境将全面改善，生态宜居的现代化新乡村将建成。与此同时，伴随着社会主义核心价值观的宣传普及和乡村法治建设、文化建设以及移风易俗的深入推进，农牧民的现代文明意识将得到进一步强化，进而推动生产和生活方式的现代化转变。

四　2025年青海推进乡村全面振兴的对策建议

2025年是推进《青海省学习运用"千万工程"经验建设高原宜居宜业和美乡村五年行动方案（2024—2028年）》的关键之年。青海要将产业兴旺作为乡村振兴战略实施的核心和基础，坚持系统集成观念，依托有机农畜产品输出地建设，以农牧业迭代升级为方向和以新质生产力赋能农牧业转型升级为手段，在加快推进现代化农牧业产业体系建设的同时，以现代化的生产方式、治理方式引领推进农牧区乡风文明和生态宜居建设。

（一）坚持集约化、规模化发展路径，着力推进特色产业振兴

一是加快培育壮大特色农牧业品牌。依托青海环境资源比较优势，围绕牦牛、藏羊、青稞、油菜、马铃薯、冷水鱼、枸杞等产业，打好"有机"牌，打破行政藩篱，整合农牧业资源，优化要素配置，举全省之力打造与绿色有机农畜品输出地相匹配的青海牦牛肉、青海藏羊等有机绿色地理标志保护重点品牌。二是推动农牧业全产业链建设。基于"省级谋划、市州联动、县域发展"的总体思路，创新主导模式，跨州县布局一批引领带动性强、发展潜力大的有机农畜产品项目，实行"统一品种、统一管理、统一销售"模式，建立健全"合作社+农牧户+龙头企业"利益联结机制，从种植养殖、收割屠宰、深加工、冷链仓储到上市销售，实现全程标准化管理，强化县域补链强链延链，持续推动特色农牧产业全产业链开发、全价值链提升。三是大力培育新型农牧业经营主体。创新推进集体经营、委托经营、抱团经营等多种方式，实施村集体经济提档升级工程，进一步发展壮大集体经济。保障农牧民集体资源资产经营收益，让资源转变为资产、资本、股金，让农牧民从"绿色资源"中享受财产性收益。健全完善经营主体和农牧户的利益联结机制，积极打造"企业+农牧民专业合作社+家庭农牧场+农牧户"产业化联合体，实现共同利益最大化。四是加快推进产业融合发展。鼓励和扶持农牧民立足本地资源发展特色农牧业，探索生态化引领的"互联网+规模化经营+一二三产融合"的多元化农牧业发展路子。大力发展乡村旅游，着力提升乡村旅游内涵品质，培育农家短租休憩、生态农牧业研学、农耕游牧文化体验等新产业新业态新模式，贯通产加销，融合农文旅，推动乡村产业发展壮大，积极带领农牧民从事非农产业经营，确保农民在结构调整、产业融合中真正获益。五是强化基础设施支撑。结合产业发展需要，通过以工代赈工

程等方式，以推进农牧区"四好农村路"建设为契机，配套推进水利、道路、电网、通信等基础设施的迭代升级，既推动农牧民增收，又强化基础设施对农牧区产业发展的支撑作用。

（二）强化就业技能培训，推动农牧民充分就业

一是加强就业技能培训。高效利用全省职业技术学校资源，着力加强通用语言和专业技能培训，提高务工人员的语言能力和职业素养，加快推动农牧区劳动力跨地区流动，扩大就业范围，提升务工收入。二是拓宽务工就业渠道。持续加强农牧区水利、道路等基础设施建设和生态环境治理，实施以工代赈等项目，提高农牧区劳动力劳务报酬占比。健全东中西部劳务协作机制，健全跨区域信息共享和有组织劳务输出机制，建立供需双方定向培训和输出的劳务协作机制，大力推广订单、定向、定岗培训模式，培育壮大劳务品牌。三是积极扩大就业。充分发掘农牧区乡村特色条件、生态资源禀赋，通过环境整治、景观提升等方式，建设游牧文化展示区，大力发展旅游牧场经济，推动产业融合发展，提升农畜产品附加值和优势特色产业竞争力，推动剩余劳动力本地就业，实现农牧民可持续增收。四是"以城带乡，以工促农"，推动充分就业。引导农牧产品加工企业向产地下沉，支持创建农牧业产业强镇、现代农牧业产业园、优势特色产业集群，增强"以城带乡，以工促农"功能，依托对口援青项目，积极引导劳动密集型产业向青海省各县域转移，支持各市州中心城市布局关联产业和配套企业，以劳动密集型产业带动农牧民充分就业。五是打造特色劳务品牌。深入挖掘和培育"青海拉面""互助家政""大通护工""青绣"等一批民族区域特色鲜明、劳动力就业稳定、经济效益突出的劳务品牌。同时，针对不同地区、民族、产业分布和市场培育发展情况，发挥地方和民族优势，制定区域特点鲜明和民族特色浓郁的市场培育战略，实现树一个品牌、带一片就业、富一方百姓的目标。

（三）加大政策资金扶持力度，健全社会化服务保障体系

一是加大政策资金帮扶支持力度。加强政策资金支持力度，保障农牧

民和脱贫群众持续增收。继续落实好良种补贴、农机具购置补贴、农牧业生产资料综合补贴等各项补贴政策，降低农牧民生产成本。进一步扩大补贴范围，加大对农业科技成果转化、农村基础设施建设、农民专业合作社创办等环节补贴力度。积极对接对口援建省市区以建立长期稳定的消费帮扶协作关系，通过长期定向认购、临时团购、订单式生产认购等模式，拓展产品销路，增大品牌影响。二是充分发挥政策引导作用。通过先建后补、以奖代补等形式，整合财政支农项目，优先支持新型农牧业经营主体发展。加大合作社提质扩面、改造升级力度，多领域打造农牧民合作社示范社。稳步推进农村改革，创造条件赋予农民更多财产权利。三是健全社会化服务体系。大力发展代种代牧、代管代收、全程托管等社会化服务体系，鼓励区域性综合服务平台建设，针对家庭耕地牛羊较少户、半农半牧（半工半牧）户及脱贫户、监测户等，依托养殖园区、合作社、大型规模养殖场等主体开展耕地、牛羊托管社会化服务，将家庭分散养殖的牛羊整合起来，推出托管代养、种畜租赁、良种置换等社会化服务，通过规模化经营降低饲养成本、改良优化畜种。四是建立健全农牧民增收保险体系。探索设立农牧业风险基金、建立政策性农牧业保险等，构筑农牧业风险补偿机制，做到应保尽保、应赔尽赔。持续推动农牧业保障"扩面、提标、增品"，解决农牧民后顾之忧。

（四）健全大学生"村官"管理机制，提升综合治理能力水平

一是健全大学生"村官"能力提升培训体系。结合省委组织部《大学生到村"任职"行动计划》，建立健全大学生"村官"基层治理能力提升培训机制，建立乡镇党委和村党支部书记帮带责任制，开展专业技能和社区知识协同提升工程，提升其在乡村社会的多方位融入能力，重点开展基层组织能力提升、特色产业发展、乡村文化建设、农村生态治理、基层法治建设等方面的专题培训，重点突出党组织在基层社会治理中的领导能力和动员能力，提升大学生专业知识素养和社会交往能力，加快推进乡村基层社会法治化、信息化建设，动员社会组织协同参与乡村社会治理。二是建立健全良好

的激励机制。提升大学生"村官"待遇，并完善报酬递增机制，拓宽晋升渠道，适当延长大学生服务期限，使大学生"村官"以良好的发展预期克服群体中存在的身份认同问题，避免过客心态和人才流失。同时，建立轮岗机制，避免因能力不同而产生的治理成效两极化效应。三是适度赋能赋权，配置资金项目。为大学生"村官"配置相应的专项资金和产业发展项目，鼓励和支持大学生"村官"与相关部门、企业及专家学者"结对子"、一起"想点子"，通过项目带动，提升能力、尊重人民主体地位和首创精神，团结动员民众强化自治理念，发展特色产业，培育农村集体经济新的增长点。

（五）加快乡村现代文明建设，推动生产生活方式现代化

一是加强现代生产经营理念培育。组织农牧区村"两委"党员干部和致富带头人，开展现代畜牧业科学生产和现代化经营等技能培训，引导树立市场意识、竞争意识和创新意识，推动农牧民生产能力现代化、生活方式现代化和思维方式、价值观念现代化。同时，寓乡风文明教育于生活经营技能培训之中，使广大基层党员干部和致富带头人既成为带领农牧民增收致富的带头人，也成为乡风文明的引领者和推动者。二是加强思想宣传引导。组建"百姓宣讲团"，利用民族节庆集会和农牧民闲暇时节，采用双语乡音开展党的创新理论和民族宗教大政方针宣讲，切实做到思想宣传入心入脑，不断夯实巩固社会主义核心价值观在青海农牧区的思想根基和主导地位；引导或培养一批农牧区政策宣传"网红"，基于农牧区人民喜爱的快手、抖音及微信公众号等平台，开展多种形式的宣传引导，有效普及人居环境整治共治共享理念，激发农牧民共同参与人居环境整治的主体意识和内生动力。三是系统推进移风易俗。针对牛羊惜售、高价彩礼、高额丧葬支出等问题，在加强依法治理的同时，坚持系统思维，通过现代化生产生活理念教育、村规民约柔性约束、乡老议事劝诫等途径，大力遏制不良风俗，防止农牧民"因婚返贫""因丧返贫"。加强现代婚恋、健康生育等方面的宣传教育，引导年轻一代树立健康负责的婚恋观和热爱祖国、热爱家庭的生活理念，营造幼有所依、壮有所为、老有所养的家庭氛围。四是丰富农牧民文体生活。通过举

办颇受青海各族群众喜爱的"村BA"和赛马、射箭、民歌等文体活动，开展经常性的以基层村社为单位的文体活动，结合开展政策宣讲和思想引导，凝聚人心，团结民众，强化农牧民基层治理共同体意识。

（六）多角度协同，推进乡村生态治理现代化

一是以系统集成理念构建环境治理新格局。从法治建设、文化建设、乡风文明培育和产业转型升级等维度，系统推进农村人居环境整治。以农村生态环境治理法治建设为支撑，以现代化产业体系建设、乡村生态文化建设、乡风文明建设为辅助，建立健全多维度、多主体、多要素系统集成的乡村生态治理新格局。二是推动治理资源下沉。针对基层生态治理中的"无权限、无队伍、无资金"突出问题，加快探索推进乡镇赋能放权，坚持把推进权力事项、人员编制、工作经费下放同谋划、同推进，强化乡镇综合执法队编制配备和人员保障。加强对执法人员的执法培训，全面提升执法人员法治素养、执法水平以及基层矛盾纠纷化解能力。三是推动城乡生态治理协同发展。对现有村庄进行摸底调查，分类施策，积极探索符合农牧区实际的低成本、易维护、高效率的生态治理技术和模式，统筹考虑生活垃圾和农业废弃物利用、处理，建设农村有机垃圾综合处置利用设施。

参考文献

贺莉莉：《乡村文化振兴促进农民精神生活共同富裕的优势、障碍与进路》，《西北农林科技大学学报》（社会科学版）2025年第1期。

李俊利：《数字新质生产力、农业高质量发展与乡村振兴》，《技术经济与管理研究》2024年第12期。

张雪霞：《乡村振兴背景下城乡产业融合发展面临的问题及对策》，《农业经济》2024年第12期。

王礼宁：《乡村振兴视角下青海东部农村产业发展研究——基于青海省L区脑山四村的调查》，《青海社会科学》2023年第3期。

2024年青海省就业发展报告

索南努日　李　舟*

摘　要： 2024年，在就业规模方面，青海省城镇新增就业与劳动力转移就业年度工作不断推进，在就业形势方面，青海省城镇登记失业率与城镇调查失业率趋于稳定，在就业结构方面，青海省第三产业与城镇就业人口占比合理增长，在就业群体方面，青海省高校毕业生与农牧区劳动力逐步实现高质量充分就业。与此同时，青海省始终坚持将就业作为民生第一要务，克服外部经济变化、本土产业转型升级等一系列困难，多措并举以应对严峻的就业形势。扩大就业规模、抑制城镇失业率等工作取得了较好的效果。但是，就业压力多元化、重点群体就业压力大等传统和新出现的问题仍需要从政策到实践层面通过职业培训、劳动保障等方式予以解决。

关键词： 就业政策　公共就业服务　青海省

2024年，青海省全面贯彻落实党的二十大和二十届二中、三中全会精神，以及党中央关于公共就业服务体系建设的决策部署，以推动实现高质量充分就业为目标，持续深入实施稳岗就业工程，以打造"青海e就业"特色品牌为牵引，推动就业促进机制改革创新，着力提升基层公共就业服务能力，努力形成全省"大就业"工作格局，为全省进一步稳定就业形势奠定良好的基础、提供坚实的保障。

---

* 索南努日，青海省社会科学院社会学研究所助理研究员，研究方向为农村社会学；李舟，青海省社会科学院社会学研究所助理研究员，研究方向为农村社会学、发展社会学。

一　青海省就业形势分析

（一）就业规模：城镇新增就业年度任务波折推进，劳动力转移就业人数起底回升

衡量就业规模的两个关键指标是城镇新增就业人数和劳动力转移就业人数。以城镇新增就业人数来看，近五年（2019～2023年），青海省城镇新增就业人数基本呈现曲折增长的趋势，由2019年的6.30万人增长到2023年的6.60万人，5年增长0.3万人，增幅达到4.76%。但是分时段来看，有两个时期城镇新增就业人数出现小幅度下降，分别是2019～2020年和2021～2022年，均减少了0.11万人，降幅分别为1.75%、1.74%，城镇新增就业人数增长最快的时期为2022～2023年，共增加了0.4万人，增幅比例达到6.45%（见图1）。

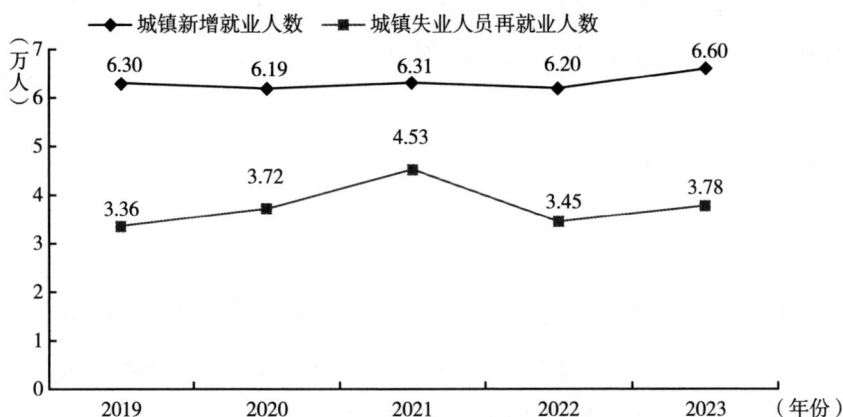

图1　2019～2023年青海省城镇就业人数

资料来源：2019～2023年青海省国民经济和社会发展统计公报、《青海统计年鉴2024》。

自2019年青海省政府将城镇新增就业人数预期目标确定为6万人以来，2020～2023年每年的青海省政府工作报告均将6万人作为当年度城镇新增就业的年度任务，其中2021年和2023年将城镇新增就业预期目标确定为"6

万人以上"，以 6 万人为参考数据，2019～2023 年青海省城镇新增就业人数均超过了 6 万人的预期值，完成度均在 103%以上，平均值达到 105.34%。

与城镇新增就业人数相比，城镇失业人员再就业人数的变化幅度显得更大。2019～2023 年人数从 3.36 万人增长到 3.78 万人，增长 12.5%，与此同时，五年中有三个时间段为增长期，第一个时间段是 2019～2020 年，增长了 10.7%，第二个时间段是 2020～2021 年，增长 21.8%，为五年中增长速度最快时期。第三个时间段是 2022～2023 年，增长 9.6%。五年中只有 2021～2022 年城镇失业人员再就业人数出现下降，一年内减少了 1.08 万人，降幅达 23.8%。总的来看，城镇失业人员再就业人数处于增长趋势。

从农牧区劳动力转移就业人数来看（见图 2），2019～2023 年青海省劳动力转移就业人数先降后升。五年间劳动力转移就业人数减少了 3.3 万人次，下降比例达 2.92%，2019～2022 年劳动力转移就业人数逐年下降，共减少 4.46 万人次，降幅达 3.94%，其中 2021～2022 年减少人数和降幅均达到最大值，分别为 1.93 万人次和 1.75%，这期间全省农牧区劳动力转移就业人数达到最小值，2022～2023 年才开始出现增长趋势，当年增长 1.16 万人次，增幅为 1.07%。虽然农牧区劳动力转移就业人数总体减少，但是与每年政府工作报告提出的 105 万或 106 万人次的预期值相比，2019～2023 年青海农牧区劳动力转移就业目标均超额完成。

（二）就业形势：城镇登记失业率逐年下降，城镇调查失业率开始回稳

城镇登记失业率和城镇调查失业率是评估就业形势的两个重要的统计指标，城镇登记失业率指城镇登记失业人数占城镇从业人数与城镇登记失业人数之和的比例，能够反映某个地区一定时期内的就业状况。2019～2021 年，青海省城镇登记失业率平均值为 2.09%，与全国同期平均值相比，低 1.85 个百分点，2021～2023 年青海城镇登记失业率继续下降，平均值降低到 1.56%，2023 年城镇登记失业率达到最小值，比 2019 年的最大值低了 0.93 个百分点，总体看，青海城镇登记失业率一直处于下降趋势，而且均在

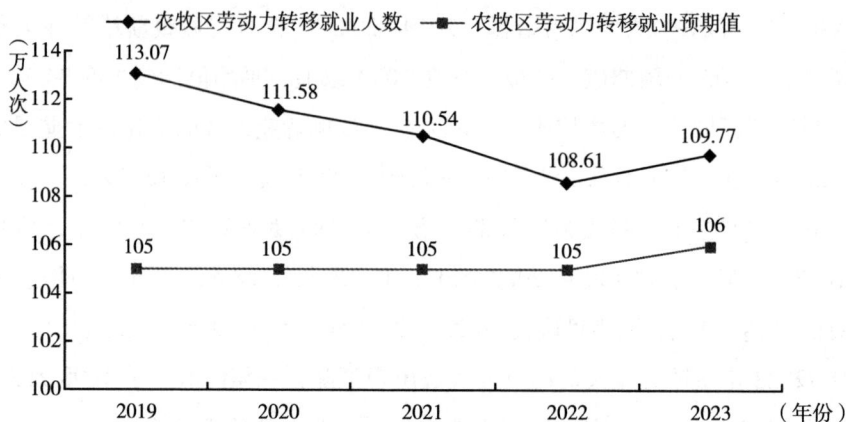

图2　2019～2023年青海省农牧区劳动力转移就业人数

资料来源：2019～2023年青海省国民经济和社会发展统计公报、2019～2023年青海省政府工作报告。

2.5%以内的低失业率区间变动。具体来看，2019～2020年下降了0.17个百分点，2020～2021年下降了0.29个百分点，2021～2022年下降了0.37个百分点，2022～2023年下降了0.1个百分点，2021～2022年城镇登记失业率下降速度最快。与之相比，全国城镇登记失业率在2019～2020年和2020～2021年两个周期内分别增长了和降低了0.62、0.28个百分点，最大值超过4%，最小值在3.5%以上，全国城镇登记失业率一直在3.5%～4.5%区间内波动（见图3）。

　　另一个重要的就业统计指标即城镇调查失业率①在2018年政府工作报告中被列为国民经济和社会发展的预期目标之一。从全国城镇调查失业率来看，2019～2023年平均值为5.34%，总体在5.1%～5.6%范围内有规律地波动。具体来看，2020年在2019年5.2%的基础上增加了0.4个百分点；相比之下，2021年在2020年5.6%的基础上减少了0.5个百分点；2022年增加了0.5个百分点，与2020年数据持平；2023年比2022年降了0.4个百分

---

① 城镇调查失业率指的是根据抽样调查方法推算得出的失业人口占就业人口和失业人口之和的比重，能够反映包括进城农民工在内的所有城镇常住人口的就业状况。

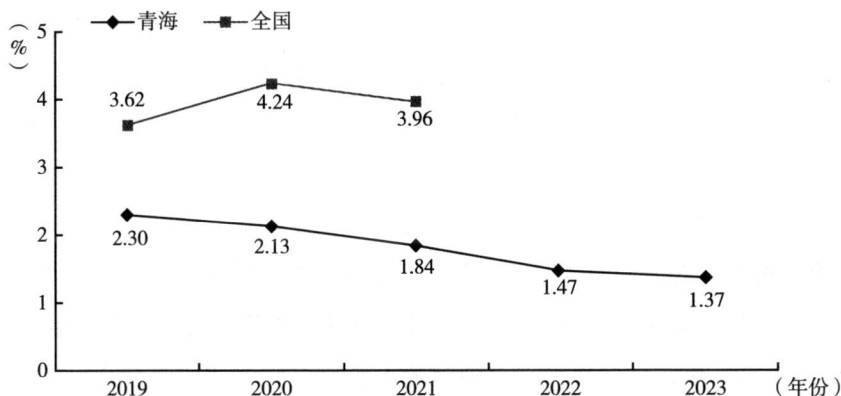

图3　2019~2023年青海与全国城镇登记失业率

资料来源:《青海统计年鉴2024》《中国统计年鉴2024》。

点,与2019年数据持平。可以看出,全国城镇调查失业率呈现周期性变化趋势,两年为一个变化周期。

与全国城镇调查失业率周期性变化趋势相比,青海城镇调查失业率则呈现逐步回稳趋势。2021~2023年青海省政府工作报告均将城镇调查失业率预期目标控制在5.5%以内,就实际完成值来看,2022年青海城镇调查失业率平均值为6%,超出预期目标至少0.5个百分点,2023年青海城镇调查失业率平均值为5.5%,比2022年下降了0.5个百分点,与年初确定的5.5%的预期目标持平,青海城镇调查失业率在短周期内出现回稳趋势,开始符合预期控制目标。

(三)就业结构:第三产业就业人口比重持续提升,城镇就业人口占比稳步增长

衡量就业结构的重要指标是"两个比重",第一个比重指产业结构中第三产业就业人口所占比重,第二个比重是城乡结构中城镇就业人口所占比重,两个比重的升高意味着就业结构的日益优化,反映出该地区社会经济结构的转型升级。从图4可以看出,2019~2023年,青海第三产业从业人员比重总体呈现增长态势,从2019年的47.9%,增长到2023年的52.4%,提升

了4.5个百分点,第三产业从业人员从135万人增加到142万人,服务业吸纳就业人员能力进一步增强。分阶段来看,2020年第三产业从业人员增长最为迅速,一年内净增加11万人,2021年第三产业人口增长到最大值147万人,在产业结构中的比重也达到最大值53.1%,之后一个年度比重有所下降,但在2023年比重又增长了,比2020年增速最快时期的占比还要高0.1个百分点。与此同时,第一产业从业人员比重总体下降,从31.9%降到25.8%,下降了6.1个百分点,从业人员数量从90万人减少到70万人,五年间人口净减少20万人,第一产业从业人员比重维持在30%以下,逐渐趋于合理。此外,第二产业从业人员比重总体上升,从20.2%提升为21.8%,增长了1.6个百分点,从业人员数量从57万人增加到59万人,第二产业从业人员占比维持在20%以上。

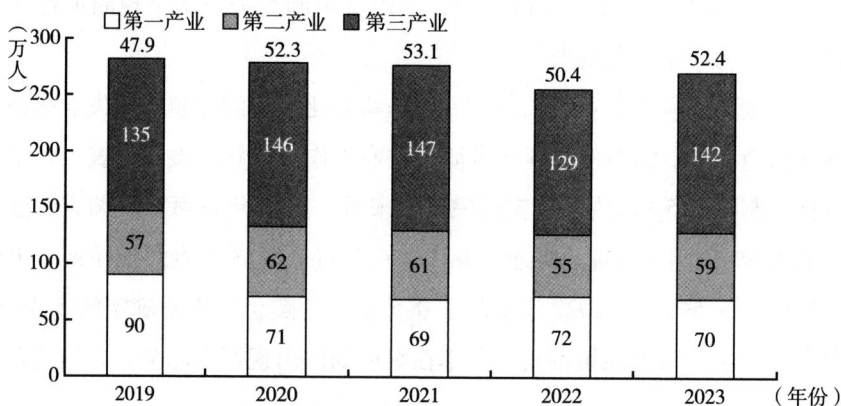

图4 2019~2023年青海省就业人员产业分布

资料来源:《青海统计年鉴2024》。

从静态分析来看,2019年,青海全省就业人口中有将近1/3集中在第一产业,2023年,该比例下降到1/4,一部分就业人员从第一产业转移到了第二、三产业。但是,第一产业从业人数和占比一直高于第二产业从业人数和占比,第一产业就业比重比第二产业就业比重平均高出5.68个百分点,农牧业仍然是青海第二大就业吸纳产业部门,制造业等工业部门吸纳就业能力提升较为缓慢,农牧区劳动力转移就业形势仍然较为严峻。

整体观之，青海第一产业从业人员比重趋于合理，第二产业从业人员比重缓步增长，第三产业从业人员比重波动提升，青海产业部门就业结构不断转型升级。

从城乡就业结构看，青海城镇就业人员占比呈现稳步增长趋势（见图5），城镇就业人员比重从2019年的58.2%增长到2023年的64.9%，五年间增长了6.7%，城镇就业人员从164万人增加到176万人，五年内人口净增长12万，城镇地区吸纳就业人员能力明显提升。分阶段看，2019~2021年城镇就业人口占比逐年增长了2.7个百分点和1.6个百分点，两年内就业人口增加了9万人。与此相反，2022年城镇就业人口比重出现了略微下降，比2021年下降了1.2个百分点。2023年城镇就业人口比重增长则最为迅速，比2022年增长了3.6个百分点，与2020年和2021年城镇就业人口比重相比，分别增长了4.0个和2.4个百分点，2020~2023年城镇就业人口占比超过60%，2023年达到五年中城镇就业人口数量和比重的最大值。因此，2019~2023年青海城镇就业人口比重总体呈现增长态势，与之相比，青海乡村就业人口比重则总体呈现下降趋势，唯有2022年城镇就业人口比重出现负增长，乡村就业人口比重反而出现正增长。

从静态分布看，2019年青海城镇就业人数比乡村就业人数多46万人，到了2023年，这一差值逐渐扩大到81万人，五年间翻了近1倍。在就业总人口变化幅度很小的情况下，乡村就业人数的下降直接意味着城镇就业人数的上升，五年间减少的青海乡村就业人口一部分转移到了青海城镇地区就业，这一定程度上印证了青海农牧区劳动力转移就业的回升趋势。

总体来说，2019~2023年，青海城镇就业人员比重大体呈现增长趋势，与此同时，乡村就业人员比重则整体呈现下降趋势，城乡就业结构日益优化。

（四）就业群体：多项举措持续发力，助推重点就业群体高质量充分就业

2024年，青海省深入开展就业提质增效行动，为促进高校毕业生、农

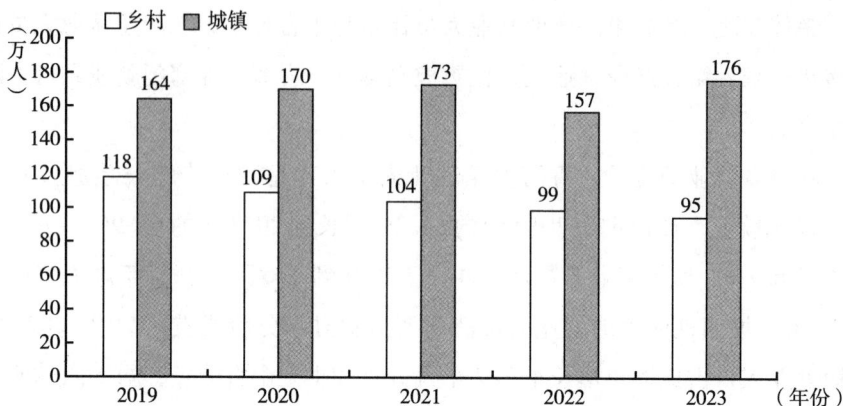

图5 2019~2023年青海省就业人员城乡分布

资料来源：《青海统计年鉴2024》。

民工等重点就业群体高质量就业出台了多项措施。

在高校毕业生就业方面，以打造"青海e就业"品牌为抓手，落实落细社保补贴、担保贷款、创业补贴、技能培训等支持高校毕业生就业的政策措施，持续为高校毕业生就业创业提供有力政策支持。一是实施高校毕业生就业能力提升计划，积极为高校毕业生提供技能培训服务，共组织1921人参加就业培训，累计设立见习基地225家、募集见习岗位2462个。二是落实困难高校毕业生补贴政策，为9526名应届困难高校毕业生发放一次性求职创业补贴952.6万元。三是积极搭建就业创业平台，通过不断线的就业创业服务，帮助高校毕业生实现就业创业，2024年上半年，省级人力资源市场发布就业岗位3万多个。2024年全省登记离校未就业高校毕业生1.68万人，实现就业创业1.52万人，帮扶就业率达90.5%。

在农牧区劳动力转移就业方面，2024年青海省以"青海e就业"特色品牌创建为重要载体，助推农民工群体高质量充分就业走深走实。一是提升转移就业组织化程度，定期举办"就业援助月""春风行动"等专项活动，开展"直播带岗""短视频招聘""云端洽谈"等线上线下招聘活动410场次，依托各级公共就业服务机构，采取"点对点"方式，有序组织农牧民赴重点企业应聘求职，为28.98万农牧民转移就业提供便捷服务。二是着力构建终身职业培训体系，印发规范职业技能培训管理、加强培训资金使用管理等通知，进一步优化培训流程，促进培训与就业有效衔接，2024年累计开展补贴性职业技能培训9.4万人次。三是加强零工市场（零工驿站）建设，出台零工市场高质量发展实施意见和建设指引，向基层一线延伸基本公共就业服务，2024年，全省建成零工市场30个，日均服务3000人次以上，为灵活就业群体兑现社保补贴2.58亿元。四是聚焦特色产业发展，深入挖掘培育壮大特色劳务品牌，持续扩大"青海拉面""青绣""互助家政""大通护工"等49个劳务品牌带动就业规模。2024年，青海省农牧区劳动力转移就业109.38万人次，完成年度目标任务的103.2%，全省共帮扶2.96万名城镇失业人员、1.11万名就业困难人员就业。

二 青海省就业工作面临的主要问题和挑战

2024年，青海省的就业工作成效显著，但仍存在就业服务有待提升、灵活就业人员的就业保障不够完善等问题。仍面临就业总量带来的压力更趋多元，高校毕业生、农民工等重点就业群体就业压力持续存在等挑战。

（一）第一、二、三产业间就业存在结构失衡

青海省经济依赖资源型产业，如矿产和能源，但第三产业和高新技术产业相对滞后，导致就业结构单一，难以满足多样化需求。以服务业为代表的第三产业在地区生产总值中的占比约为45%，低于全国54%的平均水平，传统产业仍占主导，全省第三产业发展现状仍有较大提升空间。尤其是现代服务业占比尚处低位，在吸纳就业时，面临着服务标准化欠缺、辐射区域狭窄等问题。而传统生活型服务业，受季节性波动、民众消费能力等因素制约，难以大量吸纳待就业人口。

（二）区域间就业仍不平衡

以西宁、海东两市为例，它们凭借良好的经济发展基础与产业密集优

势，就业机会相对充裕，故而吸引了大量省内其他地区的求职者，这在一定程度上加剧了局部地区的就业竞争，使得就业总量的压力骤然增大。反观海西、玉树等偏远地区，产业发展相对滞后，岗位供应数量有限。行业间的冷热不均亦成为制约就业的关键因素。比如，西宁城镇登记失业率约为3.5%，而玉树、果洛等地区超过5%。

（三）高校毕业生就业存在较大压力

近五年来，青海省各大高校每年为社会输送近2万名毕业生，并以每年0.2万人的数量增加。但青海省高校毕业生初次就业率约85%，低于全国90%的平均水平，青年失业率超过了10%。一是岗位竞争激烈。2024年西宁市组织137场专场招聘活动，邀请2166家用人单位，提供1.45万个就业岗位。而全省2024届高校毕业生总体人数预计达到1.68万人，两者之间存在明显缺口。二是岗位匹配度低。青海省产业结构以传统产业为主，现代服务业和高新技术产业相对滞后，导致就业机会有限。新兴产业和技术岗位需求的人才短缺，而一些传统岗位则面临过剩的情况，毕业生所学与市场需求存在一定的不匹配现象。

（四）农牧区劳动力转移困难

2024年，青海省农牧区劳动力转移就业约130万人，但技能培训覆盖率仅为60%。一是劳动力转移群体大多文化程度不高，且大部分没有接受过专业的职业技能训练，因此进入城镇后往往只能局限于劳动密集、技术含量低的岗位，如建筑工地的小工、餐饮业的基层服务员等。这些岗位薪资低，稳定性差，难以满足他们提高收入、改善生活的迫切需求。二是农村转移劳动力在融入城市生活方面较为困难。住房保障、子女教育等生活难题都需要面对和解决，削弱了他们在就业领域的持续投入与发展。同时，生活习惯、社交圈层的差异，使得他们难以真正融入城市，这导致城镇就业压力持续存在。

（五）就业服务不足

青海省公共就业服务机构覆盖率约为70%，低于全国85%的平均水平。一是公共就业服务体系不完善。具备专业背景和丰富经验的职业指导人员数量不足，特别是在基层与偏远地区，提供职业指导服务较少。职业指导的内容较为单一，缺乏对求职者兴趣、能力及价值观的深入挖掘与引导。针对不同行业、岗位的个性化指导亦不多。职业指导方式仍以传统的面对面咨询和讲座为主，缺乏创新与互动性。二是信息不对称，影响劳动力市场效率。尽管"青海e就业"等线上平台已发挥重要作用，但对于部分求职者，特别是年长且文化程度较低的劳动者，线上模式不仅限制了他们获取信息的时效性与全面性，还可能导致他们错失诸多宝贵的就业机会。三是对就业援助对象的识别精度尚待提升。在实际操作中，存在真正需要援助的就业困难群体被遗漏，而一些不符条件者却享受了政策优惠的现象。

三　做好青海省就业工作的对策建议

2025年，青海省在就业领域要继续贯彻"就业是最大的民生"的理念，从政策完善、拓宽就业渠道、提升就业者自身能力等方面解决业已存在的问题，妥善处理全省就业面临的压力。

（一）强化就业政策协同与落实

一是构建完善的就业政策协同机制，使就业与产业、财政、金融等诸多政策紧密相连，共筑政策合力。定期举行就业工作协调会议，深入研讨并解决就业进程中出现的重大难题，以确保政策的有效施行。

二是对现有就业政策予以全面梳理与评估，依据实际状况优化政策实施细则，以增强其针对性与可操作性。同时，简化政策申报的烦琐流程，削减无关的证明材料，加速政策兑现步伐，确保政策红利得以高效释放。

三是重点推动"三支一扶""西部计划"等基层服务项目，增加基层岗位如医疗、养老、社工、司法辅助及科研助理等。同时，搭建"双创"服务平台，为创业者提供场地、培训及指导。此外，支持非全日制、自由职业、网络创业等灵活就业形式，积极探索互联网融合发展带来的就业机遇，并强化新就业形态劳动者的权益保护，为其就业之路保驾护航。

（二）以多种方式拓宽就业渠道

一是聚焦生态文明高地与产业"四地"构建，全力培育盐湖化工、清洁能源、生态旅游等特色优势产业，创造包括新能源建设、特色文旅、高原特色种植养殖等更为丰富的就业岗位。推动传统就业向绿色、技术型、服务型就业转变，提升高技能岗位比例，推动劳动力素质升级。突出生态保护、清洁能源、文化旅游和特色产业自身具有的可持续发展特性，以提供长期稳定的就业机会。

二是做优特色劳务品牌，开展公共就业服务活动。落实稳岗促就业政策，健全劳动合同和劳动关系协调机制，并强化农民工工资支付保障，全方位保障其劳动权益，为就业稳定提供坚实支撑。

三是通过加大创业扶持力度，切实落实创业担保贷款、创业补贴等惠民政策，为创业者提供资金支持。同时，加强创业培训与指导，切实提升创业者的创业实力与成功概率。着力建设创业孵化基地与众创空间，为创业者提供低成本、便利化、全要素的创业服务环境。

四是持续推行"三支一扶"、大学生志愿服务西部计划等基层服务项目，以鼓励高校毕业生投身基层。深入挖掘医疗卫生、养老服务、社会工作、司法辅助等领域的基层就业机会，着力提升基层岗位的吸引力与竞争力。

（三）提升劳动者就业能力

一是加强职业技能培训。建立健全终身职业技能培训制度，紧密结合市场需求，开展订单式、定向式培训，以提升培训的针对性和实效性。增加对职业技能培训的投入，支持职业院校、培训机构和企业开展培训，为参加培训的劳动者提供相应的培训补贴，有效提升劳动者的技能水平，适应市场需求的变化，进而提高就业质量和劳动者的竞争力。

二是支持产业和教育融合，促进学校与企业之间的合作。鼓励职业院校与企业共同制定人才培养计划，共建实训基地，开展师资培训等合作。支持企业设立学徒岗位，推行新型学徒制培训，培养符合企业需求的技能人才。这种合作模式有利于提升学生实践能力，促进产业发展，实现教育和就业的良性互动。企业和学校的紧密合作能够为培养适应市场需求的高素质人才打下坚实基础。

三是积极开展职业技能竞赛活动。为广大劳动者提供展示自身技能的舞台，激发他们学习的动力。对于在竞赛中脱颖而出的选手，给予应有的奖励，同时在职业技能等级认定和职称评定等方面给予政策上的支持，在提高劳动者的技能水平的同时，促进整个行业的发展，进而推动经济持续增长。

（四）加强重点群体就业帮扶

一是积极推行高校毕业生就业创业促进计划。组织"高校书记校长访企拓岗""人社（就业）局长进校园"等活动，加强岗位信息的收集和发布，提升就业岗位与毕业生的匹配度。落实高校毕业生就业创业政策，为困难毕业生提供个性化一对一帮扶，帮助其顺利就业、创业。

二是加强农村转移劳动力就业。注重提升农民工的职业技能，增强就业竞争力。完善就业服务体系，为农民工提供更多就业信息和职业介绍，保障其劳动权益。在积极推动农村劳动力转移就业的同时，支持农民工回乡创业。

三是建立动态管理机制。精准识别和分类帮扶就业困难人员，开发公益性岗位并托底安置。实施就业援助政策，为他们提供社会保险和岗位补贴。帮助他们稳定就业，融入社会，实现自我发展。

（五）深化就业服务体系建设

一是加强就业宣传引导。让更多人了解就业政策、获取就业信息，引导他们正确看待就业和择业。通过多种途径解读就业政策，提高劳动者对政策的认识和利用水平。同时，宣传就业创业成功案例，鼓励他们积极择业。努力使劳动者形成良好的就业观和择业观，提高整体就业水平。

二是深化公共就业服务体系的建设。加强公共就业服务机构建设，培养高素质的服务人员，提高服务质量。建设完善的就业服务设施，推动信息化建设，实现就业信息共享和业务协同。开展个性化服务，根据求职者的需求和特点提供精准的就业指导和职业培训。加强对人力资源市场的监管，规范市场秩序，保障劳动者的合法权益。

三是开展专项行动。为了有效提升就业率，政府将全面开展一系列专项行动。具体包括促进先进制造业就业、针对就业困难青年的专项帮扶计划、加速就业服务的处理速度以及保护就业者权益的"四项行动"。针对未就业高校毕业生，实施实名帮扶，为困难毕业生提供"一对一"精准帮扶，并普遍推广"1131"就业服务模式。同时，整合就业与人才政策服务，简化档案接收、补贴申领、社保缴纳等流程。此外，还将加强人力资源市场监管，普及就业权益知识，营造更加公正、良好的就业氛围。

参考文献

王杨：《提升就业质量报告"质量"的路径探析》，《中国大学生就业》2024年第5期。

肖栋：《农民工创业就业培训工作中存在的不足及改进对策》，《四川劳动保障》2024年第9期。

张继泽：《青海产业结构与就业结构协调性分析研究》，《商展经济》2024年第21期。

张红、高鸣：《青海省人口结构与经济发展耦合关系研究》，《青海金融》2024年第9期。

B.10
2024年青海建设和美乡村调查报告

阿 琪 黄罗赛*

摘 要： 本调查报告综述了青海省2024年度和美乡村建设中的举措、问题与对策。报告指出，青海省在推进和美乡村建设中，通过实施"千万工程"、加强基础设施建设、提升公共服务水平、推动绿色发展等举措在多方面取得了显著成效。然而，区域发展不平衡、农民主体性不足、重点带动整体效果有限、地方特色培育不足等问题仍待解决。报告建议，未来应加强区域统筹发展，充分发挥农民主体性，深化重点突破带动整体推进，培育和美乡村"青海实践"的地方特色。

关键词： 和美乡村 宜居宜业 青海省

青海省委、省政府深入贯彻落实党的二十大精神和习近平总书记关于"三农"工作的重要论述和考察青海重要讲话精神，将乡村建设摆在社会主义现代化建设更加重要的位置，扎实推进乡村全面振兴，加快建设具有青海特色的宜居宜业和美乡村。2024年，全省和美乡村建设覆盖率达80%①，和美乡村建设取得了显著成效，但同时也面临着诸多挑战。本调查报告结合在青海省多个乡村地区的实地调研和分析，以及对相关政策文件的研究，力求全面、客观地呈现青海省和美乡村建设的现状、已取得的成效和存在的问题，并探讨今后青海和美乡村建设的主要内涵、总体思路及对策建议。

---

* 阿琪，青海省社会科学院社会学研究所助理研究员，主要研究方向为农村社会研究；黄罗赛，青海省社会科学院社会学研究所助理研究员，主要研究方向为农村社会研究。

① 两会特别报道：《2024年工作回顾》，《青海日报》2025年1月20日。

一 和美乡村基本内涵及青海省建设思路

我国乡村建设的概念与内涵经历了不断发展与深化的过程。2013年中央一号文件中首次提出"美丽乡村"这一概念,2022年党的二十大报告提出"宜居宜业和美乡村",由此实现了政策上这一概念的转变。从美丽乡村到和美乡村是对乡村建设内涵和目标的进一步丰富和拓展,是以习近平同志为核心的党中央在新形势下处理工农关系、城乡关系做出的重大部署。和美乡村建设将带动乡村高质量发展、推动农业农村现代化、推进乡村全面振兴。

(一)和美乡村基本内涵

党的二十大报告中提出要"统筹乡村基础设施和公共服务布局,建设宜居宜业和美乡村"。作为传统"美丽乡村"的升级版,"和美乡村"这一概念不仅强调美丽的乡村环境,还注重和谐的乡村社会环境,它涵盖了乡村生态环境、经济发展、社会关系、文化传承与创新以及乡村治理等维度。具体而言,对"宜居宜业和美乡村"的内涵可以从以下三个方面进行解读。

"宜居"是指推进和完善农村基础设施建设,农村的生活条件向现代化靠拢,包括加快农村人居环境整治、生活污水和生活垃圾无害化处理等;贯彻绿色发展理念,推动农业绿色发展;城乡发展差距进一步缩小,城乡协调发展,农村基本生活设施与公共服务水平进一步提升,农村水电路和物流等基础设施进一步完善,农村的教育、医疗、养老等公共服务供给与城市接近。"宜业"指乡村产业发展兴旺,实现三产融合发展,初步形成乡村产业体系,为农民就地就近就业创造条件;通过技能培训等形式,提高劳动力素质,使农民增收渠道多元化;农民生活质量持续提高,城乡居民收入差距进一步缩小。"和美"是指乡村社会环境和谐。健全乡村治理体系,强化三治结合,实现乡村社会秩序安定;以社会主义核心价值观为核心,精神文明建设见成效,实现文明乡风;传承乡村优秀传统文化,村民精神文化生活丰富多样;传统乡土文化与现代文明融合发展。

（二）青海省建设思路

青海全面落实党中央、国务院关于推进乡村建设的决策部署和"千万工程"成功经验，以及关于举办全国和美乡村篮球大赛的通知精神，结合青海地域特色、民族文化和发展需求，建立了青海省乡村建设协调推进机制，切实有效解决新时期新形势下乡村建设工作问题，保障乡村建设实效。同时围绕"农村基本具备现代生活条件"这一目标印发了五年行动方案，随后出台了美丽青海建设的实施意见，要求以习近平新时代中国特色社会主义思想，特别是习近平生态文明思想为指导，认真落实全国生态环境保护大会部署、习近平总书记对青海工作的重大要求和省第十四次党代会及省委十四届历次全会精神，立足"三个最大"省情定位和"三个更加重要"战略地位，加快实现人与自然和谐共生的现代化，为美丽中国建设作出青海贡献，形成了具有青海特色的和美乡村建设思路，主要有以下几个方面。

一是立足青藏高原特殊的生态环境，以人与自然和谐共生的理念推动高质量发展，以绿色产业为支撑，实现生态与经济的良性互动。二是注重民族文化的传承与创新，盘活地方和民族特色文化资源，走特色化、差异化发展道路，将民间文化元素融入乡村建设，打造具有民族特色的乡村风貌。促进传统文化资源适应现代消费需求，实现文旅及其他产业深度融合。三是以提高农牧民生活质量为目标，加大对农牧区基础设施的持续投入，提升教育、医疗、文化等公共服务供给水平，着力推进公共服务均等化。四是积极探索区域特色产业发展新模式，以有机农畜产品输出地建设为目标，大力发展高原特色农牧业，推动乡村产业振兴。

二 青海省建设和美乡村的成效

青海省坚持系统整体推进和美乡村建设的工作思路，在实际建设过程中采取了一系列措施并取得了显著成效，走出了一条具有青海特色的和美乡村建设之路。

（一）"千万工程"引领，人居环境整治成效显著

1. 乡村规划科学合理

2024 年，青海学习"千万工程"经验，前瞻规划乡村基础设施和公共服务体系，整合资金、分层分类、梯次推进。实施"321"示范引领工程，建设 300 个高原和美乡村、200 个乡村产业示范村和 100 个乡村治理示范村。[①] 通过运用第三次国土调查成果，分区分类编制"多规合一"实用性村庄规划，尊重村庄原有肌理，立足乡土特征、地域特点和民族特色提升村庄风貌。在村庄规划方面，加强规划引领，加快补齐农牧区基础设施短板，健全农牧区公共服务体系。在县域层面，全面推进城镇基础设施建设和生态修复、功能完善工程，提升县城综合承载能力，推进城乡融合发展，优化配置资源要素。

2. 灾后重建稳步推进

2023 年 12 月积石山地震后，海东市 3 个县 42 个乡镇 16.12 万群众受灾。[②] 2024 年，青海省全力推进地震灾后恢复重建工作，确保 240 项重建项目全部完工，3.65 万户受灾群众喜迁新居。[③] 灾后重建工作注重科学规划、提升村庄的防灾减灾能力，实施中小河流治理、山洪治理和小流域水土流失综合治理项目，全面提升水土保持功能。优先推进教育、卫生等领域的重建项目，确保学校、医院等公共服务设施的正常运行。在重建村庄之外，加强地质灾害点监测除险，实施地质灾害避险搬迁，目前已累计实施农牧民危房改造和抗震改造 1402 户。[④]

[①] 中共青海省委办公厅、青海省人民政府办公厅：《青海省学习运用"千万工程"经验 建设高原宜居宜业和美乡村五年行动方案（2024—2028 年）》，青海省人民政府网站，2024 年 2 月 23 日。

[②] 王华杰：《积石山 6.2 级地震抗震救灾和恢复重建的海东实践》，《青海日报》2024 年 12 月 17 日。

[③] 《积石山地震灾后恢复重建 240 项重建项目全部完工》，《青海日报》2024 年 12 月 31 日。

[④] 吕锦武：《从一张蓝图到幸福实景画卷——积石山 6.2 级地震海东市灾后恢复重建工作纪实》，《西海都市报》2024 年 12 月 20 日。

3. 人居环境整治成效显著

青海省高度重视村庄人居环境整治工作，将其视为建设美丽青海的关键任务。在农牧业污染治理、生活垃圾治理、生活污水治理、户厕改造、村庄绿化美化、建房规范管理和基础设施建设等方面取得显著成效。开展"美丽乡村""美丽庭院"创建活动，鼓励村集体和村民开展家园绿化、村庄绿化，充分利用荒地、边角地和清理出的公共空间开展绿地建设。实施农村牧区生活垃圾治理专项行动，建立"户分类、村收集、镇转运、县处理"的垃圾处理模式，利用城镇处理设施处理农村牧区生活垃圾，协同推进农村牧区有机生活垃圾、厕所粪污和农牧业生产有机废弃物资源化处理利用。新建农村户厕 2.11 万座①，加强厕所粪污无害化处理与资源化利用。同时，通过公众号、发放纸质宣传资料等线上线下多种形式开展宣传教育。

（二）突出均等化导向，农村公共服务持续优化

1. 基础设施不断完善

2024 年，青海省加大了对农牧区道路建设的投入，偏远地区道路的通达性大大提高，便利农牧民出行，也为农牧产品的运输创造条件。农村公路通达深度、覆盖广度、管养水平、服务满意度明显提升。通过实施电网改造工程，乡村水电供应更加稳定。部分偏远地区的村庄通过实施饮水安全工程实现了稳定的供水，解决了人畜饮水困难的问题。通信网络覆盖范围不断扩大，全省大部分农牧区都实现了 4G 网络覆盖，农牧民获取信息更加便捷，为农村电商等新兴产业的发展提供了条件。

在提升农牧业基础设施水平方面，青海省持续加大对高标准农田建设的资金投入力度，强化维护管理。特别注重将具备水利灌溉条件的耕地优先建设成为高标准农田。同时，积极推进《青海省水网规划》的实施，加速构建三级水网体系。此外，还实施了一系列水利项目，包括山洪沟道治理、中小河流治理、中型灌区改造以及病险水库除险加固等。深入开展设施农牧业

① 《一图读懂 2025 年青海省政府工作报告》，《青海日报》2025 年 1 月 19 日。

现代化提升行动，对牦牛藏羊养殖基地和现代设施农牧业基地进行了建设和改造。同时，实施农机装备补短板行动，加大关键领域和薄弱环节的农牧业生产机具的引进、改制、研发和推广力度。2024 年，全省发放农机购置补贴 5574 万元，带动社会投资 18571 万元，购置农机具 7907 台（套）。①

2. 公共服务能力提升

2024 年，青海省发布《青海省养老服务高质量发展三年行动方案（2024—2026 年）》，投入 9600 万元支持 12 个县区开展"高品质养老服务社区项目"，新改建农村互助幸福院 104 个，为 2298 户困难老人家庭实施适老化改造②，海南藏族自治州共和县成为全国县域养老服务体系创新试点。为高海拔地区养老机构配发 430 台制氧设备③，海北藏族自治州、海东市获全国居家和社区基本养老服务提升行动项目优秀地区称号。同时，开展困境儿童关爱服务质量提升三年行动，投入 720 万元实施 250 个示范性"儿童之家"项目④，有效提升关爱服务能力。

（三）生态优先，高原乡村绿色转型加速

1. 生态农业促进高原特色现代农业绿色转型

青海省致力于输出绿色有机农畜产品，实施化肥农药减量增效行动，完成"双减"面积 300 万亩，占全省播种面积的近 1/3，实现有机肥全面替代化肥与绿色防控全覆盖，化肥和化学农药使用量较行动前减少 20% 以上。⑤此外，"非粮化"整治 24.4 万亩⑥，巩固撂荒地整治成果，确保种植面积稳步提升。在蔬菜产业方面，强化高原冷凉蔬菜和供港蔬菜基地建设，依托湟水及沿黄流域资源，加强生产基地与终端销售商对接。科技创新方面，青海

---

① 杨红霞：《青海农业机械实现大规模报废更新》，《青海日报》2025 年 1 月 9 日。
② 《2025 年青海省政府工作报告》，青海新闻网公众号，2025 年 1 月 19 日。
③ 数据来源于青海省民政厅。
④ 杨启红、张莉萍：《2024 年青海累计投入民政事业经费超 43 亿元》，人民网，2025 年 1 月 14 日。
⑤ 数据来源于青海省农业农村厅。
⑥ 数据来源于青海省农业农村厅。

省以十大国家级科技创新平台为引领，海南藏族自治州国家可持续发展议程创新示范区"活跃度"居全国首位，展示了青海在推动可持续发展方面的积极态势和显著成效。

2. 绿色有机农畜产业壮大

2024年，青海省在夯实生产基础和优化供给结构方面取得显著进展。有机草原监测面积超额完成目标任务的200%，高标准农田建设完成目标任务的98.6%。[①] 牦牛、藏羊、青稞、蔬菜、冷水鱼等五大主导产业供给能力显著提升。累计认证绿色食品、有机农产品和地理标志农产品1220个[②]，成功打造乐都大蒜、循化线辣椒、大通鸡腿葱等地理标志产品品牌，130余种特色农产品供应香港，"青海三文鱼"公共品牌正式发布、出口增长12倍[③]，显著增强了"青字号"品牌的市场影响力。[④]

3. "双碳"目标助推能源绿色转型

青海省积极贯彻国家"双碳"目标，致力于乡村能源绿色转型，2024年，持续推动国家清洁能源产业高地建设。新增清洁装机1500万千瓦，清洁能源装机总量达到6788.8万千瓦，占电力装机的94%，居全国前列。[⑤]国网青海省电力公司在互助县班彦村实施了多项绿色能源项目，包括电网升级改造、学校电采暖、"柴改电"电热炕、"光储污水处理"一体化以及"零碳"综合能源互联网示范项目，致力于打造高原乡村绿色用能示范样板。2024年9月，班彦村成为青海省首个碳中和达标"零碳乡村"[⑥]。

4. 乡村休闲旅游蓬勃发展

2024年，青海致力于提升乡村休闲旅游品质与吸引力，推动经济增长

---

① 杨启红：《青海：牦牛 藏羊 青稞 蔬菜 冷水鱼五大产业供给能力明显提升》，人民网，2024年8月28日。

② 数据来源于青海省农业农村厅。

③ 《一图读懂2025年青海省政府工作报告》，《青海日报》2025年1月19日。

④ 王臻、杨红霞：《青海累计向省外输出各类绿色有机农畜产品300多亿元》，《青海日报》2024年9月1日。

⑤ 王菲菲：《2024年青海省新增清洁能源装机突破1500万千瓦》，《青海日报》2025年1月3日。

⑥ 陈俊：《班彦村成青海首个碳中和达标"零碳乡村"》，《青海日报》2024年9月7日。

及农牧民增收。全力推进国际生态旅游目的地建设，整合乡村生态旅游资源，推出多条生态文化旅游带，打造高原湖泊、盐湖风光、草原花海等生态旅游打卡地，并开发高原康养、生态研学、自然教育等线路与产品，促进文旅深度融合。[①] 举办了第二十一届西北五省区"花儿"演唱会、四季"村晚"、广场舞大赛等文旅活动，深化"农体文旅商"产业融合，命名豹街·西海路美食街等为省级夜间文化和旅游消费集聚区。依托革命遗址遗迹及重大历史事件，推出红色旅游景区、线路和活动，借助红色资源撬动农体文旅商融合发展，打造"红色旅游+休闲农业+观光体验"模式，为和美乡村注入动力，奠定绿色发展坚实基础。

（四）禀赋立足，乡村产业布局稳步优化

1. 农产品加工快速布局

2024 年，青海省大力推动农产品加工产业快速发展。出台《关于加快构建农畜产品"产加销"一体化输出网络的实施意见》等政策，支持产业发展，提升加工能力，推动农畜产品加工转化，构建一体化输出网络。稳步推进企业培育和产业集群建设，提升加工水平，推动农牧业向二、三产业延伸，加快全链条升级。同时，青海省积极推动农产品加工企业的技术创新和品牌建设，大力推动科技引领和市场拓展。[②]

2. 乡村富民产业多元发展

2024 年，青海省通过打造特色产业、市场主体培育、品牌建设、产业帮扶与增收等多方面的努力，就地发展富民产业，为乡村产业多元化发展提供了机遇。完成补贴性职业技能培训 9.4 万人次，"青海拉面""青绣""互助家政""大通护工"等 49 个特色劳务品牌发展壮大。[③] 鼓励各地大力发展特色种养业，做优唐卡、中藏药、冷凉蔬菜、拉面、"青绣"、藏毯等特色产业，打造优势区域自主品牌。持续强化农民专业合作社、家庭农场发展，

---

① 《青海奏响全域旅游最美和声》，《青海日报》2025 年 1 月 15 日。
② 何敏：《青海生态环境领域各项改革取得积极成效》，《青海日报》2025 年 1 月 13 日。
③ 《一图读懂 2025 年青海省政府工作报告》，《青海日报》2025 年 1 月 19 日。

切实培育壮大了一批组织规范、示范带动作用显著的农牧区新型经营主体。综合运用订单采购、生产创业、托养托管、土地流转等多种带动模式，实施944个产业项目，带动39.07万农牧民实现增收。[①]

3. 乡村数字经济潜力初显

2024年，青海搭建了电子商务平台、农业大数据平台和乡村行政管理平台等数字经济发展平台。通过农业大数据平台掌握农业生产的各类数据，帮助农民提前采取防范措施，减少生产损失。[②] 实施农牧区电商高质量发展工程，推进县域电商直播基地建设，发展乡村土特产网络销售。通过数据共享与流通使农业生产数据、加工数据和销售数据无缝对接。此外，采取了多元举措培育或引进数字技术人才，在数字经济方面鼓励和支持相关企业在乡村落地、为相关人才提供各种优惠政策和激励措施。

（五）"村超""村BA"赛事引领，农体文旅商融合发展

1. 公共文化服务水平有效提升

2024年，青海省致力于提升公共文化服务水平，推动《青海省公共图书馆、文化馆、乡镇（街道）综合文化站服务规范》的实施，并探索制定村（社区）文化活动室管理服务指导意见。持续实施村（社区）文化活动室设备配置项目，为全省400个村（社区）配发乐器、音响等文化设备器材5万余件（套）。[③] 通过组织优秀文艺节目下基层惠民演出，实施戏曲进乡村、大美青海文艺轻骑兵等主题演出，实施公共数字文化建设项目，巩固县级"两馆"总分馆制建设成果，形成优质文化资源向基层下沉的合力。同时，青海省积极推动乡村公共文化设施建设和升级，扩大服务覆盖面和提高质量。

2. 体育赛事带动乡村文化建设

2024年，青海省积极响应农业农村部号召，通过举办"村BA""阿姑

[①] 青海省人大农牧委员会：《关于全省乡村振兴工作情况的调研报告》，2024年12月13日。

[②] 周晗、王影、韩小蕊：《数字经济赋能乡村振兴高质量发展》，《青海日报》2024年9月13日。

[③] 倪晓颖：《青海为400个村（社区）配发文化设备》，《青海日报》2024年12月24日。

篮球赛""乡村运动会"等赛事,有效推动乡村文化建设。"大美青海·高原足球"超级联赛采用"品牌赛事+特色展销+文艺展演+宣传推广"的模式,促进农牧产品品牌化,提升其知名度。环青海湖国际公路自行车赛、黄河抢渡赛等赛事结合农产品展销和乡村休闲,通过"赛场促销+线上引流+媒体传播"全方位推介农牧产品。赛事中融入地方民俗和传统手工艺展示,如在青超联赛中设置非遗展示环节,为文化传承创新提供平台。"2024年青海乡村健康跑"旨在建立"体育+"融合发展的新格局,普及全民健身理念。[1] 这些体育赛事活动不仅丰富了乡村文化生活,还促进了乡村旅游发展,宣传了地方特色和非物质文化遗产,培育了地方特色品牌,实现了农体文旅商的融合发展。

(六)积分制带动,文明乡风有效培育

1. 积分制助推乡风文明建设

2024年,青海省在农牧区广泛推行基层社会治理积分制管理,创新性地通过"积分超市""爱心超市""美德超市"等形式,极大地激发了村民参与基层治理的热情。村民通过践行村规民约,如参与环境卫生清扫、照顾孤寡老人、投身公益事业等行为获得积分,并可用积分在超市兑换商品。这一举措不仅提高了村民参与公共事务的积极性,还显著提升了乡村治理效能。积分制管理不仅激励村民参与治理,更促进了村民文明素养的提升,通过引导居民参与新时代文明实践活动和志愿服务兑换积分,进一步激发了居民群众培育文明新风的积极性,为乡村治理注入了新活力。

2. 村规民约助力移风易俗

在推进乡村文明建设的过程中,青海省还注重发挥村规民约的约束作用,通过制定和完善村规民约,加大移风易俗的力度。2024年,青海省各地按照规定程序制修订村规民约、居民公约,婚丧礼俗倡导性标准实现全省4664个

---

① 鲍娜好:《青海西宁:秋日"村跑"运动热 文旅推介乡趣浓》,中国网,2024年9月2日。

村（社区）全覆盖。① 通过村规民约，规范了婚丧活动流程，压缩了丧葬活动时间，控制了宴席规模，减少了"人情消费"，减轻了"人情负担"。②

三 青海省建设和美乡村中存在的问题

青海省在和美乡村建设中取得了显著成效，但仍面临一些问题和挑战，这些问题制约了乡村建设的进一步发展。由于城乡之间、区域之间的发展不平衡，农民在乡村建设中的主体作用未能充分发挥，"千万工程"在重点突破、带动整体推进方面的效果有限，以及地方特色培育不足等问题，都对青海和美乡村建设提出了新的挑战。

（一）城乡之间、区域之间发展不平衡的问题依旧存在

青海地域广阔，各地自然条件差异大，影响着区域发展。另外，青海经济发展重心偏向东部，一定程度上也导致了区域发展的不平衡。从城乡发展来看，差距主要体现在基础设施、公共服务和居民收入三个方面。城市基础设施相对完善，而农村地区，尤其是偏远牧区，交通、通信、供水等方面仍存在短板，制约了农村发展。城市教育、医疗等公共服务资源丰富，而农村地区资源匮乏，质量不高，难以满足群众需求。城乡居民收入差距较大，农村居民收入增长缓慢，影响了生活水平提升。从区域发展来看，不平衡主要体现在东部与西部、农区与牧区之间。东部河湟地区自然条件较好，经济发展较快，和美乡村建设成效显著；而西部青南地区自然条件恶劣，经济发展滞后，和美乡村建设面临更多挑战。农区基础设施相对完善，产业发展较快，而牧区地广人稀，基础设施薄弱，产业发展受限，牧民生活水平较低。

（二）农民在和美乡村建设中主体作用发挥不充分

农牧民是和美乡村建设的参与主体和直接受益者，其参与度和自主性在

---

① 魏爽：《移风易俗"金钥匙"解锁群众"幸福密码"》，《青海日报》2024年5月23日。
② 王宥力：《青海推进农村移风易俗专项治理取得实效》，《青海日报》2024年6月2日。

实际建设过程中未能充分发挥，影响着和美乡村建设的整体效果。一是参与意识不强。农民对和美乡村建设的认知不足，参与积极性不高，部分归因于对政府角色的误解，认为乡村建设主要由政府负责，忽视了自身的主动性和创造性。二是参与能力不足。部分农民文化水平较低，缺乏专业技能，难以有效参与乡村规划、产业发展等事务。三是参与渠道不畅。多数农民在决策层面的参与度不足，缺乏表达自身需求和意愿的渠道，导致建设内容与农民实际需求脱节。此外，农民的创造性也未得到充分激发，往往被动接受政府规划，缺乏个性化发展和自主创新的空间。

（三）"千万工程"重点突破带动整体推进效果有限

"千万工程"是浙江省在推进和美乡村建设过程中的成功经验，青海省目前处于借鉴经验和实施方案的初期，就本年度的成效而言，其中重点突破带动整体推进的效果发挥有限。部分地区在实施"千万工程"时，对其内涵理解不够深入，过于注重表面形式，如村庄的整洁度、绿化程度等，而忽视了乡村的实际情况和村民的真实需求。这种浅层的理解和实施方式，导致建设内容与乡村实际脱节，难以形成有效的带动作用。具体来说，一些地方可能过于追求短期的视觉效果，而忽视了乡村产业、文化、生态等方面的综合发展，从而影响了整体推进的效果。尤其是要综合考虑青海"生态优先"和多民族地区的省情，在建设"和美乡村"的过程中要更加关注推进人与自然和谐共处的现代化，建设生态好、环境佳的高原美丽乡村。"千万工程"和"和美乡村"建设涉及多个部门、多个层级和多个利益主体，需要建立健全的协调机制来保障各项工作的顺利推进。然而，部分地区在实施过程中，协调机制不够健全，导致各部门之间沟通不畅、协作不力，影响了整体推进的效果。此外，一些地方可能缺乏有效的监督和评估机制，导致建设过程中出现的偏差和问题难以被及时发现和纠正。

（四）和美乡村"青海实践"地方特色培育不足

青海省在建设和美乡村过程中，地方特色的培育不足，影响了乡村的独特性和竞争力。虽然青海省拥有丰富的民族文化资源，但在和美乡村建设中，这些文化特色的挖掘和利用尚显肤浅。建筑风格的民族元素应用缺乏深度，民俗文化活动的商业化倾向过重，导致文化韵味丧失，难以形成具有吸引力的文化品牌。乡村产业发展缺乏鲜明的青海地方特色，青稞加工、牦牛肉加工等传统产业在全国范围内竞争力不足。品牌塑造不力、产品创新滞后等问题，限制了这些产业的进一步发展。同时，乡村旅游产业的同质化现象严重，缺乏独特的旅游体验和地方特色，难以吸引游客并促进乡村经济的多元化发展。

四　青海省2025年建设和美乡村的对策建议

为应对当前和美乡村建设过程中存在的问题，青海省在2025年建设和美乡村时，需要持续立足青藏高原特殊生态环境，秉持人与自然和谐共生理念推动高质量发展；注重民族文化传承创新，走特色化发展道路；以提高农牧民生活质量为目标，推进公共服务均等化；探索区域特色产业发展新模式，推动乡村产业振兴。在进一步推进和美乡村建设的过程中可有针对性地采取以下对策建议。

（一）促进县乡村功能衔接互补，推动城乡区域均衡发展

资源配置均衡化。持续加大农牧区基础设施建设投入，包括道路、水电、通信网络等逐级覆盖并优化，规划并保障专用资金投放，保障交通网络通畅，为农牧产品的输出、农牧民出行提供便利条件；建立完善城乡、农牧区之间在教育、医疗方面的帮扶机制。城市优质学校与农牧区学校建立结对帮扶机制，实现优质教资交流共享，切实提高农牧区教育质量；建立并完善合理的医疗派遣机制，实现城市优质医疗资源共享，加大投入，培训基层医护力量，提升农牧区医疗水平。

产业协同发展。推动城乡产业联动，鼓励企业到基层建立原材料供应基地或生产车间，为当地农牧民提供更多就业机会；深入推进农畜产品及副产

物精深加工，提高农畜产品附加值，延伸农牧业产业链，推动农畜产品高质量发展，为农牧民就业增收创造条件；不断扩大"山宗水源大美青海"品牌影响力，依托全青海省丰富的文化资源和自然资源，着力培育一批具有鲜明特色的高品质旅游项目；推进"旅游+体育"、文旅融合发展，契合人民群众不断增长的文化和旅游需求，以城市的消费潜力带动农牧区服务业发展；加强旅游公共服务建设，提供完善、优质、丰富、规范的服务，激发旅游潜力和活力。

（二）充分发挥农民在和美乡村建设中的主体性

建立健全民主参与机制。完善乡村治理中的民主决策机制，调动农牧民群众的积极性、主动性、创造性，鼓励农牧民参与到和美乡村建设项目规划和乡村建设相关事务中。践行人与自然和谐共处的传统生态观，构建完善的生态管护模式，强化农牧民群众在生态保护中的主体作用。

建立教育与培训机制，加快提升农民素质。根据实际情况开设技能培训和素质提升课程，如农牧业新技术、电商运营管理、乡村旅游服务、文艺表演、特色手工艺制作等，让农民有能力参与到和美乡村建设的项目中，发挥他们建设家乡的能动性，同时提升农民的主体意识和文化自信。

（三）深化理解，加强重点突破、带动整体推进

强化示范引领。通过政策支持和资源投入，打造一批具有可复制性的和美乡村建设样板村，并开展经验推广和帮扶带动工作，引导各地学习先进经验。

整体规划与差异化发展。制定和美乡村建设整体规划，根据地理环境、文化传统、产业基础等方面的差异性，明确不同区域、不同类型村庄在"千万工程"中的定位和发展方向，因地制宜，分类施策，走特色化、差异化发展之路，不搞一刀切建设模式。

整合资源，协同推进。整合各类资源，打破部门、各行业之间的壁垒，形成推进"千万工程"的合力机制，确保村庄建设项目相互衔接、协同发

展，避免出现各自为政或重复建设现象。

建立"千万工程"的动态评估体系。引入第三方评估机构，定期对重点项目和整体推进情况进行评估，保证评估的客观性和公正性。根据评估结果及时调整建设策略和资源分配，确保项目资源的合理有效利用，为"千万工程"的科学决策提供依据。

（四）培育和美乡村"青海实践"地方特色

保护和传承传统文化。深入挖掘青海地方文化特色和各民族文化元素，盘活地方和民族特色文化资源，使之融入村庄建筑风格、民俗活动、文旅产品开发等方面。保护和修复乡村的历史文化遗址，建立地方文化博物馆或展览馆，展示青海乡村文化魅力，增强村民的文化归属感和文化自信。

培育乡村特色产业。立足青海的生态环境及自然和资源优势，发展特色农牧业，培育高原有机农牧业品牌、生态旅游业。加大牦牛、藏羊、青稞等特色农畜牧产品推广力度，打造绿色有机农畜产品输出地。开发生态旅游资源，打造具有青海特色的乡村旅游。支持地方特色手工艺品产业发展，政府加大扶持力度，通过电商平台等渠道进行推广，提高产品知名度和市场竞争力。

2024年青海省和美乡村建设，在城乡统筹发展、人居环境改善、产业融合发展和文化传承保护等方面都取得了良好的成效。然而，乡村建设依然存在城乡发展不平衡、生态文明建设面临诸多挑战、文化资源利用不足和公共服务差距较大等问题。展望2025年，通过加强县域带动、坚持生态优先、挖掘文化资源、完善公共服务等，青海省将有望在和美乡村建设上取得更大突破，加快推进全省乡村全面振兴，让青海的乡村真正成为宜居、宜业、和美的幸福家园，让广大农牧民共享发展成果，实现经济、社会和环境的协调发展。

参考文献

陈旭东、沈克印：《乡村体育赛事助力乡村振兴的内在机制、经验启示与培育路径——以贵州"村 BA"为例》，《沈阳体育学院学报》2023 年第 6 期。

豆书龙、朱晴和、李越：《农民视角的宜居宜业和美乡村》，《中国农业大学学报》（社会科学版）2024 年第 1 期。

张红宇、周二翠：《宜居宜业和美乡村建设：现实基础与实现路径》，《中国农村经济》2023 年第 9 期。

2024年青海省乡村产业布局与发展报告

崔耀鹏 董华朋*

摘 要: 本文在梳理 2024 年青海省乡村产业布局与发展现状的基础上,概括了乡村产业发展成效,分析了存在的主要问题,并提出通过推动乡村产业布局多元化、强化资源资金资产统筹整合、加强人才技术赋能、健全风险防控体系、完善组织管理机制等举措,持续推动乡村产业发展壮大,有力带动农牧民可持续增收。

关键词: 乡村产业布局 产业发展 青海省

党的二十届三中全会指出:"发展新型农村集体经济,构建产权明晰、分配合理的运行机制,赋予农民更加充分的财产权益。"优化乡村产业布局和促进乡村产业发展,是促进共同富裕和推动农业农村现代化的现实路径,也是巩固党在农村执政根基的重要保障。应当从推动乡村产业布局多元化、强化资源资金资产统筹整合、加强人才技术赋能、健全风险防控体系、完善组织管理机制等方面持续发力,促进青海省乡村产业发展壮大,有力带动农牧民可持续增收。

一 2024年青海省乡村产业布局与发展状况

2024 年,青海省立足省情实际,坚持以提升乡村经济发展能力为重点,

---

* 崔耀鹏,青海省社会科学院政治与法学研究所助理研究员,主要研究方向为党史党建、基层治理;董华朋,青海省社会科学院政治与法学研究所助理研究员,主要研究方向为党史党建、基层治理。

通过优化产业布局、强化要素支撑，实施优势互补、资源共享、效果叠加的产业项目，乡村产业布局日趋合理、结构不断优化、规模持续扩大、收益稳步增长，带动了农牧民增收。

（一）总体布局

2024 年，青海省在接续推进乡村振兴中，依托产业"四地"建设，通过整合各类资源要素、调整乡村产业结构，不断优化产业布局，呈现集群发展、融合高效、特色突出的特点。

1. 优势产业集群化发展

青海省以打造绿色有机农畜产品输出地为统领，注重整合农村牧区要素资源，重点建设青稞、油菜、枸杞、藜麦、牦牛、藏羊等优势产业集群，在大通、互助、民和、循化、贵德、门源 6 地整建制推进粮油菜绿色高效行动（70.6 万亩），在 17 个县区培育新型经营主体、创建百千万示范田 516 个，建成千头牦牛、千只藏羊生产基地达 200 余个，通过规模化养殖、标准化生产、精细化加工、品牌化营销等举措，延长产业链，提升市场竞争力和产品附加值，带动乡村产业进一步发展和壮大。

2. 特色产业集中化发展

青海省围绕打造乡村产业示范村、创建一批乡村特色产业示范基地的目标，依托资源禀赋，引导特色产业向优势区域集中发展，持续做优做精冬虫夏草、菇类、蕨麻、冷凉蔬菜、冷水鱼等种养产业，建成特色农产品生产基地 25 万余公顷，其中冷凉蔬菜种植面积超 3.87 万公顷，支持条件允许的村庄发展生态水产养殖业，推动形成分工互补、相互促进的产业格局。全省农村牧区特色产业具有地域独特性和高产值，通过强化技术研发、品牌建设、市场开拓等，明显提高了其经济效益和市场影响力。

3. 新兴产业培育与发展

青海省注重创新培育"美丽乡村+"农牧业、文化、旅游等新业态，积极盘活闲置的土地、住宅等资源，开办露营基地、农家院，发展休闲露营、民宿餐饮等产业，培育农耕体验、休闲采摘、草原游牧、田园观光、民俗风情等项目，持续打造"灵净油嘴湾""七彩丹霞"等乡村品牌，推动形成以休闲农牧业、自然景观和民俗文化为特色的乡村旅游产业布局，不断促进乡村产业多元化发展。大力发展光伏产业，脱贫村通过入股光伏项目获得稳定的分红收益，光伏产业成为乡村经济增长的重要来源。

4. 产业帮扶与联农带农同步开展

青海省积极落实全国"万企兴万村"行动目标任务，大力实施"百企兴百村"行动，新增63家民营企业参与105个行政村的结对帮扶，投入资金4.3亿元，探索出"企业+基地+农户"等多种产业化经营模式，推动乡村产业快速发展。同时，着力实施"强村"工程，多形式开展联农带农。比如，西宁市大通、湟源、湟中三县（区）的27个村实施新型农村集体经济项目，实现乡村收益增长；村集体年收入50万元以上的村占全市10%以上，已无5万元以下的村。

5. "农体文旅商"融合发展

青海省印发《青海省"农体文旅商"产业融合发展试点工作方案》，在西宁大通、海东循化、海西都兰、海南贵德、海北门源、黄南尖扎、果洛班玛、玉树囊谦等地开展"农体文旅商"融合发展先行先试，借助现代体育赛事及传统体育运动，开发乡村景观、举办乡村节事、包装乡村礼品、推出乡村旅游、推广乡村产品等，培育形成横跨一二三产业、兼容生产生活生态、融通"农体文旅商"的产业体系和产品体系，促进乡村多业态融合布局，推动乡村产业良性发展，助力乡村全面振兴。

（二）主要举措与发展成效

2024年，青海省通过加强组织保障、强化政策支持、加强科技支撑、注重品牌建设、提升人才素质、优化产业结构等举措，推动乡村产业持续向好发展。比如，截至2024年底，全省农村集体经济经营性收益12.7亿元，较2022年增长39.6%，年收益10万元以上的村占74.9%，50万元以上的村占14.4%，较2022年翻了一番，实现了乡村收益增加和农牧民就业增收，为乡村全面振兴注入了强劲动力。

1.加强组织保障，筑牢乡村产业发展基础

注重发挥农村基层党组织的战斗堡垒作用，引导农牧民以土地、劳动力等形式入股，打造出"党建+乡村联合体""党建+产业联盟""党支部+公司+基地+农户"等模式，多元化发展有机种植、种草养畜、良种繁育、生产加工、乡村旅游、租赁服务等产业，推动了乡村产业的扩面提质，促进了农牧民就业增收。健全完善资产监管机制，深入开展农村集体"三资"监管突出问题集中专项整治，强化乡村组织收益管理，防止集体资产流失、被侵占，有效防范了乡村发展经营风险。坚持监督问效导向，对担当作为、成效较好的，一方面，进行物质奖励，如刚察县设立专项奖励资金，对考核优秀的乡村组织进行扶持奖励；另一方面，加强总结提炼，形成可复制、可推广的发展模式和经验，发挥示范引领作用。对工作成效有待改进的，选派产业人才、技术人员帮助科学指导，促进乡村联动有序发展。

2.强化政策支持，助力乡村产业发展壮大

坚持打好政策"组合拳"，持续推动乡村产业高质量发展。在财政政策方面，利用中央财政扶持壮大乡村产业，形成了多个村"抱团发展"的格局，打造出一批辐射带动能力强的乡村产业示范村。加大地方财政投入，设立专项扶持资金，用于支持乡村发展项目，如海北州投入2.3亿余元资金实施村集体产业发展项目62项。同时，鼓励引导社会资本参与乡村产业项目的投资和建设，形成多元化的投入机制，助力一二三产业融合发展。在土地政策方面，探索推行"产业飞地"发展模式，完善土地要素资源跨区域调剂机制，调动了乡村发展产业的积极性和创造性。玛多县果洛新村实施"飞地"项目，在同德县建成1万亩饲草种植基地。在金融政策方面，推广"双基联动"金融服务机制，引导涉农金融机构为乡村产业项目配置更多的信贷、保险资源，加强对乡村产业发展基金项目的重点支持，为乡村产业快速发展提供了坚实保障。

3.加强科技支撑，彰显乡村产业发展效能

积极推进科技和信息化在乡村产业中的应用，不断推动乡村经济发展提质增效。在农牧业生产加工方面，加强同高校、科研院所的合作，推广先进的种植、养殖技术和科学管理经验，提高了生产效率和产品质量，乡村产业的科技含量持续提升。共和县通过组建合作社，引进优质青稞品种，采用标准化种植技术，青稞产量和品质大幅提升。同时，引进技术和先进设备发展青稞深加工，生产青稞酒、青稞面等产品，科技助力乡村产业发展取得显著成效。在农产品销售方面，利用电商平台、直播带货等新模式，拓宽销售渠道，实现农产品从田间地头到消费者餐桌的直供，减少了中间流通环节，实现了乡村经济收益的增长。门源县采取"村集体+电商"的模式，拓展了乡村产品销路，为乡村产业发展带来新的机遇。

4. 聚焦品牌建设，厚植乡村产业发展优势

聚力打造"净土青海·高原臻品"农牧业区域公用品牌形象，重点培育牦牛、藏羊、青稞、油菜、枸杞、藜麦、饲草等 10 个省域公用品牌，大力推出"青海三文鱼""互助八眉猪"等公共品牌，加快推进品牌化与产业化、市场化、规模化、标准化融合发展，提升农产品质量、效益和市场竞争力，不断助力乡村产品知名度的提高，持续推动乡村产业健康发展。加强区域公用品牌和企业品牌宣传推介，依托会展平台、"大美青海·高原足球"超级联赛、第九届中国·青海国际民族传统射箭精英赛等载体，促进产销对接，拓宽销售渠道。截至 2024 年底，举办农畜产品品牌宣传及产销对接活动 158 场（次）。在青超联赛期间，开展宣传推介和产销对接活动 57 场次。乡村产品品牌的打造和销售渠道的拓展，以及农产品市场体系的建立和完善，有力推进了乡村产品的市场营销输出。

5. 提升人才素质，激发乡村产业发展活力

高度重视乡村人才培养工作，通过开展素质培育和技能培训，提高农民群众的素质能力，培育出一大批新型职业农民，为乡村产业高质量发展注入了新的动能。省农业农村厅聚焦提升技术技能水平、提升产业发展能力、提升综合素质素养等内容，开展高素质农牧民培育、农村实用人才培育、"头雁"人才培育等项目，截至 2024 年 11 月，累计培训人员 6000 人次。海晏县以提升乡村人才素质为契机，培养 65 名复合型乡村振兴人才，挖掘储备 200 余名"土专家""田秀才""乡创客"。实施人才回引计划、村级组织后

备人才培养行动计划、村（社区）干部学历素质提升工程等，吸引外出务工经商返乡人员、大学毕业生等回村担任乡村组织管理人员，坚持把爱农村、懂农业、有能力、有想法的人储备成为村级后备干部，鼓励符合条件的村干部接受农业经济、工商企业管理等方向的大专学历教育，持续为乡村产业发展做好人才储备。

6. 优化产业结构，提升乡村产业发展收益

青海省立足自身实际，持续推动产业培育与结构调整，有效带动乡村产业收益增长。在特色种植业方面，大力发展青稞、枸杞、马铃薯、冷凉蔬菜等特色农产品，通过标准化、规模化种植，提升了农产品的产量和经济效益。门源县香菇种植年产量 800 余吨，实现综合产值 1800 余万元。在生态畜牧业方面，通过建立合作社、引进龙头企业等方式，实现规模化、产业化经营，显著提高经济效益。共和县通过发展特色畜牧产业，99 个村预计实现乡村收益 3800 万元，同比增长 24.2%。在乡村加工业方面，鼓励支持乡村建设饲草加工厂、农畜产品精深加工企业等，不断延伸产业链，拓宽了乡村产业增收渠道。海北州实施乡村产业发展项目，推动农畜产品加工厂建设，助力乡村经济转型升级。在帮扶产业方面，坚持抓好光伏电站常态化运营维护，合理做好光伏收益分配，截至 2024 年 11 月，全省村级光伏帮扶电站收益 4.9 亿元，1622 个脱贫村村均收益达到 30 万元。在产业融合方面，积极探索"乡村旅游+"融合发展模式，开辟出乡村产业增收的新路径。刚察县果洛藏贡麻村依托青稞精酿啤酒项目和红色研学、生态旅游等多元业态，推动乡村收益突破 300 万元。

二　青海省乡村产业布局与发展中存在的主要问题

2024 年，青海省乡村产业发展取得了重要成效，但是仍处于初级阶段，主要体现在产业结构、资源与资金、人才与技术、市场与风险以及管理与机制等方面。

（一）产业结构单一，发展层次仍不高

一是产业结构单一。单一的产业结构导致乡村抗风险能力较弱，易受自然灾害、市场价格波动等外界因素冲击，稳定性与可持续性有待提升。二是产业链延伸不足。乡村产业链主要集中在初级产品生产环节，农产品加工、包装、流通、销售等后续环节发展较为滞后。以青稞产业为例，进行深加工制成高附加值产品较少，导致产品附加值低、经济效益有限。在一些果蔬种植村，果蔬采摘后未经分级、包装、保鲜处理，直接运往市场，途中损耗大，且只能以低价出售初级产品，难以从产业链后端的加工、包装、流通环节获取更高收益。三是新兴产业发展层级低。乡村旅游、农村电商、特色民宿等农村新兴产业发展层次低。一些拥有丰富自然资源和文化资源的村庄，因基础设施差、市场运营机制不完善、宣传不到位等原因，未能充分挖掘和利用自身拥有的优势资源发展新兴产业，导致新兴产业发展质量不高、规模效应不明显。

（二）资金扶持能力弱，利用效率低

一是资金短缺限制发展。由于金融机构信贷意愿低，外部融资渠道较窄，乡村产业发展的资金不足，一些有潜力的产业项目难以落地或扩大生产。二是资源利用效率低。由于缺乏科学规划和有效指导，一些拥有土地、草原、森林等丰富资源的村庄未能对这些资源进行整合、开发和利用，优势资源的经济价值未得到充分彰显。三是资产运营管理不善。部分村集体资产底数不清、产权不明，导致资产流失或被侵占。部分村集体的经营性资产，如厂房、仓库等，由于缺乏专业管理和运营，出租效益低，甚至出现闲置浪费。

（三）专业人才与创新技术支撑能力较弱

一是专业人才不足。懂经营、会管理、有技术的专业人才到农村发展的意愿较低，乡村产业发展缺乏人才支撑。村"两委"干部和村民的文化素

质与经营管理能力有限，在发展特色产业时，难以进行科学决策和有效的运营管理，也缺乏专业技术人员进行指导。二是技术水平低。在生产、加工、销售等环节，乡村产业的技术水平普遍较低。农牧业生产中，传统种植养殖方式仍占主导，机械化、智能化程度低，生产效率和产品质量不高。农产品加工方面，技术设备更新不及时，加工工艺落后，影响产品竞争力的提升。三是科技成果转化困难。科研机构与村庄之间合作不紧密，缺乏有效的转化机制和平台，导致科技成果与乡村产业发展需求脱节，难以将科技优势转化为产业发展优势。

（四）品牌打造和市场营销有待加强

一是市场意识淡薄。部分乡村干部和村民对市场需求和市场变化缺乏了解与研究，存在盲目跟风发展产业的现象。一些村庄看到某种农产品价格趋高就一哄而上，没有充分考虑市场饱和度和本地生产条件，导致产品滞销或价格下跌。二是品牌建设不足。乡村产业的品牌建设较为薄弱，绿色有机农畜产品品牌开发主要集中在牦牛、藏羊产品上，一些农畜产品没有品牌包装，以初级产品形式出售，难以获得高价格和市场份额。一些品牌宣传推广不够、知名度和美誉度不高。三是抗风险能力弱。乡村产业多为传统产业，对自然灾害、市场波动、疫病疫情等风险的抵御能力较弱。在应对风险时，缺乏有效的风险分散和转移机制，如农业保险覆盖面不广、理赔机制不完善等，一旦遭受风险，损失难以得到有效弥补。

（五）要素保障和体制机制仍须健全优化

一是管理体制不完善。一些乡村组织的管理体制不健全，职责不清、决策不民主、监督不到位。一些乡村组织负责人权力缺乏制约，易出现决策失误和以权谋私现象。一些乡村组织与村"两委"的关系未理顺，职能重叠、工作协调不畅。二是利益联结不紧密。在乡村产业发展中，农户与企业、合作社之间的利益联结机制不够紧密。一些企业或合作社在与农户合作时，压低农产品收购价格、拖欠货款，农民在利益分配中处于弱势地位，参与度和受益程度不高。三是发展规划指导性不强。部分村庄没有结合自身资源禀赋和市场需求制定科学合理的发展规划，存在盲目照搬其他地区经验的现象，导致产业发展与本地实际不符。一些地区的发展规划缺乏连续性和稳定性，随村"两委"班子换届而改变，影响乡村产业持续发展。

三　2025年青海省乡村产业发展趋势

随着农村全面深化改革和乡村振兴战略的持续推进，2025年青海省乡村产业将呈现提质升级发展的新局面，不断带动农牧民可持续增收。

（一）产业发展多元化

2025年，青海省乡村产业类型将更加丰富多样，从传统单一的种养业，持续向农畜产品加工、乡村旅游等二、三产业发展，多种业态并存的乡村产业发展格局进一步巩固。推动特色农牧业升级发展，通过品种改良、技术创新等，进一步实现标准化、规模化种植养殖，提升产量和品质。发展农畜产品精深加工业，进一步延长产业链条，提高产品附加值。挖掘乡村旅游资源，开发形式多样的旅游项目和产品，打造具有地方特色的乡村旅游品牌。推进家政兴农计划，盘活闲置劳动力，助力乡村产业蓬勃发展。

（二）产业发展集聚化

2025年，青海省将继续依托资源禀赋和产业基础，围绕《青海省"十四五"乡村产业发展规划》中农村牧区产业发展目标，培育牦牛、藏羊、青稞、油菜、蔬菜、生猪等产值百亿元的特色优势产业集群，以及马铃薯、饲草、奶牛、冷水鱼、枸杞、沙棘等30亿元集聚产业，打造特色产业强镇和"一村一品"典型示范村镇，通过集聚发展动能，带动乡村产业的集聚化发展，增强抗风险能力和市场竞争力。

（三）产业发展融合化

2025 年，青海省乡村产业将不再局限于传统的单一产业，而是向一二三产业融合的方向发展。在特色优势种养业的基础上，向农畜产品加工、销售等环节延伸，全省农牧业总产值和农畜产品加工业之比将达到 1：2.4，产品转化率将达到 65% 以上，促进乡村一二产业融合发展。同时，将进一步推动农牧业与乡村旅游、文化体验、康养度假等产业的深度融合，丰富乡村经济业态，提升产业的附加值。

（四）新兴产业将逐步崛起

2025 年，随着互联网、物联网、大数据等现代科学技术的应用和普及，青海省乡村产业发展将接续向新兴领域拓展。电商直播、乡村网红经济等新兴业态，将在全省乡村地区蓬勃发展，为农畜产品销售和乡村旅游推广提供新的渠道和平台，进一步激活乡村产业发展动能。清洁能源、文化创意、现代智慧农牧业等产业，也将逐步在全省乡村地区落地生根，成为乡村产业发展新的增长点。

（五）产业模式将不断创新

2025 年，青海省将继续建立健全联农带农、利益共享等机制，创新金融服务模式，分类探索"企业+基地+农户""企业+合作社+农户""企业+家庭农场+农户"等多种产业化经营模式，通过村企共建、村企合作等方式，促进资源整合和优势互补，提高乡村产业的整体实力和竞争力，实现区域化整体发展。

（六）产业发展将更具活力

2025 年，青海省将持续深化农村集体产权制度改革，完善乡村组织的治理结构和管理机制，村集体资产的权属关系会更加明确，乡村的运行效率和透明度会更加提升，将进一步为乡村产业发展注入新的活力。同时，将接续加强农牧民技术技能培训，实施人才回引计划，推进"三支一扶"计划、科技特派员等基层服务项目，一批懂技术、会经营、善管理的新型人才将集聚在全省乡村各地，为乡村产业发展注入新的动力。

四 持续推动青海省乡村产业发展壮大的对策建议

面对青海省乡村产业布局与发展中存在的问题，应当从推动乡村产业布局多元化、强化资源资金资产统筹整合、加强人才技术赋能、健全风险防控体系、完善组织管理机制等方面持续发力，全面提升乡村产业发展质效。

（一）推动产业多元化发展，构建复合型产业生态体系

一是巩固传统优势领域，推动特色产业高质量发展。根据 2025 年中央 1 号文件"不对集体收入提硬性指标"的要求，结合青海实际，积极探索乡村多元高效发展模式。巩固青稞、牦牛、藏羊、油菜、马铃薯等传统优势产业，进一步引进优质、高抗、高产的新品种，大力发展高原种业。发挥青藏高原冷凉气候优势，大力发展冷凉蔬菜产业，不断扩大港澳及国际市场。推动冷凉农牧产品的精细化加工，开发具有高原特色、青海特点的休闲食品和功能性食品。发挥家政行业吸收农村劳动力就业优势，推广"互助家政""大通护工"经验做法，以家政服务助力农牧民增收。

二是延伸产业链条，强化产业后端增值环节。目前，青海省农畜产品加工率为 64%，应当进一步发展农产品初加工、精深加工和副产物综合利用，持续打造特色产业全产业链。打破传统粗放、单一的经营模式，携手联合组建现代化、智能化程度高的农牧业加工产业集群。学习和运用食品加工前沿技术，将农牧初级产品转变为高品质、高附加值的精深产品。依托冷链物流的运输保障与电商平台的营销渠道，全方位拓宽销售版图。在果蔬产业方面，引入分级、包装、保鲜技术体系，构建冷链物流配送高效网络，保证果蔬鲜品迅速打入市场。整合上下游产业资源，挖掘果蔬汁、果脯、蔬菜脆片等加工产业富矿，实现从田间地头到餐桌消费的全产业链对接，提升产业整

体效益。

三是大力培育乡村旅游业，激发乡村经济新动能。针对文化旅游资源富集的村庄，强化顶层设计，加大投入力度，完善交通、住宿、餐饮等配套设施。挖掘民俗文化的深厚底蕴，打造民俗文化沉浸式体验特色村落、生态康养休闲度假精品区。挖掘民族文化元素，开发青绣、唐卡、藏毯等特色手工艺品、纪念品等，提升乡村旅游附加值。结合"村字号"文体活动和特色民俗文化，打造农村民俗文化体验游。推出农事体验游项目，让游客参与虫草采挖、果蔬采摘、农屋短租等农事、农村体验活动，增加文化旅游的趣味性和参与性。探索开展高原冬季旅游活动，推出特色鲜明的冬季旅游产品和线路。运用互联网技术，全方位、立体式展示青海乡村旅游的独特魅力，吸引国内外客源。

（二）强化资金资源资产统筹整合，夯实物质根基

一是拓宽资金筹集渠道，以多元化融资有效支撑产业发展。目前，青海省把中央衔接资金用于乡村产业发展的比重不到70%，应当稳步提高中央财政衔接资金和东西部协作资金用于乡村产业发展比例。设立乡村扶持专项资金池，对具备前瞻性视野、创新性思维以及高成长潜力的产业项目，给予贴息贷款、项目补贴等扶持举措。立足乡村资产的独特属性，创新金融产品与服务模式，开发基于自然资源抵押的资源抵押贷、依托未来收益权质押的收益权质押贷等特色信贷产品。实施具有吸引力的政策引导、税收优惠等，吸引社会资本下乡，以股份合作、联合投资、项目共建等形式加强乡村项目建设。

二是强化资源整合，推动优势资源高效利用。全面清查和评估耕地、林地、草地、建设用地等村集体所拥有的土地资源，进行合理规划和布局。可将分散的耕地集中流转给种植大户或农业合作社，发展规模化、集约化农业；利用闲置的建设用地，开发建设村办企业、商业网点等，提高土地利用效率。积极探索对森林、湿地、草原、冰川等自然资源的合理开发和利用，推动"绿水青山"转变为"金山银山"。调查摸底村庄劳动力资源，深入了

解村民的技能、特长和就业需求，鼓励和支持有能力的村民参与乡村项目的开发和运营，将人力资源转化为经济发展的动力。

三是提升资产运营效益，以市场化运作激活资产潜能。对拥有经营性资产的村庄，积极借鉴现代企业资产管理模式，组建专业资产管理公司或者外聘第三方运营团队，对村集体资产展开市场化、专业化运作。规范资产招租流程，引入公开招标、竞价拍卖机制，确保资产租金收益最大化。对于闲置资产，运用创新思维与前沿设计理念，进行盘活改造。比如，将废旧厂房转型为文创产业园、仓储物流中心、共享办公空间等新业态场所，赋予资产全新的功能，实现保值增值。

（三）加强人才科技赋能，强化智力技术支撑

一是吸引专业人才下乡，打造乡村人才集聚高地。聚焦农林牧渔、资本运作、文旅管理、电商运营等领域，完善乡村产业人才政策，吸引高校毕业生、行业精英下沉到乡村一线。通过提供住房补贴、子女教育优先保障、职业晋升绿色通道等，健全乡村产业人才待遇保障体系。

二是加强技术培训，推广农牧科技。整合科研机构、职业院校，合理布局乡村技术培训基地，依据农牧业生产周期的节律与产业发展的现实需求，定期有序开展青稞机械化种植、牦牛疫病防治、农产品加工工艺升级等实用技术培训课程。借助移动互联网、物联网等现代信息技术手段，搭建远程实时技术指导云平台，召集汇聚农业专家、技术能手线上实时答疑解惑，及时高效解决农牧民在生产实践中的各类难题。加强农业科技示范园区建设，将其打造成为新技术、新品种的先行先试前沿阵地与展示推广窗口，引导农牧民主动应用新技术。

三是促进科技成果转化，疏通产学研用协同梗阻。搭建科研机构与乡村紧密相连的合作桥梁，组建"产学研"联盟，举办科技成果精准对接会，实现科技供给与乡村需求精准对接。以牦牛精准养殖技术为例，可尝试建立科研人员与养殖户长效帮扶机制，从智能养殖设备的安装调试、养殖技术的系统培训，再到后期运维的全方位跟踪指导，确保科技

成果在乡村落地生根、开花结果，顺利转化为推动产业升级换代的现实生产力。

（四）健全市场风险防控体系，筑牢发展安全防线

一是培育市场主体意识，提升市场洞察能力。常态化开展市场知识普及培训活动，组织乡村干部、种植大户、养殖大户到农产品批发市场、电商企业考察学习，掌握市场行情波动规律与供需动态平衡机制。探索建立村级市场信息服务站，配备专业的市场分析师，运用大数据、人工智能等前沿技术手段收集、分析、发布农产品市场信息，引导村民依据市场情况调整种植养殖结构，有效规避盲目跟风种植养殖的非理性行为，提升市场应对的主动性与决策的科学性。

二是加强品牌建设，提升品牌竞争力。建立健全以"净土青海·高原臻品"农牧业区域公用品牌形象为统领，区域公用品牌、企业品牌和产品品牌协同发展的品牌体系，打造青海农产品品牌矩阵。聚焦特色鲜明、品质优良的农畜产品，成立行业协会或产业联盟，制定统一的质量标准，设计独具特色、高辨识度的品牌标识，规范生产环节，保障产品品质稳定卓越。建设村级电商综合服务站，联合专业培训机构，为村民提供电商运营技能培训专属课程，拓宽农畜产品线上营销渠道，推动农村电商蓬勃发展。加大品牌宣传推广力度，在主流传播平台重磅投放广告，举办特色节庆活动，结合文化旅游宣传，全方位提升品牌知名度、美誉度与忠诚度。拓展高端消费市场，实现产品优质优价，凭借品牌的力量推动产业蓬勃发展。

三是完善风险应对机制，织密产业风险防护网络。采取政府委托、企业承储、财政补贴等方式，建立健全牛羊冻肉应急储备制度，应对市场价格波动风险。以畜牧业为主导的村庄，构建全方位、立体化的疫病防控体系，配备专业防疫人员，定期为牲畜接种疫苗，引入智能监测设备，强化养殖环境实时监测与消毒作业，提升应对紧急事项能力。协同保险机构扩大农业保险覆盖的广度与深度，创新开发适合青海实际的针

对性险种，简化理赔流程，提高理赔额度，为乡村抵御市场风险与自然风险提供坚实保障。

（五）完善组织管理机制，保障乡村产业高质量发展

一是优化管理体制架构，构建现代治理制度。完善村集体经济组织内部治理结构，明确成员大会、理事会、监事会的权责边界，确保重大产业项目投资决策必须经过村集体经济组织成员大会或成员代表大会审议通过。完善村务公开制度，运用信息化手段定期公示村集体资产收支明细账目，接受村民全方位监督。

二是织密利益联结纽带，实现发展共赢。建立健全公平公正、互利共赢的利益分配长效机制，推行"保底收购+按股分红"复合模式，保障农户基本收益底线，同时让农户分享产业增值红利。强化村集体经济组织规范化建设，制定详细完备的章程，明确各方权利义务，防范不当行为，切实维护农户合法权益。定期组织农户与村集体经济组织交流互动，凝聚产业发展强大合力。

三是制定发展规划，绘制产业蓝图。通过聘请权威专家团队实地调研，综合考量自然生态条件、资源禀赋特色、市场需求趋势等要素，因地制宜编制具有前瞻性、可行性的中长期发展规划，并确保规划连贯性与稳定性。建立健全规划执行监督考核机制，将规划落实情况纳入乡村干部绩效考核体系，激励乡村干部一以贯之推动乡村产业持续健康发展。

参考文献

习近平：《坚持把解决好"三农"问题作为全党工作重中之重 举全党全社会之力推动乡村振兴》，《求是》2022年第7期。

《中华人民共和国农村集体经济组织法》，中国人大网，2024年6月28日，http://www.npc.gov.cn/npc/c2/c30834/202406/t20240628_437883.html。

赵黎：《发展新型农村集体经济的困境与对策》，载魏后凯、王贵荣主编《农村绿皮

书：中国农村经济形势分析与预测（2022~2023）》，社会科学文献出版社，2023。

李勇坚：《2023~2024 年中国乡村产业振兴报告》，载李勇坚、王冰、宋晓龙、苏国霞主编《中国乡村振兴发展报告（2023~2024）》，社会科学文献出版社，2024。

贺勇、乔栋：《从一个主导产业看乡村活力》，《人民日报》2024 年 10 月 25 日。

王臻：《乡村产业齐发力 振兴发展潜力足》，《青海日报》2024 年 8 月 17 日。

B.12
2024年青海法治建设调查报告

郭 斌 田鹤翔 杨 军*

摘 要： 2024年，青海坚持以习近平法治思想为指导，持续推进法治领域改革青海实践向纵深发展，在地方特色立法、法治政府建设、司法公信力提升、全面普法治理等方面取得显著成效。展望2025年，青海省将持续深化习近平法治思想的青海实践，加强顶层设计并完善配套制度，善用法治思维和方式推进全省经济社会高质量发展，开创法治青海建设新局面。

关键词： 法治青海 地方立法 法治政府 司法改革

党的十八大以来，将习近平法治思想贯穿法治建设全过程，通过法治促进改革、善用改革完善法治，是青海法治建设的主旋律。2024年，青海全面贯彻落实习近平法治思想和习近平总书记考察青海时的重要讲话精神，聚焦党的二十大法治建设战略部署，省第十四次党代会和省委十四届五次、六次、七次全会精神，全面推进法治建设"一规划两纲要"① 落地落实，立法回应地方现实需求，法治政府建设全面深入，司法改革全面深化，法治社会根基不断巩固，进一步拓展了"法治青海"的科学内涵。

---

* 郭斌，青海省社会科学院政法研究所助理研究员，研究方向为地方法治、生态治理；田鹤翔，青海省社会科学院政法研究所研究实习员，研究方向为环境与资源保护法学；杨军，青海省社会科学院政法研究所所长，副研究员，研究方向为青海地方经济社会史。

① 《法治中国建设规划（2020-2025年）》《法治社会建设实施纲要（2020-2025年）》《法治政府建设实施纲要（2021-2025年）》。

一　2024年青海法治建设基本情况及成效

青海把习近平法治思想作为青海法治领域改革的价值取向和政策导向，坚决贯彻落实习近平总书记考察青海重要讲话和重要指示批示精神，立足中国式现代化新青海实践的法治新需求，实施科学立法，落实严格执法，贯彻公正司法，深化全民守法，不断推动青海法治领域改革向纵深发展，为进一步全面深化改革、推进中国式现代化新青海实践营造良好的法治环境。

（一）以"小切口"特色精细立法，健全完善地方特色法规制度

青海聚焦青藏高原生态文明高地建设、产业"四地"建设等"国之大者""省之要情"，认真贯彻落实党中央和省委进一步全面深化改革决策部署，坚持"小切口""小快灵"特色精细立法，把近年来在全省改革发展稳定工作中形成的有效做法和成功经验，以地方性法规的形式固定下来，通过强化地方立法制度机制建设，加强重点领域立法，推进民族法治建设，开展民生领域立法"三级论证"，使地方立法更接地气，不断提升青海民主立法水平。

1.持续推进地方协同立法

青海严格落实党领导人大工作制度，严格执行地方立法工作向省委请示报告制度，定期向省委常委会汇报工作情况，全年向省委请示报告 57 件次，报请省委审定每年的立法规划，主动把党的领导贯穿地方立法工作的全流程。立足区域生态保护和民族地区特色产业发展，持续推进区域协同立法。一是深化拓展与青藏高原区域省份协同立法。青海打破行政区划壁垒，与西藏开展青藏高原生态保护区域协同立法合作，实现青藏高原相关地区政策协调、执法协作，协同推进青藏高原生态保护法贯彻实施。二是创新推进市州协同立法。玉树州、果洛州整合立法资源，首次开展促进藏医药发展的区域协同立法，两州共同起草、共同调研、共同论证，节约立法资源，提高立法质效，为两州乃至青海藏医药事业发展提供坚强法治保障。三是开展民生领

域立法"三级论证"。如海南州 2024 年持续深化政府民生实事项目人大代表票决工作，实现州、县、乡三级民生实事项目由"为民作主"转变为"由民作主"，让全过程人民民主的青海实践变得具体生动、有形有感。

2. 全面加强重点领域立法

青海省人大常委会自觉主动地将立法工作与省委中心工作相衔接，聚焦产业"四地"建设、生态文明高地建设、民族事务治理等重要领域加强立法，保障急用行政法规规章制度供给。全面完成省委确定的 2 项深化改革重点任务，制定、修改、废止 21 件省级地方性法规，审查批准 38 件法规条例，听取审议 17 个专项工作报告，开展执法检查 3 次、专题询问 1 次、专题调研 3 次，作出决议决定 18 项。

一是聚焦产业"四地"建设，护航青海现代化产业体系建设。青海省人大常委会先后审议通过《青海省盐湖产业高质量发展促进条例》《青海省枸杞产业发展促进条例》等一系列促进青海特色产业转型升级的省级地方性法规，以法治引领世界级盐湖产业基地和绿色有机农畜产品输出地建设。

二是聚焦生态保护，护航青藏高原生态文明高地建设。2024 年 5 月，青海省人大常委会制定的《青海省国家生态文明高地建设条例》是我国首部以"生态优先"为核心原则的地方性法规，吸收了青海省生态文明体制改革的创新成果，通过"生态安全保障""自然保护地建设""生态保护修复""生物多样性保护""生态文明制度创新"等 5 项制度，将保护好青海生态环境是"国之大者"制度化、具体化。

三是聚焦民族团结进步，护航新时代平安青海建设。青海省人大常委会审查批准自治州、自治县关于藏传佛教事务、少数民族语言文字、传统文化保护等一批条例，为依法治理民族宗教事务、提高民族事务治理法治化水平提供规范依据和法治保障。

3. 持续加强立改废工作

2024 年，青海紧跟国家立法进程，及时修改和废止与上位法及党和国家相关政策不一致的 28 部地方性法规规章，有效破解上位法出台后下位法修改滞后、影响法制统一的问题，推动法规清理制度化、规范化、常态化。

其中，省级层面修改《青海省实施〈中华人民共和国归侨侨眷权益保护法〉办法》《青海省重大行政处罚决定备案办法》等 5 部地方性法规的部分条款，废止《青海省实施〈中华人民共和国档案法〉办法》《青海省安全生产监督管理办法》《青海省治理货运车辆超限超载办法》等 3 部地方性法规规章。青海省人大常委会推动实现省、市（州）两级立法条例全覆盖，表决通过了《西宁市人民代表大会及其常务委员会立法程序规定》《海东市人大常委会关于修改〈海东市人民代表大会及其常务委员会立法条例〉的决定》《海北藏族自治州人民代表大会及其常务委员会立法条例》《果洛藏族自治州人民代表大会及其常务委员会立法条例》，进一步规范全省立法活动，提高立法质效①。

（二）完善政府治理体系，加快法治政府建设

青海认真贯彻习近平总书记"法治政府建设是重点任务和主体工程，要率先突破"②的指示精神，制定了《青海省 2024 年法治政府建设工作要点》，从进一步加强党的领导、加快法治政府建设率先突破等 9 个方面安排部署 26 项法治政府建设的重点任务，推动法治政府建设阶段目标任务落地落实。

1. 全面推进法治政府建设

青海以习近平法治思想统领更高水平的依法行政，聚焦《青海省2024 年法治政府建设工作要点》，统筹推进法治政府建设各项目标任务，以法治政府建设示范创建为切入点，以加强前置性合法审查为着力点，构建职责明确、依法行政的政府治理体系，推动将政府行为全面纳入法治轨道，为青海法治政府建设走在前作表率提供有力法治保障。一是"立体化"打造法治政府建设新格局。高度重视法治政府建设，省委、省政府依法纠正突出问题，提高行政执法质量，构筑横向到边、纵向到底、

---

① 刘冬：《青海 4 个市州修改完善人大及其常委会立法条例及程序》，人民网，2025 年 1 月 15 日。

② 《深入把握和推进法治政府建设》，求是网，2021 年 7 月 9 日，http://www.qstheory.cn/dukan/hqwg/2021/07/09/c_112763875/htm，最后检索时间：2025 年 1 月 5 日。

上下联动、齐抓共管的工作格局。例如，海北州祁连县将县委办、县政府办、纪检监察机关、组织、宣传、政法、信访及各镇（街道）分管同志纳入县委全面依法治县委员会中，建立上下联动、左右协调、调度便捷、运转高效的县域法治建设体系，高位推进法治政府建设。二是落实法治政府建设主体责任。严格落实党政主要负责人履行推进法治建设第一责任人职责，扎实开展年度法治建设督察考核、行政规范性文件合法性审查等重点工作[1]。各级政府严格落实党政主要负责人履行法治建设第一责任人职责，及时研究解决法治建设有关重大、难点问题，全面落实法治政府建设确定的各项工作任务和政策措施，推动依法治理工作与分管工作紧密结合、相融互动、落地见效[2]。三是加强依法行政意识和能力。引导广大党员干部把强化理论学习研究与加强法治青海建设结合起来，切实提升法治意识和法治能力[3]。严格贯彻落实各级党委（党组）学习习近平法治思想常态化机制，年初制定下发学法计划，按照"凡任必考、以考促学、以学促用、学用结合"的模式，充分利用主题教育、党委理论学习中心组学习、民主生活会及专题学习会等时机，通过全面系统学、多种形式学、结合实际学等"三学"方式落实领导干部学法工作，提高领导干部依法行政意识和履职能力。

2. 以行政复议助推法治政府建设

2024年，青海贯彻实施新修订的行政复议法，建设化解行政争议"主渠道"，在公共法律服务中心、社会治理综合服务中心和西宁铁路运输法院等设立行政复议咨询窗口，开通行政复议网上申请渠道，有效提高群众申请复议的便利度，确保案件"应收尽收"。青海全年新收行政复议案件1325件，依法受理1156件，是同期受理案件数量的2.7倍，超过法院同期受理

---

① 徐鹏：《2024年青海政法工作亮点纷呈》，《法治日报》2025年2月6日。
② 《门源县住房和城乡建设局2024年法治政府建设情况》，门源回族自治县人民政府网站，2024年11月27日，http://www.menyuan.gov.cn/xwzx/ztzl/fzzfjs/3490291.html，最后访问日期：2025年1月20日。
③ 贾小煜：《以高水平法治服务保障高质量发展》，《法治日报》2024年10月25日。

一审行政诉讼案件数量，行政复议成为化解行政争议的主渠道，真正实现以行政复议监督依法行政，助推法治政府建设。

3. 全面健全依法行政工作制度体系

一是适时调整完善权责清单。结合新一轮机构改革，落实新修改的立法法，全面加强行政许可事项清单管理，重新梳理 37 个政府部门权责清单，科学界定部门职责"边界清单"体系，推动部门严格依单行权、照单履职，实现"清单之外无职权"，加快完善政府治理体系，推进法治政府建设率先突破。二是提升合法性审查质效。进一步健全完善合法性审查工作机制，聚焦省委、省政府确定的经济社会高质量发展、"四地"建设、服务和改善民生、重大改革任务依法推进、社会治理和平安青海建设等 5 项重点工作任务，切实履行合法性审查职责，持续推进 119 件省级行政规范性文件合法性审查，筑牢政府依法决策"法治保障"。

4. 持续打造法治化营商环境

一是全面落实公平竞争审查制度，不断优化法治营商环境，加大对法律法规中有违公平条款的清理力度，出台和落实 33 条改革举措，备案审查 36 项行政规范性文件，促进民营经济高质量发展，为民营企业持续营造一流法治化营商环境。2024 年，全省经营主体达 59.3 万户，净增 2 万多户，梯度培育创新型中小企业 194 户，扶持培育专精特新企业 157 户[①]。二是强化民营经济发展法治保障。各普法成员单位以重点时间和专项普法活动为载体，将涉及民营企业发展的法律法规纳入领导干部年度学法重点内容，开展"诚信兴商"系列宣传等 10 项具体举措，深入推进政策解读、案例释法等普法活动进民营企业、进工业园区、进市场商圈，推动涉企法律法规宣传落实落细。青海省司法厅印发《2024 年青海省民营企业律师服务团工作方案》，遴选 15 家律师事务所组建民营企业法律服务团，通过"法治体检"活动解决民营企业生产、经营、管理中的各类法律问题，推动民营经济健康发展。

---

① 《一图读懂 2025 年青海省政府工作报告》，《青海日报》2025 年 1 月 19 日。

（三）深化司法改革，推进法治政府建设

1.深化府院联动，大力提升依法行政水平

全省各级法院以提升政府机关依法行政能力为着力点，不断健全完善"府院联动"机制，通过司法建议、审判工作、同堂培训等方式，助力行政机关提升依法行政水平，促推法治政府建设。一是加强行政规范性文件制度建设，助推法治政府建设提质增效。省法院与相关单位联合印发《关于加强司法监督与行政执法监督衔接工作的规定（试行）》《关于加强和改进行政机关负责人出庭应诉工作的意见》等规范性文件，通过发送司法建议等形式监督和支持全省行政机关依法行政，助推青海法治政府建设提质增效。二是通过行政执法专题授课，助推法治政府建设。省法院通过举办全省行政审判、行政复议、行政执法工作培训班，通过解析典型行政案例，详细讲解了《中华人民共和国行政诉讼法》《中华人民共和国行政处罚法》《中华人民共和国行政强制法》及《中华人民共和国行政许可法》中的重点法条，对行政诉讼案件的成因、类型及行政机关败诉原因深度剖析，就行政机关如何进一步规范行政执法工作提出意见建议，助推法治政府建设。

2.深化府检互动，大力推进数字检察

青海省检察机关与司法行政部门深化"府检互动"工作协作机制，搭建"全省大数据法律监督模型淘宝站"，着力培育具有青海检察特色的数字检察监督模型助力检察工作，通过应用数字检察监督模型，全省各级检察机关共制发1043份检察建议，发出365份纠正违法通知书，以有力有效的行政检察监督，助力法治政府建设。例如，海东、海北等地区的检察机关构建了黄河流域、湟水流域、黑河流域、青海湖裸鲤及洄游流域生态环境保护监督模型等，基于通过模型筛查出的线索，立案办理公益诉讼132项，制发检察建议101份，有效解决了黄河流域环境治理难题。

（四）坚持全民守法，加快推进法治社会建设

1. "菜单式"普法惠及各族群众

普法宣传教育是法治社会建设的关键环节。青海省司法厅将全民普法作为一项民生工程，根据不同群体的学法用法需求精准定制"普法菜单"，分层分类开展法治宣传教育，提升普法宣传的针对性。同时，以"青海普法"微信公众号为主平台，以官网、小红书、快手等新媒体平台为辐射途径，全方位、多层次、立体化打造"线上普法"矩阵，全面提升青少年法治素养。

2. 健全公共法律服务体系

青海省司法厅印发《青海省公共法律服务中心服务规范》，推动全省各级公共法律服务实体平台建设向规范化、标准化迈进，通过指导 8 个市（州）和 34 个县（区、市、行委）建立公共法律服务体系建设联席会议制度，推动形成公共法律服务和法律援助工作发展的合力。人民群众遇到法律问题可以在公共法律服务实体、网络、热线平台等三大平台获取法律服务，公共法律服务平台全年提供各类法律咨询和服务指引 12 万余人次，热线接通率、服务满意率达 98% 以上。同时，青海省司法厅用"加减法"做好 12348 青海法网优化升级，"减"群众无感的信息宣传内容，"增"群众需求的仲裁服务功能，补齐青海仲裁案件网上办理系统缺失的短板，有效提升法网服务功能。

3. 拓宽矛盾纠纷多元化解路径

2024 年，青海持续推进新时代"枫桥经验"本地化实践，积极推广海北州海晏县"排查小隐患、化解小纠纷、改善小环境、解决小问题、办理小案件、满足小需求"的"六小"调解法，从源头降低重大矛盾纠纷发生率。青海政法委推进整合"五大中心"资源，推动实现市、县、乡三级社会治理综合服务中心全覆盖，采用"前台后场"模式，设立调解、律师、

公证、信访等多个服务窗口和多个功能室，深化与法院、检察院、"两所一委"① 等部门的联动配合，拓宽了矛盾纠纷多元化解路径。

二 法治青海建设中面临的问题

2024年，青海坚决贯彻落实"一规划两纲要"，统筹推进法治青海建设取得了良好成效，但对照青海高质量发展对法治建设的新要求、人民群众的法治需求，青海法治建设还存在一些短板弱项。

（一）立法资源和针对性不足

法律的起草、评估和制定需要有熟悉相关法律法规、政策方针及立法程序的专家、高层次人才作为支撑。但目前来看，青海立法机构法律专业人才配备不足、立法专业人员缺乏、业务水平参差不齐。同时，社会各群体、利益相关方参与立法过程的途径较少，公众参与渠道有限。立法过程中针对地区民族文化、草场边界纠纷、大数据建设、气候变化应对等内容的配套不完善，部分领域仍然存在立法空白，还需要进一步完善细化。在实际工作中，存在对规范性文件的概念不清、定性把握不准等问题。日常工作中，对规范性文件的法律定义认识比较模糊，界定范围不清晰，导致一些文件应该报备的未报备、不应报备的却报备了，存在遗漏未报、制而不备、备而不审、审而不纠的问题。

（二）行政规范执法专业性不够

青海省在综合行政执法改革过程中，还存在部分部门法律专业背景的人占比较低、执法人员能力素质较低的现象。面临日益复杂的执法任务，存在不会执法、不敢执法等现象，在执法效能上存在差距。同时，重点领域行政执法内部监督、自查自纠力度不强，执法队伍力量薄弱、执法能力和水平参差不齐。在实施行政执法"三项制度"上不够到位，法制审核人员专业性

① "两所一委"是指派出所、司法所和人民调解委员会。

不够、人手不足，个别单位执法案卷仍然存在调查取证不严谨、执法程序不规范、案卷装订不合规等问题，影响了执法的质量和效率。在推进数字化执法过程中，不同部门之间的协调、配合度还不够，数据共享和数据安全方面的协作保障机制构建还存在壁垒，数字化执法过程中所需要的执法职能整合、信息化支持、大数据应用、智能化装备配备等制度规范不健全。

（三）司法审判现代化推进不平衡

在使用电子诉讼服务平台的过程中，偏远地区农牧民受信息化建设水平限制，对其接受程度较低，在推广中难以实现电子诉讼服务平台便捷高效的设计初衷。加之农牧区自身服务半径较大，仍有部分地区存在交通不便、通信不畅、办案条件落后的问题，法院在开庭审判和文书送达中仍采取原始方式，部分信息化应用平台和信息化设备的使用率较低。同时，当地会汉藏双语、熟悉当地民风习俗的法官短缺，在审判过程中法官与当地群众的沟通质量较低，无法有效满足案件审判工作的现实需求，给案件的协调指导矛盾纠纷化解工作带来障碍。

（四）乡村法律服务体系不健全

经过多年的基层建设投入，青海各级政府投入乡村法律服务体系方面的建设资金逐年增多，但从分布情况来看，法律资源投入主要集中在大城市和经济发达地区，相比之下，城乡、区域、中心城区与县域之间法律服务资源分布仍不均衡。"一村一法律顾问"制度，由于地方财政投入不足，目前只能按照 1000 元/村的标准给予补助，但又要求一名律师最多只能服务 6 个村，一名律师一年 6000 元的经费保障不能覆盖律师的法律服务成本，导致"一村一法律顾问"制度实施效果不佳。基层调解员大多数为兼职，基本上没有进行过系统的法律知识和专业的调解技能培训，缺乏对调解进程的精准把控，处理矛盾纠纷的合力不足。大多数调解员只注重被动调解而忽视主动排查，缺少对不稳定因素的风险评估和分析研判，极易忽略一些在苗头和萌芽状态的矛盾风险，易导致风险的发生。

三 加快建设更高水平法治青海的建议

2025 年是"十四五"规划收官和"十五五"规划谋篇布局之年,青海要以习近平新时代中国特色社会主义思想为指导,聚焦中心任务,聚力依法履职,聚合各方力量,持续提升高质量立法服务高质量发展的能力和水平,持续推进"法治青海"建设,为生态文明高地和产业"四地"建设及铸牢中华民族共同体意识、创建全国民族团结进步示范省等全省中心工作保驾护航。

(一)大力健全重点领域立法工作机制

一是科学制定立法计划项目。从服务国家区域战略大局、围绕省委省府中心工作、回应群众需求、立足地方具体实践出发,制定年度立法计划,强化"生态优先、绿色发展"的立法理念,及时跟进青海省中华水塔、国家公园领域立法,完善生态环境全时空监测、全链条监管体系;强化产业"四地"、大数据、绿色算力、公共数据等相关法规制度,引导实体经济和数字经济深度融合,提高青海数字化发展水平;推进"五个文化"品牌建设法治保障,打造具有全国影响力的青海特色文化标识,增强地区文化软实力;加快推进营商环境立法,建立"亲清"政商关系正负面清单,实施法治安商、平等亲商、服务暖商、稳定互商的惠企举措。二是建立专职立法人员制度。青海省要探索专门制定立法人才规划,适当增加具有立法实践经验的人大专职常委委员人数,吸引立法研究水平高或有一定立法经验的人才进入地方立法部门工作,优先录用法治素养高、依法办事能力强的考生。持续招录、选调法学专业毕业生到法治人才欠缺的基层工作,充实当地立法人才队伍,为法治青海建设提供基础力量保障。三是健全立法征求意见及采纳反馈机制。推动基层立法联系点数量有序增加,利用抖音、微信、快手等平台,提升公众及时了解相关立法信息和发表意见的便捷性。实施公众意见及其采纳情况公开机制,拓宽社会各群体有序参与立法的途径,利用大数据、人工智能等现代技术，准确、全面地收集处理社会各群体的意见，使不同的诉求、利益都可以得到公平公正、科学理性的平衡和整合。四是明确规范性文件备案审查标准。要做好规范性文件备案审查工作，只有明确备案审查文件的范围和标准，找准审查的方向和重点以及规范审查意见的处理，并将四者有机结合，才能将规范性文件备案审查工作抓实抓好，真正从源头上纠正违法行为，切实维护国家法制的统一和尊严。

（二）依托现代技术大力提升行政执法能力

一是加强基层执法人员法治能力建设。青海省需要从加强法治理念、强化理论学习、创新学习方式、提升业务能力等方面下功夫，落实执法人员学法清单制度，区分不同层级、不同岗位，分层分类细化清单，紧扣一线案件办理实战需求，通过现场教学、个案研讨、专案攻坚等多种形式加强履职执法培训，不断提高基层执法人员依法行政能力。二是改进执法方式，提高执法规范化水平。执法人员需要统筹执法的"力度""温度"和"公信度"，坚持在执法过程中依法执法，明确行政案件和民事案件的界限，按照法定程序履职，引导行政相对人树立守法意识和责任意识，提高行政执法的说服力和公信力。三是健全行政执法监督体制机制。从行政体系内部、外部展开整体性推进与前瞻性整合，围绕执法主体合法性、程序规范性、依据准确性、自由裁量权合理性、结果公正性、社会效果等内容健全监督制度，依托"互联网+"、大数据等信息化技术实现执法过程全记录、执法结果可溯源。同时与人大、政协、司法和纪检监察等部门相互协调，聘请专家学者、律师、新闻媒体等工作人员为特约监督员，在外部形成合力，扩大综合监督格局。

（三）以高质量队伍建设支撑高水平司法体制

一是落实完善司法责任制。青海省法院、检察院需要进一步规范审判权监督运行机制，完善司法责任归属、认定、追究工作机制，构建全链条责任体系，形成以办案质量为导向、促规范管理的良好氛围。进一步细化法官、检察官职责清单，明确办案中的责任归属，针对案件办案和审理过程中出现的故意和重大过失情形的，依法依规追究责任。二是探索建立定向委培法律人才制度。针对省内部分地区基层法官招录难、留人难的问题，探索地区党委政府和省内高校法学院开展定向委培制度，将本地区考上法学本科、研究生的学生以定向选调的方式直接录用。并将法官绩效考核与入额遴选、逐级遴选挂钩，针对考核成绩优秀者可跨级遴选，确保条件艰苦地区法官人员留得下、待得住。三是完善诉前调解机制。广泛汲取本土乡贤文化的传统资源，建立以地方能人、乡贤、村干部、法律顾问等为主体的基层乡贤调解团队、品牌调解工作室，或调解志愿团，及时排查矛盾纠纷，实地解决基层小矛盾、小纠纷，真正实现矛盾纠纷排查在一线、化解在基层，使地方能人、乡贤文化在新时代"枫桥经验"的实践中体现自身价值。

（四）培育非正式资源，健全乡村法律服务体系

一是注重村规民约、地方道德习俗等中华民族优秀传统道德文化在基层矛盾纠纷调解中的重要作用。中华民族优秀传统道德文化能弥补法律在基层矛盾纠纷化解中的某些不足，不仅能有效解决矛盾纠纷和获得当事人的认可，还能达到"定分止争"的作用，有助于推动基层"法治""德治""自治"的有机结合。二是引导和推动群众积极参与基层社会治理。积极创新群众参与社会治理的方式，拓宽群众参与基层社会治理的渠道和平台，开展议事协调，形成议事机制、提高议事能力，充分体现人民群众在基层社会治理中的主体地位，最终真正形成"群众的事群众议、群众的事群众办、群众的事群众管"的民事民议、民事民办、民事民管的基层议事协商运行机制。三是以能动司法助推诉源治理。注重使用非诉讼纠纷解决机制，从源头上预防和减少矛盾纠纷发生。充分发挥新时代"枫桥式司法所""枫桥式人民法庭""枫桥式公安派出所""枫桥式工作法"的示范引领作用，不断增强基层司法机关在实质性化解矛盾纠纷中的力量，将司法调解组织延伸到基层社会治理"最小单元"，推动矛盾纠纷源头预防、就地化解，努力激活基层社会治理"神经末梢"。四是提高基层法律服务质量。以拓宽法律援助范

围为重点，着力提升服务功能和服务质量，统筹推进律师、公证、法律援助、普法、司法鉴定工作，巩固拓展教育、社保、医疗等民生领域法律服务，推动法律服务力量下沉、重心下移，打通社会治理法律服务"最后一公里"。

四　法治青海建设的未来展望

2025 年，青海法治建设将在创新中求突破，全面落实法治为民惠民举措，积极回应和满足高质量社会发展和人民群众幸福生活的法治需求，进一步聚焦高水平法治与高质量发展的深度融合，推动政府依法决策和执法能力现代化，通过改革立法、完善执法、公正司法、强化教育来不断提升法治青海水平，为推进中国式现代化贡献更多青海经验。

一是依法行政水平将明显提升。青海将按照省委十四届八次全会和2025 年政府重点工作要求，找准"着力建设美丽青海，推动实现生态功能最大化"的结合点和切入点，完善合宪性审查、备案审查制度，纠正与上位法不一致的法规规章，提高备案审查工作规范化、科学化水平。健全依法行政制度体系，实现重点领域立法提质增效，推动立法与改革相衔接，针对重点领域的生态环境治理与保护、国家公园建设、民族文化传承与保护、民族团结进步等的地方性法规将进一步完善细化，同时更加主动地接受监察监督、司法监督、群众和舆论监督，推动行政执法更加规范、公正、文明。

二是法治宣传实效将明显增强。青海省将深入实施"八五"普法规划，创新法治宣传形式，紧紧围绕"三个最大"的省情定位和"三个更加重要"战略定位，结合乡村全面振兴工作，以"法律九进"为工作着力点，充分发挥公共法律服务中心"主阵地"作用，通过"法治讲座""法律明白人培训会""法律进企业""法律进寺院"等活动以案释法、以案普法，将普法教育与婚姻家庭、征地拆迁、草场纠纷、劳务纠纷等难点工作结合。利用"掌上普法""指尖普法"等新型普法产品，与区域民族文化、民俗文化相结合，扩大法治文化的影响力，使每一个典型案件都成为法治宣传的公开课，进一步提高基层群众的法律意识和法治思维方式。

三是司法体制改革将进一步全面深化。青海省将通过落实和完善司法责任制，强化对审判权力运行的制约和监督，在完善员额法官、检察官动态调整的过程中更加科学合理地调配司法资源，形成顺畅高效的司法工作流程。结合不同地区宗教信仰、民族习惯释法明理，让当事人知法、懂法、信法、守法，使得司法裁判在民族地区的说服力和认同度进一步提升。聚焦群众关注的社会热点、难点问题主动调查研究，持续探索公益诉讼检察"青海模式"，加快推进"一张网"建设，利用智慧司法系统提升案件受理、审判、执行等环节的信息化和智能化水平，以信息化建设助推司法审判提质增效。

四是涉外法治体系和能力建设将全面强化。加快成立青海省涉外法治工作机构，进一步整合涉外资源力量。依托"一带一路"律师服务团，为青海涉外企业和留学人员提供法律服务。将涉外法律人才纳入全省法治人才培养规划，积极开展涉外法律服务人才培训。

参考文献

习近平：《论坚持全面依法治国》，中央文献出版社，2020。

中共中央宣传部、中央全面依法治国委员会办公室：《习近平法治思想学习纲要》，人民出版社、学习出版社，2021。

王煜鹏：《全省法院在法治轨道上不断推进现代化新青海建设》，《青海日报》2024年12月19日。

张小娟：《凝心聚力促发展 持之以恒抓落实——绘就2024年检察机关工作新蓝图》，《青海法治报》2024年2月28日。

邢生祥：《青海持续优化营商环境打造青藏高原投资兴业沃土》，《工人日报》2025年1月13日。

乔欣：《青海："菜单式"普法惠及各族群众》，《青海日报》2025年1月6日。

徐鹏：《为现代化新青海建设提供有力法治保障 青海省司法厅介绍法治建设和司法行政工作》，《法治日报》2024年12月21日。

生 态 篇

B.13
生态文明高地建设背景下2024年
"洁净玉树"调查报告

郭 婧*

摘 要： 良好生态环境是实现中华民族永续发展的内在要求，是增进民生福祉的优先领域。持续深入的"三大保卫战"，是全面推进美丽中国建设的重要标志性战役。本报告以玉树藏族自治州为例，系统总结了玉树州生态文明高地建设的主要举措与成效，探讨了打造"洁净玉树"面临的主要困难，并以此为基础认为玉树州应通过加强基础设施建设、提升生态环境治理能力、完善多元化的生态补偿机制、创新宣传方式等手段扎实推进玉树州整体生态修复治理及绿色生态发展，最终为进一步持续深入打好"三大保卫战"、全面推进美丽青海建设提供参考。

关键词： 生态文明高地 "洁净青海" 环境治理 玉树州

---

* 郭婧，博士，青海省社会科学院生态文明研究所副研究员，研究方向为生态经济、恢复生态学。

习近平总书记在2023年全国生态环境保护大会上指出："要持续深入打好污染防治攻坚战，坚持精准治污、科学治污、依法治污，保持力度、延伸深度、拓展广度，深入推进蓝天、碧水、净土三大保卫战，持续改善生态环境质量。"[1] 2024年6月19日，习近平总书记第三次考察青海，强调指出"重中之重是把三江源这个'中华水塔'守护好，保护生物多样性，提升水源涵养能力"。玉树州拥有典型的青藏高原生态系统，这一系统对维护我国乃至整个亚洲地区的生态安全至关重要。通过创建生态文明高地，可以有效保护这个珍贵的生态系统，确保水源涵养、气候调节等生态功能的稳定发挥，从而保障国家生态安全。玉树州位于三江源腹地，是重要的水源涵养地，生态安全屏障作用尤为凸显。它作为长江、黄河、澜沧江的发源地，每年向中下游地区输出600多亿立方米的优质水。三江源国家公园90%的区域位于玉树州，且主要承担着水源涵养、调节气候、维持生物多样性等重要的生态功能，生态地位极其重要而特殊。习近平总书记始终牵挂玉树，先后对玉树提出"七个更加""两个越来越好""真正让子孙后代都能过上健康、现代、幸福的生活""做中华水塔的守护者"的重大要求和殷殷嘱托。[2] 玉树始终践行习近平生态文明思想和"四个扎扎实实"重大要求，沿着习近平总书记指引的方向前进，以高度的政治自觉和责任担当，坚持将生态保护、绿色发展、社会进步、民生改善一体推进，全力打造习近平生态文明思想实践新高地，"绿水青山就是金山银山"的理念正在玉树变成美好现实。

一 打造"洁净玉树"的资源优势

（一）地理区位和水文优势

玉树藏族自治州（以下简称"玉树州"）地处青藏高原中部，地理位

---

① 习近平：《以美丽中国建设全面推进人与自然和谐共生的现代化》，《环境与可持续发展》2024年第2期。

② 信长星：《奋力开创新玉树"两个越来越好"新局面》，"澎湃新闻"，2020年8月15日。

置介于东经 89°27′~97°39′、北纬 31°45′~36°10′，土地总面积 26.7 万平方公里，占青海总面积的 37.02%。玉树州属典型的高寒性气候，气候特征为热量低、年温差小、日温差大、日照时间长、辐射强烈，风沙大，植物生长期短。境内年均气温在 0℃ 以上的有 3 个县（市）（玉树市、囊谦县、称多县），年内各月的极端最低气温出现在 1 月份。年降水量以囊谦县的东坝、杂多县的苏鲁一带最多，在 600 毫米以上；中部地区的当曲河源头、索加以东、扎河以南和治多以西的地带以及可可西里地区为少雨区，年平均降水量在 300 毫米以下。按河川径流的循环形式，玉树州境内河流可分为外流水系和内陆水系。北部为内陆水系，气候干旱少雨，河流小而分散，流程相对较短，由于自成体系，故又可划分为柴达木盆地和羌塘高原内陆区。外流水系由长江、黄河和澜沧江三大流域组成，具有降水量相对较多、水系发育、河网密集的特点。根据全国第一次水利普查成果，玉树州境内 1 平方公里以上的湖泊共有 108 个，湖泊总面积为 3533.21 平方公里。其中最大的扎陵湖（曲麻莱与玛多县界湖）湖水面积 528 平方公里。其中淡水湖 36 个、咸水湖 69 个、盐湖 2 个、未确定属性湖泊 1 个。玉树州西北部分布着大面积的现代冰川，形成了巨大的冰库，是各江河径流补给的主要补给源之一。

（二）植被资源和野生动物优势

玉树州植被丰富，人类活动对植被的影响相对较小。植被带主要有寒温性针叶林带、高温灌丛草甸带和高寒草甸带 3 个植被带。占有中国植被分区的 2 个三级区和 3 个四级区，包含青藏高原特有成分和经济植物。以土壤类型而言，高山草原土壤上的植被以紫针茅、青藏苔草、扇穗茅为优势种，盖度低，平均厚度 44 厘米。草甸土壤上的植被以蒿草、苔草、杂草类为主。沼泽土壤上的植被以藏蒿草、海韭菜、驴蹄草等湿生植物为主。玉树州独特的地理位置孕育了较为丰富的植物资源，根据植物资源的不同用途可分为牧草植物、药用植物、食用植物、观赏植物和工艺植物 5 大类别。玉树州境内名贵药材种类繁多，有各类中药资源 913 种，其中植物类药材 808 种、动物类药材 80 种。玉树州境内栖息着各种珍禽异兽，主要包括白唇鹿、马鹿、麝、藏野驴、野牛、藏羚羊、黄羊、岩羊、盘羊、雪豹、棕熊、猞猁、黑颈鹤、藏马鸡、雪鸡、天鹅等。其中，国家一类保护动物占 7 种，国家二类保护动物占 14 种。玉树州最具优势的鸟类为黑颈鹤，主要分布在隆宝滩国家级自然保护区和西部的大片沼泽地。从生态地理角度看，玉树州野生动物分为四个生态类群，即高寒荒漠、半荒漠类群，高寒草甸草原类群，山地森林、灌丛、草原类群，耕地农区类群。

（三）生态文化资源优势

玉树州是历史上融合汉藏等多元文化和商贸物流的中枢通衢。2017 年设立了国家级藏族文化（玉树）生态保护实验区，现有联合国认定的人类非遗代表作名录 1 项、国家级名录 12 项、省级名录 49 项、州级名录 310 项，获得"中国藏族马术之乡""中国藏族卓舞之乡""中国藏族山歌之乡""中国藏族书法之乡"等美誉。玉树州不断推动藏族文化（玉树）生态保护实验区建设，编制形成了涉及 10 个方面 122 项具体内容的《藏族文化（玉树）生态保护实验区总体规划》及实施细则。启动了以三江流域自然生态文化为主线、汇聚 5 大类唐卡绘画技艺的生态唐卡编纂工作，非遗"1+7"体验展示中心模块基本形成。健全完善非遗四级名录，建立非遗代表性项目 389 项，其中国家级 12 项、省级 54 项；申报认定非遗代表性传承人 367 人，其中国家级 11 人、省级 39 人。认定全国、省级重点文物保护单位 56 处，传统村落 23 个。其中，称多县成功入选全国传统村落集中连片保护利用示范县，玉树市入选青海省第一批历史文化名城。玉树州以其独特的山水文化、动植物文化、游牧文化、民俗文化等构成了一个具有国际影响力和较高知名度的文化体系。

二　玉树州建设"洁净玉树"的主要举措与成效

党的十八大以来，习近平总书记先后 12 次对玉树生态保护作出了重要批示。玉树州坚持人与自然和谐共生理念，着力打造"洁净玉树"，不断完善生态文明建设制度体系，生态环境保护和生态文明建设成效显著。

（一）强化污染防治，生态环境质量稳步改善

玉树州通过开展燃煤锅炉整治、黄标车淘汰、建筑工地及道路扬尘治理等一系列措施奋力打好"蓝天保卫战"，空气环境质量明显改善，空气质量优良率达 100%，长期保持在全国监测城市前列，是青海省唯一的 $PM_{2.5}$ 达标城市。持续打好"碧水保卫战"，通过实施通天河、澜沧江流域专项水污染治理，开展入河排污口排查整治、污水处理厂污染源 24 小时在线监控等工作，玉树州水质均达到环境功能区水质标准，通天河和巴塘河两处均达到环境功能区水质标准，境内长江流域和澜沧江流域监测断面水质均达到或好于 Ⅱ 类。各市县的饮用水源地水质达标率均为 100%。扎实推进"净土保卫战"，组织起草了《玉树州危险废物突发环境事件应急预案》并经州政府印发；制定印发了《2024 年玉树州土壤固体废物污染防治及农村生态环境保护工作任务要点》，全州无农用地镉等重金属污染情况，土壤环境总体保持"净土"状态。制定了《玉树州"十四五"土壤和地下水生态环境保护规划》，启动"五个全域"环境治理专项行动（全域国土绿化、全域草原净化、全域道路沿线美化、全域无垃圾和禁塑减废、全域村容村貌整治工作），突出区域地域特色和亮点，积极探索环境治理"玉树模式"。

（二）加强顶层设计，生态文明制度体系不断完善

玉树州持续提升生态文明建设成果，把制度建设作为打造生态文明高地的重中之重，加快搭建政策制度体系"四梁八柱"。印发了《玉树州全域无垃圾和禁塑减废专项行动方案》《玉树州推进黄河流域生态保护和高质量发展实施方案》《玉树州着力打造全国乃至国际生态文明高地实施方案》《玉树州贯彻落实〈青海省建立健全"中华水塔"守护人体系实施方案〉的具体举措》等文件。把生态环境保护、全域无垃圾、环境督察等工作纳入对各级领导干部的考核中，对生态保护目标的分类和权重进行了细化，保证积极落实生态保护工作。编制了《玉树州生态文明建设促进条例》《玉树州生物多样性保护办法》《关于进一步加强生态环境保护工作的意见》等法规意

见。探索构建"林草长+警长+检察长"的联动机制，对违法用林用草等行为进行了严厉打击，全面实施天然林和公益林管护工程，严格实施禁牧、草畜平衡监督管理体系，激励奖励草畜平衡工作开展得好的市县。进一步加强"六大联动"机制，强化监测预警、火源管控和隐患排查治理，确保人民群众的生命财产和生态环境的安全。

（三）生态环境监察执法工作日益规范化、常态化

一是持续环境执法高压态势。常态化开展危险废物管理、自然保护地监管、玉树州入河排污口排查、医疗废物监管等执法检查行动。本年度完成6起生态环境损害赔偿考核指标任务。二是起草《玉树州"五个全域"专项治理行动方案》。切实履行玉树州全域无垃圾和禁塑减废执法监督专责组职责，做到问题及时发现、及时督办、及时处置，全力推进全域生活垃圾日常监管体系规范化、常态化。2024年开展全域无垃圾和禁塑减废监督执法工作32次，派出监督执法工作人员96人次，同时结合常规业务执法、"双随机"及督导检查等开展执法工作64次，对发现的问题按照属地原则及时进行督办。三是执法机构改革落实。印发《玉树州生态环境综合行政执法支队职能配置、内设机构和人员编制规定》，进一步加强联合执法、舆情研判方面的合作，稳步推进三江源国家公园联席会议，不断提升园地共治共建共享水平。

（四）排污许可证书的核发质量有效提升

一方面，在严格履行环境影响评价相关法律法规的前提下，通过审批关口前移、优化审批流程等措施，充分结合"放管服"改革、优化营商环境等工作，持续优化建设项目环评审批流程，不断提升政务服务质量；另一方面，努力强化排污许可核发质量和固定污染源建设项目全过程监管，按照《青海省排污许可提质增效工作方案（2022-2024年）》的要求，常态化开展新发证排污单位现场核查、推送证书临期提醒、排污许可证质量核查及执行报告规范性复核工作，强化问题整改跟踪督促力度。截至2025年4月，

玉树州反馈的排污许可证书质量及执行报告规范性问题均已完成整改，有效提升了排污许可证书的核发质量。

三 打造"洁净玉树"面临的主要困难

（一）基层基础设施有待完善

近年来，玉树州依托对口援青、东西部协作等有效机制，针对交通、电力、水利等基础设施薄弱问题，不断加大资金投入力度，完善城乡基础设施网络，提高人民群众的生活品质。但牧区基础服务设施建设工作依然有不足和短板，主要体现在网络通信、道路交通、电力保障等方面，特别是偏远牧区网络通信未实现全时段、全地域覆盖，林草线上智能化管理方面严重滞后，例如，生态护林员在线巡护轨迹、点位管理、林草资源监测预警方面管理不到位、上线率较低的现象较为突出。

（二）生态环境本底脆弱

一方面，玉树州地处青藏高原这一特殊地理位置，生态系统本身就具有高度的敏感性与脆弱性。高海拔导致气候寒冷、氧气稀薄，生态系统的自我修复能力和抗干扰能力较弱，一旦遭受破坏，很难在短时间内恢复。而且，低温使得植物生长周期短，生物量积累缓慢。降水稀少导致土壤水分不足，限制了植被的分布范围与生长状况。同时，极端气候事件如暴雨、暴雪、寒潮等的频繁发生，对生态环境造成了严重的冲击。另一方面，由于畜牧业是当地主要的经济产业，过度放牧现象较为普遍。大量牲畜的啃食超过了草地的承载能力，导致草地植被遭到严重破坏、地表裸露、土壤侵蚀加剧。同时，牲畜的践踏也使得土壤板结，透气性和透水性变差，进一步影响了植被的生长与恢复。近些年，随着三江源国家公园的建设和三江源生态保护工程的实施，大面积生态环境恶化得到了有效遏制，整体生态质量也得到了明显改善。但玉树州生态环境本底脆弱，这不仅限制了该区农牧民的增收，也限制了农牧业的发展。随着人口数量的不断增加，人们对资源的需求也日益增大。为了满足生活需求，人们不断开垦荒地、扩大畜牧业规模，这进一步加剧了对生态环境的压力。同时，人口的聚集也带来了更多的生活垃圾和污染物排放，超出了生态系统的承载能力。

（三）生态补偿机制不健全

目前，补偿方式的单一化使得玉树州生态补偿机制不健全，这将影响生态环境保护的成效。虽然，在现有生态补偿方案的推动下，农牧民生计和环境保护水平都得到了提升，但这仅仅是取得了一定的短期效益，生态补偿的持续性仍需增强。在强调生态保护的前提下，往往容易忽略对生态效益的关注；当前，还没有形成足够的社会和市场的合力。生态移民后续产业发展难度大。生态奖补和生态公益性岗位的设立，为生态移民稳定增收提供了基础保障，但受自然地理环境的限制，二、三产业发展相对滞后，大部分生态移民的收入主要靠财政补助和临时采挖虫草，缺乏从事新职业的技能，自主创业的能力普遍较弱。尤其是高校毕业生、农牧区富余劳动力等青年就业压力较大。目前，直接物质补偿和资金补偿较多，产业支持和生产方式改善不足；生态项目急需能源结构的优化。为此，就需要构建和完善合理的生态补偿制度。

（四）草原承载压力和草原退化问题尚未得到有效缓解

落实生态保护优先的理念有差距，禁牧和草畜平衡区划定工作尚未完成、禁牧奖补政策导向有偏差，局部性超载和草畜矛盾依然突出，草原承载压力有待释放；新建人工草地在返青期间无法保证绝对禁牧，加之缺乏科学有效的后期管护措施，致使人工草地出现二次、三次退化的风险隐患依然存在。生态产品价值实现模式仍显单一，"农家乐"的模式比较普遍，对生态产品价值实现的内在机理、实践逻辑和基本法则仍需不断研究探索；更多地聚焦于生态环境的保护、生态资源的产业培育等方面，而对如何实现城乡生态产业高质量发展并形成品牌效益等方面的关注程度还较低。

（五）生态环境质量稳定持续提升难度较大

近三年来，玉树州空气质量优良率均保持为100%，但由于机动车保有量增加和臭氧指数本底较高等，大气优良率一直保持为100%的难度较大。首先，污水处理管网设施不健全、运行管理存在短板，成为提高环境质量的制约，水环境水生态存在一定的风险和隐患。其次，城乡生活垃圾处理设施建设水平整体偏低，环境整治成本较高，且玉树州生活垃圾填埋场趋于饱和状态，现有的生活垃圾收集转运、处理设施已满足不了实际需求，存在造成二次环境污染的风险隐患。

四　对策建议

（一）系统推进"洁净玉树"建设

一是扎实开展全域系统保护治理。创新开展全域无垃圾和禁塑减废专项行动，建立健全垃圾源头减量标准和县乡村三级"人财物"长效运行机制，建成网格化管理、垃圾转运和处理体系，提炼总结三年行动成效，形成国家层面认可推广的经验模式。聚焦中央生态环境保护督察典型案例及省委护航生态专项巡视问题整改，举一反三排查整治，系统解决问题厕所、乱占林草地、污水治理、小水电整治等突出问题。二是高标准实施重点生态工程。以实施投资8亿元的通天河流域水源涵养生态修复工程为牵引，有序推进"五个全域"三年行动，打造几个生态修复工程示范样板。充分发挥河湖长制、林草长制作用，出台草畜平衡管理办法，制定林草长制十条举措。建设国家水情教育基地，科学制定湿地生态补偿标准，积极申报将查旦湿地纳入国际重要湿地，力争河湖管护工作获得国务院督查激励。三是有序实施碳达峰十大行动。全面落实清洁能源普惠区建设方案，编制玉树州电网建设规划、清洁能源发展规划，积极申报国家草原碳汇试点。抢抓清洁能源发展黄金窗口期，认真研究谋划布局，深入推进"无废城市"、零碳和清洁供暖示范县建设，谋划实施一批电网强化、煤改电、清洁供暖等重大能源项目，加快构建以清洁供电为主的清洁能源普惠体系，推动生产生活方式的转变。

（二）逐步形成国家公园运行管理的"玉树模式"

积极推动三江源国家公园提质升级和管理，将三江源国家公园长江源园区、澜沧江源园区建设成具备地域特色的极地国家公园。正确处理生产、生活和生态环境的"三生"关系，探索建立园内城镇建设新模式，积极打造国家公园门户小镇，把杂多、治多、曲麻莱三县打造成公园城市，推动园城融合发展。扎实开展园内现代化社区建设试点工作。完善生态管护公益岗位设置、开展新型技能培训等，引导保护区居民转产就业。开展草畜平衡和四季轮牧制度，加强人工饲草地建设，大力推广"放牧+补饲"模式，减轻天然草场压力。巩固游牧民定居工程成果，引导牧民适度改变生产生活方式，鼓励动员园内牧民群众组建规模化合作社，加快生产资源和生产要素的有序流转。持续深化园地共建体制机制，创新工作体制机制，通过试点继续探索完善特许经营机制，开展好特许经营工作。

（三）以美丽城镇为契机，加强基础设施建设

一是以美丽城镇为契机，加强基础设施建设。将玉树市、香达镇、加吉博洛镇、约改镇、称文镇、萨呼腾镇作为建设发展的重点，实施城市生态修复、功能完善工程。完善县城基础设施和社会服务设施建设，优先补齐城市道路、给排水管网，污水垃圾处理等设施短板，完善供热、电力、通信、公共交通、物流配送等与民生密切相关的基础设施建设，加强乡镇市政基础设施建设和管理能力。二是加强县城老旧基础设施改造，扎实推进囊谦县城征地拆迁。加快推进老旧小区改造，推进保障性住房建设。有效配置基础设施和公共服务设施，辐射带动周边村庄整体协调发展。实施人文城镇建设，充分挖掘红色精神内涵，发挥玉树抗震救灾纪念馆的传承和教育功能，加大国家历史文化名城名镇保护利用力度。

（四）探索完善多元化的生态补偿机制

一是完善纵向生态保护补偿机制。加大对三江源地区的转移支付力度。通过市场化进一步拓宽生态补偿资金来源渠道。逐步完善森林生态效益补偿政策和湿地补偿机制，争取将国际重要湿地、国家重要湿地纳入补偿范围。二是探索多元化横向生态补偿机制。以国家推动建立长江、黄河生态保护补偿机制为契机，健全落实国家生态综合补偿制度，建立完善重点流域横向生态补偿机制，通过资金补偿、对口协作、产业转移、人才支持、共建园区、旅游合作等市场化多元化补偿方式，实现流域上下游共建共享，推动生态保护地区和生态受益地区互利共赢。

（五）提升玉树的生态环境治理能力

一是健全生态环境保护制度。加快推进生态环境保护制度集成、机制创新和实施评估，实行最严格的生态环境治理制度。完善环评源头预防管理体系，全面实行排污许可制。优化河湖长制和林草长制，推动河湖林草保护发展联动机制运行。加快构建环保信用监管体系，深化环境信息依法披露制度改革，探索开展环境、社会和公司治理评价。二是科学构建生态环境监测网络体系。推进智慧生态建设，搭建生态环境监测大数据平台，利用大数据、云计算、5G技术、物联网感知和传输技术以及多网传输与融合技术，进行多源数据的传输、融合与处理，应用服务及成果展示等，融合地理空间信息与生态环境数据资源，构建天地一体、上下协同、信息共享的生态环境，健全"天空地一体化"生态环境监测网络，实现环境质量、污染源和生态状况监测全覆盖，全面提升生态系统全要素和生态环境工程监测水平。三是完善生态环境行政执法体系。推动完善生态环境、行政执法和刑事司法联动，健全完善环保、公安、司法等部门联动机制，深化生态环境保护综合行政执法改革，着力提升基层执法能力水平。加强生态环境、林业草原、自然资源、农牧、水利监管执法协同合作，加强部门联动和协调配合，推行跨区域、跨流域联合执法。

（六）创新宣传方式，拓宽宣传渠道

一是牢牢把握宣传思想工作正确的政治方向和舆论导向，坚持新闻发布会制度，定期发行《生态玉树》期刊及各类环保宣传品，运用新媒体平台，持续深入开展主题宣传、成就宣传和典型宣传，唱响主旋律，传播正能量，为玉树州持续巩固生态文明建设示范区创建成果、推进"无废城市"、"两山"实践创新基地建设以及全域无垃圾和禁塑减废行动等营造良好的舆论氛围；二是坚持"环保设施向公众开放"，提升社会公众对环保设施的了解和参与环保的行动自觉；三是扎实开展世界环境日、世界低碳日、全国生态日等各类宣传活动，联合州委宣传部、州文明办、州总工会等多部门开展环保知识线上线下竞赛活动；四是扎实开展全民环保行动和绿色"七进"活动，积极营造大生态建设氛围，各类生态生产生活融合联动的生动景象不断涌现，农牧民群众传统宗教生态观转向科学现代法治生态观，生态传统文化得到传承和弘扬；五是充分聚合宣传大屏资源，以各类宣传日为契机积极开展生态传播同屏行动，齐力发声，共同绘就"美丽中国"建设的生态文明传播新图景，打造重要的生态环保科普宣传平台和推介美丽新玉树的窗口。

参考文献

包利英、桑周坚赞：《玉树州：立足生态环境最大优势　树牢"生态大州"形象》，《三江源报》2023年11月28日。

程宦宁：《玉树：写在绿水青山间的发展答卷》，《青海日报》2023年12月11日，第8版。

熊曦、刘欣婷、段佳龙等：《我国生态产品价值实现政策的配置与优化——基于政策文本分析》，《生态学报》2023年第17期。

刘中：《绿水青山铸党魂——江源杂多生态保护赶考路》，《青海党的生活》2023年第12期。

B.14
2024年青海打造具有国家代表性和世界影响力的自然保护地典范调查报告

李婧梅*

摘　要： 　2024年，习近平总书记考察青海时，首次提出"打造具有国家代表性和世界影响力的自然保护地典范"，这极大地拓展和深化了青海生态文明建设的国家战略导向和世界意义。青海积极行动，通过构建"三核引领、核群一体"的保护地格局，巩固国家公园示范省建设成果，完善保护地体系，推进自然教育，提升生态系统服务功能及共建共享水平，取得显著成效。党的二十届三中全会的召开及相关法律法规的出台为青海自然保护地建设带来新机遇。为进一步打造典范，本报告建议青海进一步彰显自然保护地的国家特色，提升国际影响力，搭建智能管理平台提升智慧化管护水平，让发展成果惠及世居群众，推动青海自然保护地建设迈向新高度。

关键词： 　自然保护地　国家公园　青海省

2024年6月，习近平总书记在青海考察时强调："加强以国家公园为主体的自然保护地体系建设，打造具有国家代表性和世界影响力的自然保护地典范。"① 这是继"在建立以国家公园为主体的自然保护地体系上走在前头"

---

*　李婧梅，青海省社会科学院生态文明研究所副研究员，主要研究方向为自然保护地建设、生态环境保护。

①　《习近平在青海考察时强调 持续推进青藏高原生态保护和高质量发展 奋力谱写中国式现代化青海篇章》，新华网，2024年6月20日，https://www.xinhuanet.com/politics/leaders/20240620/a83ee98dac1545a2b3f9837c02f0794c/c.html。

之后，习近平总书记对青海建设以国家公园为主体的自然保护地体系的又一重大要求，为青海自然保护地建设工作指明了奋进方向，提供了发展遵循。① 党的二十届三中全会提出，全面推进以国家公园为主体的自然保护地体系建设，更是提升了青海生态文明制度体制建设的重要性。2024 年，青海牢记习近平总书记嘱托，积极探索、守正创新，高质量高标准推进青海以国家公园为主体的自然保护地体系现代化建设，努力形成了一批具有青海辨识度的标志性成果，正在走出一条符合青海实际、具有青海特色的自然保护地改革发展之路。

一 青海打造自然保护地典范的做法与成效

青海正奋力打造具有国家代表性和国际影响力的自然保护地典范。通过构建"三核引领、核群一体"的保护地格局，青海强化了三江源、祁连山、青海湖等核心区域的生态保护功能，系统推进山水林田湖草沙一体化保护修复。积极推广可可西里、昆仑山等"世界级"自然保护地品牌，加强国际合作与自然教育，传播生态保护理念。青海的生态保护实践不仅为全国提供了"青海模式"，也为全球生态保护贡献了中国智慧。

（一）巩固国家公园示范省建设成果

2019 年 6 月，青海在全国率先推进建立以国家公园为主体的自然保护地体系示范省（以下简称国家公园示范省），在优化保护地格局、创新管理体制、健全资金保障、实施科学有效管理、探索人与自然和谐发展 5 个方面开展示范。目前，三江源国家公园进入高质量建设新阶段，祁连山国家公园设园高水平推进，青海湖国家公园创建高效率推进，国家公园建设继续走在全国前列②。

高质量建设三江源国家公园。积极落实国家林草局、西藏自治区政府、

---

① 杜平贵，《奋力打造自然保护地典范》，《青海日报》2025 年 1 月 7 日，第 8 版。
② 2024 年青海省政府工作报告。

青海省政府联合印发的《关于建立三江源国家公园唐北区域"统一规划、统一政策、分别管理、分别负责"工作机制的实施办法》。开展生态保护修复、自然资源及生物多样性监测和科技支撑等5个专项工作实施方案编制，细化落实总规目标任务和弹性管理措施、保障措施及监管要求。

高水平推进祁连山国家公园设园。全力做好设园准备工作，配合国家林草局专家组开展祁连山国家公园青海片区范围和功能分区现地核查，完成图斑航拍取证等工作，初步完成祁连山国家公园设立相关准备工作。压实日常巡查管护责任，进一步加强40个管护站常态化视频调度，有效落实巡护管控措施，全面消除安全隐患。

高效率推进青海湖国家公园创建。加快青海湖国家公园申报设立进程，超前完成8个方面55项国家公园创建任务，形成65项成果。衔接各级国土空间规划，初步划定1.04万平方公里青海湖国家公园范围。2024年9月，青海省人民政府印发《青海湖国家公园总体规划（2023—2035年）》，要求青海湖景区管理局坚持以《总体规划》为引领，指导青海湖国家公园完成创建期各项工作，省直有关部门和海西州、海北州、海南州人民政府要协同配合，落实各项任务。

省政府进一步优化议事协调机构，将祁连山国家公园体制试点工作领导小组、青海湖国家公园创建领导小组职责任务全部纳入设在青海省林草局的国家公园示范省建设工作领导小组，召开国家公园示范省领导小组办公室推进会，有效发挥青海省林草局推进国家公园建设的牵头抓总作用。

（二）生态系统服务功能稳步提升

生态保护治理成效明显。三江源国家公园管理局自2016年6月以来，先后投入86.61亿元，实施了一批巡护道路、环境教育等基础设施建设项目以及黑土滩治理、沙漠化土地防治、退化草场改良、湿地保护、有害生物防治等生态保护修复项目。通过综合施策，三江源生态系统多样性、稳定性、持续性实现整体提升，野生动物种群明显增多。

为了保护好水源地，青海注销了地处三江源地区的全部48宗矿业权和

水电站，三江源国家公园内达 20 宗。三江源国家公园林草覆盖率达到 74%
以上，黑土滩治理区植被盖度由 2016 年的不到 20% 增加到 80% 以上，草原
综合植被盖度 2020 年达到 61.9%，较 2015 年提高 4.6 个百分点，湿地植被
盖度稳定在 66% 左右①。

旗舰物种种群数量稳步攀升。有效发挥自然保护地在保护重要生态系统
和生物资源、维护重要物种栖息地中的作用。针对普氏原羚、雪豹等物种制
定了专项保护规划，开展种群调查监测、栖息地修复等工作。高原旗舰物种
藏羚由 2016 年的不足 3 万只恢复到 2024 年的 7 万多只，青海湖精灵普氏原
羚从 300 多只恢复到近 3400 只，高山旗舰物种雪豹种群数量增加到 1200 多
只，高原湿地旗舰物种黑颈鹤数量增加到 2600 多只②，青海湖鸟类由 164 种
增加到 232 种，成为野生鸟类天堂。"生命鸟巢"入选联合国生物多样性大
会典型案例，珍稀濒危野生动植物种群稳步增长。

（三）保护地体系逐渐完善

一是建立布局合理、保护有力、管理有效的自然保护地管理体系。根据
全国自然保护地整合优化方案公示结果，整合优化后，青海各级各类自然保
护地共 3 类 83 处，包括 2 处国家公园、17 处自然保护区、64 处自然公园，
总面积 27 万平方公里，占全国自然保护地总面积的 14%，占全省面积的
39%。国家公园占全省自然保护地总面积的 75%。

二是进一步完善自然保护地制度建设。编制和实施《青海省推进以国
家公园为主体的自然保护地体系现代化建设总体规划（2024—2035 年）》。
建立青海省国家公园工作议事制度，出台《青海省国家公园专项资金管理
办法》《国家公园和林草项目支出规范》，创新建立国家公园项目资金"一

---

① 王湘国：《深入践行习近平生态文明思想 以改革精神推进三江源国家公园建设》，《新西部》2024 年第 11 期；张莉萍：《三江源国家公园已投入 86.61 亿元元实施基建、修复生态》，人民网，http://m.people.cn/n4/2024/1029/c1284-21400962.html，2024 年 10 月 29 日。
② 祁宗珠：《三江之源 万物和谐共生》，《西海都市报》2024 年 6 月 18 日，第 A4 版；王雯静、万玛加：《青海完成最大尺度雪豹种群调查》，《光明日报》2025 年 1 月 16 日，第 8 版。

个口进、一个口出"管理机制。制定印发《青海省贯彻落实推进国家公园建设若干财政政策的实施意见》《关于加强风景名胜区建设管理的通知》《关于加强地质公园建设管理的通知》等制度办法。

三是探索融合机制。坚持生态功能最大化，充分归纳总结青海省三个国家公园集中统一垂直、"条块结合、以块为主"以及双重管理、交叉任职的三种管理模式，探索建立权责统一、条块结合、保护有效的国家公园管理体制。全面压实林（草）长制、河湖长制责任，落实自然保护区、自然公园属地管理职责，细化工作流程，形成具有高原特点的自然保护地管理机制。

四是进一步加强自然保护地监督管理。组织召开青海自然保护地保护管理工作会议，高效完成年度人类活动遥感监测问题核实查处整改工作。进一步优化生态旅游业态，不断完善联农带农机制。严格落实三江源国家公园唐北地区"两统一、两分别"的工作机制。积极争取将三江源国家公园外11个保护分区保护管理经费纳入2025年中央财政项目入库范围，有效保障了国家公园等自然保护地生态安全稳定。

五是优化联动模式。落实国家林业和草原局、青海省人民政府、西藏自治区人民政府针对三江源国家公园唐北区域建立的联席会议制度，加强与甘肃、西藏、新疆等省（区）的纵向沟通协作，加大跨区域联动保护执法力度。深化与法院、检察院、公安机关、司法机关的沟通协作，创新探索衔接有序、措施有效、保障有力的联动模式，推动实现行政执法与刑事司法一体运行。强化与自然资源、生态环境、水利等部门的横向沟通协作，健全完善综合执法长效机制，持续推进"绿盾"自然保护地强化监督，加大对违法违规行为打击力度，确保自然保护地生态安全稳定。严厉打击各类破坏自然保护地的违法违规行为。联合青海省检察院召开首届检察机关服务国家公园建设研讨会，充分发挥检察机关更好地服务国家公园建设的作用。①

---

① 宋晓英：《青海：奋力打造具有国家代表性和世界影响力的自然保护地典范》，《中国绿色时报》2024年12月26日，第3版。

（四）自然教育稳步推进

2024年，青海国家公园自然教育工作迈上了新台阶。召开青海省首届自然教育启动会议，成立青海省林学会自然教育专委会，正式发布青海省自然教育标识，制定发布《生态学校评定导则》《自然教育基地认定》，开展45处自然教育基地认定授牌工作。

全方位多角度宣传报道三江源国家公园保护成效，编写的《保护"中华水塔"守护一江清水向东流——三江源国家公园建设实践》入选第六批全国干部学习培训教材。编纂出版我国第一套国家公园自然教育系列丛书——《三江源国家公园自然教育系列丛书》，三江源国家公园已初步构建了产学研教工作体系，形成"课程和读本研发—师资培育—学校应用"全闭环链条、产学研教深度融合的自然教育体系。

持之以恒讲好青海湖国家公园创建故事，编制《青海湖国家公园生态文明实践教育双基地策划方案》，打造集生物多样性保护和展示、自然教育和生态体验、科普宣教和研学营地及铸牢中华民族共同体意识于一体的综合性示范基地。①

不断提升祁连山国家公园宣传展示推广能力，举办祁连山国家公园第三届自然观察节，与中国绿色时报社联合策划推出《森林与人类——祁连山国家公园特刊》，深度探索"村两委+发展"模式，稳步推进社区协调发展。

（五）共建共享持续推进

一是积极解决人兽冲突。近年来，随着生态保护力度增大，青海省境内三个国家公园野生动物种群数量显著增加，野生动物与家畜竞食现象加剧，大型兽类袭击牛羊甚至牧民的事件时有发生。对此，青海省开展了大量卓有成效的工作。2024年，三江源国家公园积极行动，相关部门共同研究出台《预防缓解三江源国家公园"人兽冲突"行动方案》。争取2000万元中央财

---

① 宋明慧、张多钧、才贡加、吴占云：《大湖览翠》，《青海日报》2024年8月23日，第9版。

政资金，开展两轮野生动物与家畜争食草场补偿试点；在园区 4 县部分乡村进行防护型网围栏及集装箱式防熊屋建设试点，强化缓解"人兽冲突"主体责任落实，大力开展防控体系建设，全力提升人兽冲突治理水平，切实维护三江源国家公园内群众的生命财产安全，悉心保护园区内的生物多样性。① 联合中国太平洋保险（集团）股份有限公司推进生态管护员人身意外伤害保险工作，每年为每名管护员筹资 144 元投保，最高赔付保额 50 万元。持续强化宣传教育与巡护，发挥生态管护员作用，掌握野生动物动态；完善野生动物监测体系，修建工作站，购置设备，提升研判预警能力；实施防熊设施建设项目，为牧民配备防熊设施；推进野生动物与家畜争食草场补偿试点，平衡生态与民生。②

二是强化协同机制。地方层面。玉树州人民政府和三江源国家公园管理局加强协作，在生态环境与自然资源综合行政执法合作机制层面达成共识，巩固了"州局"共治共建共享的协同机制。共和县与青海湖景区保护利用管理局制定《环湖共和区域"保护责任共担、流域环境共治、生态效益共享"生态大保护大协同工作机制》，将推动形成局地思想统一、体制机制融合、工作目标一致、发展成果共享的生态大保护大协同格局③。部门层面。青海湖景区保护利用管理局与青海省气象局达成共识，建立长效合作机制，在统筹规划建设气象探测设施、建立健全气象信息资源共享机制、加大联合科研攻关力度、强化应对气候变化防灾减灾工作、构建青海湖流域气象保障服务体系等方面达成共识。④

---

① 张多钧、才贡加、王玉莹：《【锚定现代化改革再深化】从"冲突"到"共存"——青海改革样本观察·三江源国家公园（三）》，《青海日报》2024 年 12 月 30 日，第 5 版。
② 张多钧：《三江源国家公园多举措缓解人兽冲突》，《青海日报》2024 年 12 月 30 日，第 1 版。
③ 曹宝林：《局地协同推进环湖共和区域环境共治效益共享》，《青海日报》2024 年 12 月 16 日，第 2 版。
④ 祝存兄、金泉才：《青海：建立长效合作机制 共推青海湖国家公园创建》，中国气象局网站，2024 年 3 月 20 日，https：//www.cma.gov.cn/2011xwzx/2011xgzdt/202403/t20240320_6137931.htm。

二 面临的形势和机遇

党的二十届三中全会提出全面推进以国家公园为主体的自然保护地体系建设，对青海而言，这是提升自然保护地体系质量与水平的新契机。同时，《国家公园法》等法律法规陆续出台、修订，将为青海自然保护地建设提供法律依据，明确活动边界。

（一）全面推进以国家公园为主体的自然保护地体系建设

党的二十届三中全会提出，全面推进以国家公园为主体的自然保护地体系建设。从党的十八届三中全会首次提出"建立国家公园体制"到"全面推进"意味着以更高站位、更宽视野、更大力度谋划和推进以国家公园为主体的自然保护地体系建设。对于青海省来说，这是推动自然保护地体系提质量、上水平，把国家公园打造成美丽中国新名片，建设更加美丽宜人的家园的新契机，是青海在加强自然保护地体系建设、积极参与生态治理以及为推动我国生态文明建设所作的重要贡献，更是青海自然保护地体系建设的行动指南。未来，青海突出三江源、祁连山、青海湖国家公园的核心引领作用，彰显青海自然保护地的国家代表性。带动周边自然保护地联网成群，构建"三核引领，核群一体，片廊相连，屏盆河谷协同互补"的自然保护地新发展格局。通过加强生态廊道建设和保护，实现水源涵养、水土保持、防风固沙和生物多样性的系统保护，确保全省生态功能的最大化。

（二）《国家公园法》等法律法规的陆续出台将为青海自然保护地建设工作提供法律依据

国家公园法立法进程加快提速。《国家公园法（草案）》已通过全国人大常委会二审。这一法案是我国首次从国家层面对国家公园专门立法，将明确国家公园的功能定位、管理体制等核心问题，为国家公园的规划和设立、保护和管理、参与和共享、开发和利用、行为保障和监督提供法律依据。这将保证青海省三个国家公园的各项活动有明确的法律边界。

《中华人民共和国自然保护区条例》《风景名胜区条例》修订草案正在履行相关审议程序，将为青海自然保护地的生态保护、社区发展、生态旅游和文化传承提供更坚实的法律保障，有助于填补现有法律空白，巩固青海自然保护地建设多年来的成果，解决以往在保护地管理与建设过程中出现的法律适用模糊、监管职责不清等问题，从而强化对各类自然保护地的管理与保护，进一步明确保护地的范围、功能分区和管理职责，在确保生态保护的科学性和系统性、推动生态保护与社区发展的良性互动等方面实现新进展。

三 打造具有国家代表性和世界影响力的自然保护地典范的建议

打造具有国家代表性和世界影响力的自然保护地典范不仅是习近平总书记的殷殷嘱托，更是青海在生态文明建设道路上的关键方向。在构建以国家公园为主体的自然保护地体系进程中，青海仍需通过体制机制创新、生态治理修复、文化传承推广等多方面举措，致力于为全国乃至全球自然保护地建设贡献经验。

（一）建设自然保护地典范

一是深化生态保护与修复成果展示。通过建立生态监测数据共享平台，与国际知名科研机构和环保组织合作，搭建公开透明的生态监测数据平台，实时更新公园内生态系统、生物多样性等关键数据。让全球科研人员和公众能直观了解青海国家公园生态保护成效。

二是打造生态修复示范项目。选取生态保护工程典型区域，邀请国际专家参与指导和评估。将这些项目打造成全球生态修复的样板，通过纪录片、国际研讨会等形式广泛宣传。

三是加强国际科研合作与人才交流。由政府、企业和公益组织共同出资，设立青海国家公园国际科研基金，鼓励国际科研团队围绕公园生态、文化等领域开展前沿研究，针对青海自然保护地的生态系统演变、生物多样性保护、气候变化影响、人地互动等关键科学问题，开展联合攻关，提升青海自然保护地的科学研究水平。

四是开展人才交换项目。与国际顶尖高校和科研机构建立人才交换机制，选派公园内科研人员赴国外学习先进技术和管理经验，同时接收国际人才来公园开展研究和实践，培养国际化的专业人才队伍。

五是加强文化与自然遗产国际推广。定期举办以青海国家公园文化为主题的国际文化节，如藏族文化节、丝绸之路文化节等，邀请世界各地艺术家、文化学者参与，通过音乐、舞蹈、艺术展览等形式展示公园独特的文化魅力。

六是建立跨区域协同保护机制。加强与周边地区和国家的合作，建立跨区域的自然保护地协同保护机制，如与西藏、甘肃等相邻省份建立祁连山、唐古拉山等山脉的跨区域保护合作，共同保护区域内的生态系统和生物多样性，为跨国、跨区域自然保护提供中国经验和模式。拓展国际交流与合作渠道。开展跨国公园合作，与周边国家的自然保护区或国家公园建立合作关系，开展跨境生态保护、联合科研等活动，共同打造跨国生态保护区域，如与尼泊尔、蒙古国的自然保护区开展联合监测。

（二）提升国际影响力

一是积极申报更多符合条件的"世界级"自然保护地。青海已拥有多个具有国际影响力的自然保护地品牌，如可可西里世界自然遗产地、昆仑山世界地质公园、青海湖鸟岛等国际重要湿地。下一步可规划申请世界自然与文化双遗产：整合公园内自然和文化资源，积极申报世界自然与文化双遗产，提升公园在全球的知名度和影响力，如将三江源的自然生态与藏族文化结合申报。

二是形成系统集成典范。青海通过总结国家公园示范省建设经验，加快推进自然保护地体制机制改革、生态恢复治理、社区共建共享、生态文化传承等工作。这些措施旨在形成国家公园等自然保护地体制机制创新的典范、山水林田湖草沙一体化保护修复治理的典范，以及共建共享共治和谐共生的典范。①

三是开展国际志愿者活动。吸引国际志愿者参与青海自然保护地的保护工作、生态监测、科普教育等活动，让他们亲身感受青海自然保护地的魅力和重要性，通过他们的口口相传和社交媒体分享，提升青海自然保护地的国际知名度。

四是加强国际生态教育合作。与国际学校、教育机构合作，开展生态教育项目和活动，如建立国际生态教育基地、举办国际生态夏令营等，面向国际青少年开展生态保护教育，培养具有全球视野的生态保护意识和责任感。

（三）提升智慧化管护水平

一是在现有工作基础上建立自然保护地智能管理平台，培育现代化管理队伍，基于人工智能和大数据分析，精准、全面地监测和理解自然保护地的动态变化，更快速、准确地获取与分析处理自然保护地内生态系统、物种、自然遗迹、环境要素、威胁因素、管理状况等方面的数据，挖掘其中的模式和趋势，为更准确评估自然保护地保护成效提供数据基础和模型算法，进而实时掌握保护地的生态状况，为采取何种保护措施提供科学依据。

二是推动数据共享与开放，依托现有的国际青藏高原科学数据中心，开放管理青海自然保护地生态数据，整合各类生态监测数据，实现数据的标准化、规范化管理，并积极推动数据的共享与开放。与国际科研机构和数据平台合作，将青海自然保护地的生态数据纳入全球生态数据网络，为开展全球自然保护研究提供数据支持。

（四）让发展成果惠及世居群众

争取国家在教育、就业、医疗卫生、社会保障等方面对自然保护地世居居民的政策支持。开展青海自然保护地草地多重目标管理，以草地作为

---

① 杜平贵：《奋力打造自然保护地典范》，《青海日报》2025 年 1 月 7 日，第 8 版。

"人—草地—家畜（野生动物）—生态—文化"有机结合的载体，从而实现牧民生计提升与自然保护地生态保护统筹发展。开展自然保护地内外不同区域草地管控的耦合发展模式，在建设青海绿色有机农畜产品输出地的契机下，实现自然保护地"生态—生产—生活"的协同。总结生态管护公益岗位的经验，打造生态管护公益岗位品牌，优化设置生态管护员，建立收入与绩效挂钩的管理机制，世居居民持证上岗。

参考文献

黄承梁、孙发平、郭婧：《美丽青海：打造具有国家代表性和世界影响力的自然保护地典范——习近平生态文明思想在青海的理论与实践》，《青海社会科学》2024年第2期。

王伟、高吉喜：《我国以国家公园为主体的自然保护地体系建设进展与展望》，《环境科学研究》2024年第10期。

B.15
2024年黄河青海流域生态治理的成效、困难与对策

索端智　羊进拉毛*

摘　要：　2024年，青海省在黄河流域生态治理领域取得了卓越成就，这标志着对习近平生态文明思想的深刻实践及对黄河流域生态保护和高质量发展战略精神的全面贯彻取得了实质性进展。凭借精细化立法体系的建立、生态保护机制的完善、重点生态功能区的强化保护以及精准治理策略的实施，黄河青海流域的生态环境质量实现了质的飞跃，水质优良率大幅提升，生物多样性得到了有效维护与增强。尽管如此，青海省在推进黄河流域生态治理过程中仍面临治理能力不均衡、高质量发展引擎乏力、创新资源流失加剧及生态监管复杂性增加等核心挑战。为应对这些挑战，青海省可以进一步深化全流域协同治理机制，加速推动经济高质量发展转型，构建创新要素吸附与留存体系，并巧妙平衡经济发展与生态保护的关系，以实现黄河流域生态保护和高质量发展的宏伟目标。

关键词：　黄河流域　生态治理　青海省

2024年，青海省在黄河流域的生态治理领域取得了显著且值得肯定的成效，这一成就的取得，根本在于青海省深入践行习近平生态文明思想，并切实贯彻了习近平总书记关于黄河流域生态保护和高质量发展重要讲话的精

---

* 索端智，青海省社会科学院党组书记、院长，教授，博士生导师，主要研究方向为藏学、民族学、人类学；羊进拉毛，青海省社会科学院生态文明研究所助理研究员，博士，主要研究方向为生态文化。

髓。青海省将打造生态文明高地作为核心战略目标，通过坚决实施污染防治攻坚战，有力地推动了各项重点治理举措的落地生根。回顾过去一年，青海省在黄河青海流域的生态治理工作中，取得了令人瞩目的积极变化与实质性进展。但与此同时，也必须正视并深刻认识到，黄河青海流域的生态治理之路依然充满挑战与困难。该地区的生态环境基础薄弱，生态修复工作面临着巨大的难度；历史遗留的生态问题尚未得到全面解决；同时，经济社会发展过程中产生的新生态环境问题，也对青海省的黄河流域生态治理工作提出了更高的要求与更复杂的考验。面对这些挑战，青海省应当进一步深化生态文明理念，将其融入经济社会发展的全过程和各方面。同时，青海省还应加强科技创新与制度创新，通过科技赋能提升生态治理的效能，通过制度创新激发生态保护的活力，从而推动形成绿色、低碳、循环、可持续的发展方式和生活方式。此外，青海省还应积极拓展区域协作与国际合作的广度与深度，携手各方共同应对生态环境问题，为实现黄河流域生态保护和高质量发展的长远目标贡献青海力量。

一 黄河青海流域生态治理的显著成效

黄河青海流域作为我国重要的生态安全屏障，其生态治理工作历来备受瞩目。近年来，针对该流域面临的生态环境挑战，青海采取一系列科学有效的治理措施，并取得了显著的成效。这些成效不仅体现了生态环境的明显改善，更体现了法规建设、生态保护机制、重点生态功能区保护以及环境质量提升等多个方面的全面进步。

（一）细化法规建设，确保法律实效显著

在 2024 年，为了切实履行上游地区的责任，确保"一江清水向东流"的宏伟目标得以实现，青海省人大常委会秉持"保护好青海生态环境，乃国家之大计"的核心理念，坚决推进科学立法、民主立法与依法立法的进程。在这一进程中，一系列重要法规得以颁布实施，包括《青海省国家生

态文明高地建设条例》《青海省盐湖产业高质量发展促进条例》，并对《青海省湟水流域水污染防治条例》《三江源国家公园条例（试行）》《青海省促进清洁能源产业发展条例》进行了修订。与此同时，省政府也出台了一系列政策文件，如《关于进一步强化统筹推进湟水流域水环境治理的决定》《支持黄河青海流域生态保护和高质量发展的若干财政政策措施》《青海省黄河流域生态保护和高质量发展奖补资金管理办法》等，这些举措共同构成了黄河流域保护治理的坚实框架体系。

与此同时，省人大常委会与全国人大常委会紧密协作，同步开展了黄河保护法的执法检查工作。检查组深入海南藏族自治州、果洛藏族自治州以及海东市等多个地区，对黄河源、湟水河、青海湖等重点流域，以及扎陵湖、鄂陵湖、龙羊峡等重要湖库进行了全面而细致的实地考察，覆盖了超过 30 个关键点位。[①] 在执法检查的过程中，检查组始终贯彻全过程人民民主的原则，积极邀请生态环境、水利、林草等领域的专家学者全程参与，为检查组提供了宝贵的智力支持。同时，还邀请了部分在青全国人大代表加入检查行列，并召开了五级人大代表及一线执法人员的座谈会，广泛听取并掌握了法律实施的真实情况以及各方面的意见和建议。在此基础上，检查组还结合了问卷调查与群众走访、重要点位检查与随机抽查等多种方式，有效提升了执法检查的准确性和全面性，为黄河青海流域的生态保护和高质量发展提供了有力法治保障。

（二）完善生态保护机制，强化制度保障

在生态保护制度方面，青海省持续深化河长制湖长制管理体系的优化工作，2024 年全年共设立了近万名各级河长、湖长，实现了对黄河青海流域的全覆盖、无死角监管，不仅强化了生态保护的责任落实，还确保了流域内每一处水域都能得到及时、有效的保护和管理。为了进一步提升监管效率和

---

① 《打好立法监督"组合拳"以良法善治守护"母亲河"——省人大常委会以高效履职助推黄河青海流域生态保护和高质量发展工作综述》，青海省人民代表大会常务委员会官网，2024 年 12 月 16 日，https：//www.thepaper.cn/newsdetail_forward_29664006。

精准度，青海省创新性地引入了"智慧河湖"平台。该平台充分利用大数据、云计算等现代信息技术手段，实现了对流域内水质、水量、生态状况等关键指标的实时监测和数据分析。通过这一平台，各级河长、湖长可以更加直观地了解管辖区域内的生态环境状况，及时发现困难并采取相应的治理措施，从而大大提高了生态保护工作的效率和精准度。

此外，青海省还建立了完善的生态补偿机制。2024 年，青海省根据《生态保护补偿条例》①，对流域内水源涵养、水质改善等成效显著的地区给予了资金奖励，不仅有效激励了参与生态保护工作人员的积极性，还促进了流域内生态环境的持续改善。在贯彻落实国家关于生态保护补偿制度改革的意见方面，青海省也取得了显著成效。青海省编制并实施了《青海省深化生态保护补偿制度改革实施意见》，进一步明晰了生态保护权责，构建了以分类补偿为基础，综合补偿、多元补偿为目标的生态保护补偿长效机制。同时，青海省还制定了《青海省重点流域生态保护补偿办法（试行）》，并对重点流域涉及的县（市、区）进行了资金分配和生态保护补偿。这些举措不仅调动了各地开展生态环境保护工作的积极性，还促进了流域内生态环境的协调发展。

（三）强化重点生态功能区保护，提升生态系统服务功能

在 2024 年，黄河青海流域的生态治理工作取得了显著成效，尤其是在强化重点生态功能保护方面。针对三江源国家公园、青海湖等重要生态功能区，青海省实施了一系列更为严格的保护措施，不仅提升了生态系统服务功能，还促进了地方经济的绿色发展。在三江源国家公园，青海省实施了严格的禁牧休牧轮牧制度，这一举措有效促进了草地面积的恢复性增长，显著提升了生物多样性。2024 年的监测数据显示，珍稀物种如藏羚羊、雪豹的数量均有明显增加，这充分证明了保护措施的有效性和必要性。此外，三江源国家公园还率先实现了省州县乡村五级国家公园管理体制，为生态保护和

---

① 《生态保护补偿条例》，青海省生态环境厅官网，2024 年 4 月 10 日，https：//sthjt. qinghai. gov. cn/。

可持续发展提供了坚实的制度保障。青海湖周边则实施了湿地保护与恢复项目，湿地面积得到有效扩大，水质得到显著改善。这一变化不仅为水鸟等水生生物提供了更加适宜的栖息环境，还使青海湖成为国际候鸟迁徙的重要驿站。青海湖国家公园的形成，更是展现了高原独有的"水草鱼鸟兽"共生生态系统，为生态旅游和生态教育提供了丰富的资源。更为重要的是，这些生态功能区的保护工作不仅强化了生态保护本身，还促进了民族团结、民生发展和宣传教育的深度融合。通过生态保护与经济发展的有机结合，青海省为地方经济的绿色发展探索出了一条新的路径。

（四）聚焦攻坚治理，推动流域环境质量稳步向好

2024 年，黄河青海流域在生态治理领域取得了令人瞩目的成就。青海省通过一系列有力措施，特别是在攻坚治理方面的持续努力，推动了流域环境质量的稳步提升。青海省深入实施了《黄河青海流域生态保护治理攻坚战行动方案》，针对流域内的工业污染、农业面源污染和生活污水等进行了全面治理。在这一方案的指导下，青海省完成了 50 余家重点排污企业的提标改造工程，新建和升级了 20 余座污水处理设施，日处理能力提升至 100 万吨，有效削减了污染物排放。同时，大规模的河道清理行动也取得了显著成效，清理垃圾总量超过万吨，流域水环境得到了显著改善。比如，在化隆回族自治县，当地政府因地制宜实施了河湟地区生态保护修复和水土流失综合治理项目，治理水土流失面积达到 2800 公顷。此外，还实施了高标准农田建设项目，覆盖多个村庄，治理面积 662 公顷，并成功建成了 465 公顷的高标准农田。这些措施不仅提高了流域的涵养水源和水土保持能力，还有效促进了当地农业生产的可持续发展。[①]

随着生态环境的持续改善，黄河青海流域的水质总体保持优良，出境断面水质连续多年达到或优于国家考核标准。这一成绩的取得，充分展示了青海省在生态治理方面的持续努力和不断创新。同时，青海省的钾肥产量占

---

① 牛玉娇、李玉峰：《化隆：黄河流域水生态修复取得新成效》，《青海日报》2024 年 12 月 2 日。

全国总量的 77% 以上，清洁能源装机占比等三项指标也居全国领先地位，这进一步证明了青海省在生态保护和经济发展方面的双赢局面。青海省还制定了详细的生态保护治理规划和行动方案，持续加大流域治理投入，坚持上下游、干支流、点面源统筹治理。年度安排中央和省级水污染防治资金共计超过 11 亿元，实施了多个治理项目。同时，青海省还巩固深化了集中式饮用水水源保护工作，完成了多个乡镇级集中式饮用水水源保护区的划定和调整工作，确保了饮用水安全。

二 黄河青海流域生态治理面临的主要困难

黄河青海流域的生态治理工作虽已取得一定成效，但仍面临着诸多挑战与困难，这些难题不仅制约了治理工作的深入推进，也对流域的可持续发展构成了严峻考验。

（一）全流域治理能力薄弱

在黄河青海流域的生态治理过程中，首要面临的难题是全流域的协作治理能力相对薄弱。这一问题的核心在于青海与其他 8 个省区（四川、甘肃、宁夏、内蒙古、山西、陕西、河南、山东）之间的协作存在显著困难。由于流域横跨多个行政区域，各地的经济发展水平、生态环境状况、政策执行力度等方面存在差异，在流域治理的协商与协作上难以达成一致。尽管已经建立了如河长制等治理机制，但这些机制在实际操作中仍面临诸多挑战，难以充分发挥其协同作用，从而无法形成全流域范围内的有效合力。此外，从黄河青海流域的整体治理能力来看，同样存在不容忽视的困难和挑战。一方面，尽管有相关政策和法规作为指导，但在实际执行过程中，由于资源限制、技术瓶颈、治理意识不足等因素，政策的理解和执行力度在不同地区存在差异。另一方面，生态环境治理项目往往涉及多个部门和领域，但部门间沟通不畅、协作机制不完善，导致项目在实施过程中缺乏协调性，资源重复投入、治理效果重叠或遗漏等问题频发。这不仅浪费了宝贵的治理资源，也影响了治理的整体效果。与此同时，社会公众对生态治理的重要性和紧迫性认识不足，参与度不高，缺乏广泛的社会支持和参与，这不仅限制了治理工作的深入推进，也影响了治理成果的持续巩固。

（二）高质量发展动力不足

首先，科技创新能力不足成为制约黄河青海流域发展的关键因素。由于地理位置较为偏远、信息闭塞及历史遗留问题，青海居民和企业普遍缺乏创新意识和开放思维，对新事物、新技术的接受度较低，这直接抑制了企业和个人的创新活力。同时，创新资本的短缺使企业难以进行技术研发和产业升级，导致产品附加值低、市场竞争力弱。其次，构建绿色现代产业体系进展缓慢也是制约黄河青海流域高质量发展的重要因素。产业生态的不完善、产业链上下游衔接不紧密以及企业间缺乏协同发展机制和环境，导致资源利用效率低下，产业优势难以形成。此外，该地区过度依赖承接东部地区落后产能，这不仅加剧了环境污染和生态破坏，还限制了产业结构的优化和升级。传统产业转型升级滞后，新兴产业难以发展壮大，难以形成新的经济增长点。再者，新型基础设施建设滞后也是制约黄河青海流域高质量发展的重要环节。社会信息化和数字经济发展水平相对较低，新型基础设施建设不足，限制了企业数字化转型和升级的步伐，影响了经济发展水平和竞争力。缺乏先进的信息技术和基础设施支撑，造成该区域在推动高质量发展时面临诸多困难。最后，兰西城市群等区域发展协同性不强也是制约黄河青海流域高质量发展的重要因素之一。缺乏有效的合作机制和资源共享平台，导致资源利用效率低下，区域优势难以充分发挥。同时，由于地理位置较为偏远和经济发展滞后，高端人才难以吸引和留住，影响了技术研发和产业升级，进一步限制了创新能力和发展潜力。

（三）创新要素外流趋势严峻

黄河流域省区，特别是青海等流域内省份，在2024年生态治理进程中面临巨大的创新竞争压力。其中，创新要素外流趋势日益严峻，成为制约流域内生态治理和经济发展的关键因素。高端人才、技术劳动力、产业资本等关键要素呈现"孔雀东南飞"的态势，即大量向经济更为发达、创新环境更优越的东部地区流动。青海等流域内省份在高等院校科研实力方面存在明显短板，相较于东部地区，流域内的高等教育资源相对匮乏，科研设施落后，难以吸引和培养具有国际视野和创新能力的高端人才。这不仅限制了流域内科研水平的提升，也影响了生态治理技术的研发和应用。同时，应届大学生本地就业率低也是制约流域内创新驱动能力的重要因素。由于流域内经济发展相对滞后，就业机会有限，大量高素质人才选择离开家乡，前往东部地区寻求更好的职业发展机会。这不仅造成了人才资源的流失，也削弱了流域内的人才基础和创新潜力。此外，区域内创投基金和风险投资规模有限，难以满足创新型企业和项目的资金需求。创新型企业往往需要大量的资金支持来进行技术研发和市场推广，但由于流域内创投基金和风险投资规模较小，难以满足这些企业的融资需求。这限制了新技术、新业态的孵化和成长，影响了流域内产业升级和经济转型的步伐。与此同时，创新创业活跃程度低也是流域内创新驱动能力不足的重要表现。由于缺乏良好的创新创业环境和政策支持，流域内的创新创业氛围不浓厚，创新型企业数量少、规模小，难以形成集群效应和竞争优势。这不仅影响了流域内的经济发展活力，也制约了生态治理技术的创新和应用。

（四）生态环境监管难度大，信息化管理水平待提升

青海地域辽阔，地形地貌复杂多变，这无疑加大了生态监管的难度。在这片广袤的土地上，生态环境的保护和监管需要覆盖草原、湿地、森林、河流等多种生态系统，每一项都需要专业的知识和技术支撑。然而，监管资源的有限性，使得全面、细致的监管工作变得尤为困难。此外，青海地区人烟稀少，交通不便，也增加了监管工作的实际难度。与此同时，信息化水平的不足，导致了生态环境问题难以及时发现和处理。一些潜在的生态风险，如土壤侵蚀、水源污染等，可能在初期阶段并未引起足够的重视，但随着问题的积累和恶化，最终会对整个生态系统造成严重的破坏。这不仅增加了治理

的难度和成本，也影响了治理工作的整体效果。比如，在当前的监管体系中，信息化手段的应用仍然有限，大部分工作仍依赖于传统的地面监测和人工巡查。这种方式不仅效率低下，而且难以实现对生态环境全面、及时、准确的监测。特别是在一些偏远地区，由于通信和网络设施不完善，信息的传递和处理都存在较大的困难。

三　针对黄河青海流域生态治理困难的政策建议

黄河青海流域以其独特的地理位置和丰富的生态资源，成为中华民族生态安全的重要屏障。然而，随着人类活动的加剧，这一流域正面临着前所未有的生态挑战，包括水源污染、土壤侵蚀、生物多样性减少等，这些困难不仅威胁着流域内的生态平衡，也对下游乃至全国范围的生态环境产生了深远影响。因此，针对黄河青海流域的生态治理困难，探索并实施一系列科学、有效、可持续的对策，已成为一项紧迫任务，是引领流域走向绿色发展新阶段的关键举措。

（一）强化全流域协同治理机制，提升治理能力

为了有效应对黄河青海流域生态治理的挑战，要从全局出发，首要任务是强化全流域的协同治理机制，以提升整体的治理能力。这需要各级政府和相关部门切实行动起来，打破地域限制，建立跨行政区域的协同治理体系。首先，可以设立专门的协调机构，负责统筹协调各区域的治理工作。这一机构应具备高度的权威性和执行力，能够确保治理规划和标准的统一实施。同时，协调机构还应加强与各方的沟通和联系，及时收集、整理和反馈相关信息，为科学决策提供有力支持。其次，加强信息共享和沟通协作至关重要。各级政府和相关部门应建立信息共享平台，实现信息的实时传递和共享。通过加强沟通协作，可以共同分析生态环境问题，制定科学合理的治理方案，形成合力应对挑战。最后，提升治理能力的专业性和科学性也是关键所在。可以引入先进的治理技术和方法，提高治理效率和效果。例如，运用遥感监

测、大数据分析等现代科技手段，实现对生态环境的精准监测和预警。同时，加强人才培养和引进，提高治理人员的专业素养和综合素质。在协同治理的过程中，还应注重发挥社会组织和公众的作用。通过加强宣传教育和引导，提高公众对生态环境保护的意识和参与度。同时，鼓励社会组织积极参与治理工作，形成政府、市场、社会协同共治的良好局面。

（二）推动高质量发展转型，促进生态与经济协同

在黄河青海流域的生态治理中，推动高质量发展转型是促进生态与经济协同发展的关键路径。这一转型不仅意味着经济发展模式的深刻变革，更强调在保护生态环境的前提下实现经济的可持续发展。具体而言，可以优化产业结构，推动绿色低碳发展。这意味着要大力发展清洁能源、节能环保等绿色产业，减少对高污染、高能耗产业的依赖。同时，通过技术创新和产业升级，提高资源利用效率，降低环境污染和生态破坏的风险。此外，还应加强生态保护和修复工作，为经济发展提供坚实的生态基础。通过实施退耕还林、草原生态保护等重大生态工程，逐步恢复和提升生态系统的自我修复能力。同时，加大生态监管和执法力度，严厉打击破坏生态环境的行为，确保生态安全。在推动高质量发展转型的过程中，还应注重发挥市场的导向作用。通过建立健全生态补偿机制、绿色金融体系等市场机制，引导社会资本投入生态环境保护领域，形成生态与经济协同发展的良性循环。同时，加强区域合作与联动也是推动高质量发展转型的重要一环。黄河青海流域涉及多个省份和地区，加强区域间的合作与联动，有助于形成统一的市场体系、产业体系和生态体系，提高整体发展水平和竞争力。

（三）吸引并留住创新要素，增强流域内创新驱动

为了增强黄河青海流域的创新驱动能力，核心策略在于构建一个具有强大吸引力的创新生态系统，这一系统需立足于提升本地科研实力，通过加强与国内外顶尖科研机构的合作，引进和培育高水平的科研团队，促进科研成果的转化与应用。同时，优化创新创业环境，包括简化行政手续、提供税收

减免、设立创新孵化器等措施，以降低创业门槛，激发市场活力。此外，扩大创投基金和风险投资的规模，通过政府引导、社会资本参与的方式，为初创企业和科技型企业提供充足的资金支持，加速其成长步伐。这一系列举措旨在吸引并留住高端人才、技术劳动力和产业资本等关键创新要素，形成人才聚集、技术涌现、资本活跃的良性循环，从而从根本上提升黄河青海流域的生态治理能力和经济发展水平，实现生态保护与经济社会发展的双赢局面。

（四）平衡经济发展与生态保护，实现可持续发展

实现黄河青海流域的可持续发展，关键在于构建一个既能促进经济增长又不损害自然环境的和谐共生模式。因此，在制定经济发展规划时，必须充分考虑生态环境的承载能力，确保经济活动与生态保护相协调。通过加强生态环境保护与修复工作，如实施退耕还林、水土保持、生物多样性保护等项目，逐步恢复和提升流域内的生态系统服务功能。同时，积极推动绿色产业的发展，鼓励和支持清洁能源、生态农业、环保科技等领域的创新与应用，以绿色转型引领经济高质量发展。这一系列策略的实施，旨在从根本上平衡经济发展与生态保护的需求，确保黄河青海流域在保持经济活力的同时，生态环境得到持续改善，最终实现流域内经济、社会、环境的全面协调可持续发展。

参考文献

郑长禄、何晓燕等：《青海省生态保护补偿体制机制研究》，《青海环境》2022 年第 2 期。

才吉卓玛：《黄河流域上游生态保护和高质量发展现状探析》，《青海师范大学学报》（社会科学版）2023 年第 3 期。

索端智主编《2024 年青海经济社会形势分析与预测》，社会科学文献出版社，2024。

内蒙古自治区社会科学院组织编写《黄河流域生态保护和高质量发展报告

（2024）》，社会科学文献出版社，2024。

张多钧：《奋力谱写美丽中国青海篇章》，《青海日报》2025年1月6日。

毛春合、刘树：《协同治理视域下黄河流域生态治理的内在机理与创新路径—以青海省治理实践为例》，《中南林业科技大学学报》（社会科学版）2024年第2期。

B.16
加快构建"一芯一环多带"生态旅游
发展新格局的实现路径

张明霞*

摘　要：　青海推动构建"一芯一环多带"生态旅游发展新格局，是青海实现高质量发展、实现世界级生态资源涵养地向国际生态旅游目的地迈进、推动共同富裕的重要路径。本文首先分析青海推动构建"一芯一环多带"生态旅游发展新格局的内涵价值，在分析"一芯一环多带"生态旅游格局发展形势的基础上，从构建旅游产品供给体系、文化保护传承体系、培育旅游品牌体系、提高服务要素体系、创新现代市场体系等方面积极探索"一芯一环多带"生态旅游发展新格局的实现路径。

关键词：　青藏高原　生态文明建设　生态价值转化　绿色可持续发展

　　打造国际生态旅游目的地是习近平总书记赋予青海的重大任务，也是青海推动高质量发展的重大机遇。青海的生态保护和经济社会发展同等重要，生态保护和经济社会发展的压力也同样巨大。2021年3月，习近平总书记在参加全国人大青海代表团审议时，首次提出青海建设产业"四地"，强调"加快建设世界级盐湖产业基地，打造国家清洁能源产业高地、国际生态旅游目的地、绿色有机农畜产品输出地"。① 青海省委、省政府高度重视，

---

　*　张明霞，青海省社会科学院副研究员，主要研究方向为森林生态系统及可持续经营、生态旅游。
　①　《瞭望·治国理政纪事｜加快建设世界级盐湖产业基地》，新华网，https：//www.xinhuanet.com/politics/leaders/2023-06-24/c_1129713776.htm。

2024 年 11 月,中共青海省委办公厅、青海省人民政府办公厅联合印发《关于加快打造国际生态旅游目的地 推动旅游业高质量发展的意见》,计划通过 5 年努力,基本形成"一芯一环多带"的生态旅游格局,通过建设国际生态旅游目的地提高生态旅游业高质量发展,打造"两山"青海示范来深化民族团结进步、增进民生福祉。

一 "一芯一环多带"生态旅游格局的内涵价值

加快"一芯一环多带"生态旅游格局是建设国际生态旅游目的地的必然要求,也是打造青海省生态文旅大市场的现实路径。在联合打造国际生态旅游目的地、推动生态旅游资源整合开发、生态旅游市场联合整治、生态旅游产品线路共同打造、生态旅游品牌培育推广、公共服务优质优享等方面,凝聚共识,形成合力。

(一)建设国际生态旅游目的地的战略部署

加快构建"一芯一环多带"具有国际视野的生态旅游发展格局是青海省委、省政府建设国际生态旅游目的地的具体战略部署。"一芯"是以西宁市为核心,完善省会城市旅游服务要素建设,西宁的基础能力、服务水平代表青海的整体形象,直接牵动影响着全省的能力与水平,打造集散中心和门户枢纽,全力推动国际生态旅游目的地中心城市建设,将显著提升西宁主客厅功能,不断擦亮"雪豹之都"、"丁香之城"和"中国夏都"名片。"一环"是在青海湖国家公园建设框架下,构建环青海湖精品生态大旅游圈,环湖各市州地缘相近、人缘相亲、文脉相通,文化旅游资源丰富,种类齐全,互补性强,区域合作潜力巨大。"多带"是依托交通网络打造特色精品生态旅游带,以线辐射面,多带互动、带带相通,实现全省各区域旅游资源的有机衔接。

(二)推动高水平保护高质量发展的有效措施

青海通过生态旅游推动生态保护和高质量发展的潜力巨大,按照"以点串线、多线成带、多带链环、一环向芯"的空间聚合，增强西宁国际生态旅游目的地中心城市辐射带动和集散服务功能，拓展构建环青海湖国际精品生态旅游圈，打造特色精品生态旅游带，衔接"一带一路"，立足西宁区位交通和汇聚要素的优势，围绕旅游集散中心、文旅消费中心、生态旅游产业中心、文化展示中心功能定位，提升西宁国际交往合作功能；拓展青海湖核心景区及环湖公路沿线重点景区建设和业态设计；打造江源旅游带、昆仑旅游带、祁连旅游带、河湟旅游带、唐蕃古道旅游带，通过构建"一芯一环多带"的生态旅游对内对外开放发展新格局，切实将生态资源转化为生态价值，提升产业发展层次促进经济高质量发展，提供高品质供给促进生态产业化，是青海推动高水平保护和高质量发展的有效措施。

（三）促进高原牧区现代化建设的重要抓手

生态旅游作为一种可持续的发展模式，正在成为高原牧区现代化建设的重要推动力。青海在维护国家生态安全的地位和责任持续强化，连南接北、承东启西大通道优势和纽带功能日益提升，稳藏固疆战略支撑功能更加凸显，通过构建"一芯一环多带"生态旅游新格局，不仅能够改善当地居民生计，还能促进高原牧区在生态保护、文化传承和经济发展等多维度的现代化转型。青海的发展始终坚持生态保护第一，将严格的管控措施、严密的法治落实到方方面面，进一步明确"一芯一环多带"生态旅游的主要业态发展格局，将推进传统大众旅游迭代升级，高原多元一体传统生态文化融合到旅游活动中，使青海资源隐性价值显现化。通过生态旅游让参与者意识到自然景观、历史遗迹、水源保护等生态系统的经济价值，进而激发出游客和牧民的主动保护意愿。同时，"一芯一环多带"生态旅游格局还可以通过建立预约系统、生态监测等智慧旅游平台推动高原牧区数字化治理转型，牧民通过合作社、旅游协会等方式参与决策，大力提升基层治理能力现代化。

（四）加快转变经济发展方式的关键举措

习近平总书记指出，要站在人与自然和谐共生的高度谋划发展，通过高水平环境保护,不断塑造发展的新动能、新优势,持续增强发展的潜力和后劲。青海省正处在生态文明建设攻坚期、转型升级关键期、竞争优势重塑期、改革开放深化期,经济社会发展长期向好的基本面没有变,步入生态优先绿色发展新阶段。青海构建"一芯一环多带"生态旅游格局,是加快转变经济发展方式的关键举措,能解决青海长期发展动力不足和短期发展转型缓慢的瓶颈问题,协同推进培育新质生产力持续发展动能,配套建立健全体制机制,提升青海在全国乃至国际旅游市场的知名度,在进一步开拓国内市场的基础上,积极融入国际市场,加强与共建"一带一路"国家的生态旅游合作,提升国际游客数量和收入,为青海有效增强经济发展内生动力提供有力支撑。

二 "一芯一环多带"生态旅游格局的发展形势

习近平总书记在青海考察工作时作出重要指示,赋予青海"打造国际生态旅游目的地"的重大任务,对青海新时代生态文明建设寄予殷切期望。青海举全省之力打造国际生态旅游目的地,是积极贯彻落实习近平总书记嘱托的重要行动,是将省情定位和战略地位转化为实质性成果的关键举措。"一芯一环多带"生态旅游格局的构建将促进青海生态保护和旅游业高质量发展。

(一)国家重大战略带来叠加政策效应

党的十八大以来,习近平总书记三次亲临青海考察、两次参加全国人大青海代表团审议,致信祝贺第一届国家公园论坛开幕,为青海的发展倾注了大量心血,提出了"三个最大"省情定位和"三个更加重要"战略地位,并多次强调指出,青藏高原生态系统丰富多样,也十分脆弱,加强生态环境保护,实现生态功能最大化,是这一区域的主要任务。要坚持生态优先、绿色发展,在推进青藏高原生态保护和高质量发展上取得更大进展,奋力谱写中国式现代化青海篇章。随着"一带一路"倡议的推进和区域经济一体化深入发展，国家统筹区域发展战略，推动青海走好国际生态旅游目的地可持续发展道路。青海与周边国家和地区的旅游交流与合作进一步加强，青海生态旅游市场逐步呈现多元化和差异化的趋势，以满足不同游客的需求。一方面，国家加快推进生态文明建设和建立健全生态产品价值实现机制，有效形成生态保护和价值反哺协同模式。另一方面，国家加快推进区域协调发展机制，共建"一带一路"、长江经济带发展、黄河流域生态保护和高质量发展等重大战略与新时代西部大开发战略相继实施，国家战略与地方发展紧密结合，将加速现代化新青海建设，不仅为生态旅游业的发展创造了良好的外部环境，还将提供强劲的内生动力。青海面对政策叠加效应抓住发展机遇，加快构建"一芯一环多带"生态旅游模式，为青海打造国际生态旅游目的地打下了坚实的发展基础。

（二）新质生产力赋能生态旅游高质量发展

新质生产力是指符合新发展理念的先进生产力质态，创新起主导作用，摆脱传统经济增长方式、生产力发展路径，具有高科技、高效能和高质量等特征。青海省旅游业具有后发优势，呈现赶超态势，随着信息技术和数字技术等新技术的快速发展和广泛应用，生产方式智能化、经营模式平台化、产品形式多元化、服务内容个性化等新变化，新质生产力赋能不仅提升生态旅游产业的创新能力和竞争力，使旅游业呈现新的特点和趋势，还将优化生态旅游产业的结构和布局，也提升了生态旅游产业的价值和效益。青海应抓住技术加速进步的机遇，积极探索现代信息技术与生态旅游相融合的途径，促进生态旅游产业转型升级和迭代更新。青海以加快构建"一芯一环多带"生态旅游发展新格局为契机，利用数字化智慧化公共服务平台建设生态旅游高质量发展体系，以建设全域旅游交通基础设施网络、完善公共配套服务体系、实行旅游产品在线预订和支付、供给全程旅游"一站式"服务、量身定制特色旅游线路等为重点，加强跨省区、跨市州区域旅游合作，共同开发旅游资源和打造生态旅游市场，全面提高青海生态旅游的安全性、便捷性、舒适性和运行效率，不断满足游客日益增长的个性化、多样化需求，引爆青海生态体验环境教育网红打卡地，全面提升青海生态旅游的国际知名度和美誉度。

（三）多元文化资源融合提升生态旅游品质

当前，我国高度重视文旅融合发展，充分发挥文化增加旅游的趣味和文化含量功效，提升发挥旅游在人生的意义价值、精神生命形成中的重要作用。青海是多民族多文化交融省份，有着丰富的历史文化、民族文化、生态文化等资源，这些独特的文化风貌和文化魅力，对于文化赋能生态旅游具备良好基础。在推动产业生态化、生态产业化的进程中，在加快构建"一芯一环多带"生态旅游发展新格局时，须进一步挖掘青海多维文化资源价值以及自然生态资源的巨大潜力，融合提升生态旅游品质，实现生态的最大价值，打通绿水青山转换为金山银山的路径，确保生态资源的高效利用和长期保护。青海拥有享誉世界的"三江源"，被誉为中国最美湖泊的"青海湖"，有千年传承的昆仑文化、祁连文化和河湟文化，无论是独具魅力的自然风光，还是底蕴厚重的人文历史，都在向世界彰显大美青海的色彩和价值。"让世界了解青海，让青海走向世界"是青海打造国际生态旅游目的地的初衷和使命，也是青海各族人民共同的夙愿。因此，青海打造生态旅游目的地要注意发挥好人文资源优势，丰富生态旅游文化内涵和形式，同时提高生态旅游的文化品位，开发出系列化、多样化的生态旅游产品，推动生态旅游与文化建设协同发展，打造多元化、高品质的生态旅游体验。全力聚焦当前游客生态体验质量不高、公共服务有效供给不足、国际标准与品牌创建宣传不力、旅游管理公共服务不到位和专业人才队伍建设滞后等短板弱项，全力推动生态文化与生态旅游深度融合，打造具有地方特色的生态文化旅游产品，提升游客的自然教育与生态文化体验，增强生态旅游产品的吸引力和竞争力。

（四）旅游高质量发展支撑高水平保护并行不悖

以生态旅游高质量发展支撑高水平生态保护，是青海肩负"国之大者"的重要使命和责任担当，也是青海省委、省政府统筹发展和安全、打造国际生态旅游目的地的必由之路。"一芯一环多带"生态旅游发展新格局是坚持在发展中保护、在保护中发展，着力推动青海旅游业与生态保护的协调发展。随着人们生态环境保护意识的不断增强，生态旅游已成为青海现代旅游业发展的主要方向。坚持以保护优先为前提，全力打造国际生态旅游目的地，持续推进青海生态旅游高质量发展，向全省生态旅游提出了更高更新的要求。以青海为目的地的国际生态旅游作为一种促进环保、崇尚绿色、倡导人与自然和谐共生，将自然人文等生态优势转化为经济社会发展优势，承担保护自然环境和满足人民美好生活需要双重责任的旅游活动，青海也必将成为国内外生态旅游参与者一生必到的追崇之地、向往之地、打卡之地，得到了全国乃至世界共同认可和普遍赞誉。今后在"一芯一环多带"生态旅游格局构建中青海必须统筹保护与发展，充分保护好利用好青海独特的自然生态资源，开发更多生态旅游产品，提升生态旅游供给水平和质量，满足国内国际、省内省外对绿色旅游需求，把提高生态感受和文化体验作为奠定生态旅游目的地发展的基础，为青海的高水平生态保护和高质量发展聚力添彩。

三 "一芯一环一带"生态旅游发展格局实现路径探讨

青海全面贯彻落实习近平总书记关于青海建设国际生态旅游目的地的指示精神，以生态旅游高质量发展为主线，围绕打造生态旅游产品供给体系、生态文化保护传承、培育生态旅游品牌、提高生态旅游服务要素、构建现代市场体系，加快形成生态功能最大化的"一芯一环多带"生态旅游发展新格局。

（一）构建具有国际优势的旅游产品供给体系

立足"三个最大"省情和"三个更加重要"战略地位，青海的发展不是单纯追求经济增长，而是承担着维护生态安全的重大使命，产业发展必须坚持有所为、有所不为，应在构建更能体现本地特色和生态优势的旅游产品供给体系上发力。依托青海生态旅游资源禀赋的突出特征，以推广到国际层面为目标,提出能够提供深度体验和新奇体验的旅游产品,以"山水林田湖草沙冰"等特色地理景观,突出资源主类齐全、景观优美、体量庞大、独一性强等比较优势,构建面向国内外游客的生态旅游产品供给体系,推动生态旅游产品多样化、层次化、融合化、国际化发展。通过打造国际生态旅游中心城市集散、消费、产业和文化中心,以及完成环青海湖生态旅游精品环线等项目推动旅游业向更高质量、更可持续的方向发展,围绕昆仑山、祁连山等高大山系,台地和沟谷,江河源头和丰沛水系,优越湿地资源,山地森林和城市森林,花田和大漠枸杞等,湖泊和水库等水文景观,连绵的草原、高原荒漠戈壁、冰川雪原等各类自然风光和文化资源,把环境保护、生态修复、生态体验有机融合,积极打造生态观光、科普研学等生态旅游产品。推动高原生态逆向康养、自然体验、自然教育、生态研学、科普考察、户外探险、体育休闲、文化创意等生态旅游业态的创新发展。涵盖科考类、探险类、观察类、运动类、体验类生态旅游品类,着力打造青海省各区域内标志性、引领性的生态旅游产品,延伸文创、纪念品、地标性产品等衍生产业链,配套旅游接待服务,打造流动性、季节性宾馆及民宿,最终形成青海具有创新性、独特性的全面生态旅游产品体系。

(二)塑造具有国际魅力的文化保护传承体系

青海是全国自然资源和生态文化最富集的省份之一。除拥有在全国领先的自然保护地外,还有丰富的非物质文化遗产。美丽的自然风光、悠久的历史文化、淳朴的民族风情、丰富的非物质文化遗产,构成了一幅幅自然生态与历史人文交织融合的壮丽画卷,成就了一条条绝无仅有的最美生态文化廊道,为青海打造国际生态旅游目的地奠定了雄厚的发展基础和文化底蕴。挖掘高原民族传统文化,丰富生态文化和现代文明内涵,加强文物和文化遗产的保护利用,推进优秀传统文化的传承发展,坚持文化赋能青海生态旅游,持续推动文化和生态旅游融合发展、物质文化遗产保护和非物质文化遗产保护传承、优秀传统文化创造性转化和创新性发展、各类文化习俗传统和生态文明交流融汇,将特色资源优势转化为生态旅游发展优势,丰富国际生态旅游目的地的产业和文化内涵。以西宁市、海东市、海北州为中心，推动青海世代相传的非遗产品走向全球市场；以青海原子城纪念馆、西宁市中国工农红军西路军纪念馆、班玛红军沟、循化西路红军革命旧址等为代表的青海红色文化资源，已成为闻名遐迩的全国爱国主义教育示范基地，以创作反映现代生活的生态小说、报告文学、诗歌散文、音乐美术、生态摄影等体裁的文学艺术作品为主体，支持以青海昆仑神话、红色文化、非遗文化、民族文化和宗教文化等为选题的文学创作，推进青海文化与旅游深度融合发展；培育一批创新型、示范型、成长型文旅融合IP，用原创IP讲好青海故事；以举办各类音乐、舞蹈、戏剧、演唱会等演出活动丰富"音乐+旅游""演出+旅游""展览+旅游""赛事+旅游"，着力推出一批非遗旅游、研学主题线路，打造品牌旅游演艺项目。通过举办国家公园论坛、中国（青海）国际生态博览会、国际文化旅游节、国际文化旅游博览会等多种方式，展示"中国·青海"丰富独特的文化魅力，推动中华文化走向世界，吸引更多国际游客到中国青海旅游，以国际友好城市、国际贸易合作为平台，促进中亚、南亚等国家和地区间的文化交流互鉴，加强生态文化旅游合作。

（三）着重培育具有国际影响力的旅游品牌体系

将品牌建设作为提升青海国际生态旅游目的地形象的重要抓手，依托"一芯"定位，将西宁市培育成为全省生态旅游的集散中心、国际生态旅游目的地中心城市，完善旅游服务要素，建设生态旅游中心建筑，提高枢纽地位，着力推出青海生态旅游新名片。加强西宁市与其余各州市的交通联结，减少交通壁垒。着重培育三江源、青海湖、祁连山、昆仑山等独具特色的生态旅游品牌，并多元发展红色旅游、乡村旅游，培育冰雪旅游、冬令营等新业态产品，丰富青海生态旅游品牌内涵，全面推进青海总体旅游品牌的国际化。培育优质新兴生态旅游品牌，提高节事活动品牌和旅游线路品牌的广泛牵引性，提升青海国际生态旅游目的地的国际影响力。同时，厚植青海生态旅游品牌优势，整合多元品牌资源，面向国际化和精品化，紧密结合旅游消费新趋势，深度挖掘培育新兴生态旅游品牌，推动生态旅游景点、城市目的地、特色企业产品等三大优势生态旅游品牌提档升级，探索发展高原康养旅游，打造高原生态康养旅游项目和品牌，创新发展数字旅游，实现智慧化升级和线上线下联动，全面支撑青海国际生态旅游目的地建设。

（四）精心打造具有国际标准的服务要素体系

对标生态旅游要素服务国际先进配置规则，统筹推进航空、铁路、公路等基础设施建设，打造高效畅通的现代化综合立体交通网络，完善生态旅游集散服务设施，补齐旅游辅助服务短板，持续推动"厕所革命"，加快优化配套公共服务，深挖地方特色，提高吃、住、行、购、游、学等方面的服务水准，大力推动复合功能空间建设，以智慧化和标准化助推青海国际生态旅游目的地服务功能显著提升，将生态旅游作为生态文明理念的传播途径，提升环境教育质量。针对青海地域广阔、点多路远的特点，依托省内交通线路，将城镇、景区景点及各类保护地连通，形成省内若干中小环线，激活各种旅游要素，通过打造自驾车生态旅游体系，完善交通、环卫、污水和垃圾处理等基础设施，加强建设智慧系统导航，提升景区的管理质效、整体形象和服务效能。增强"一环"的带动牵引效能，结合青海湖创建国际生态旅游目的地示范区，依托青海湖国家公园的创建，率先在青海湖景区实施整体形象和品质提升、基础设施补短板和服务能力提升、环卫设施提升、生态环境保护设施建设、解说系统完善、健全智慧景区建设和环青海湖自行车道及辅助配套设施提升等工程建设项目，达到国际化标准，为全省其他地区打造国际化标准景区提供样板，将青海湖国际化标准景区建设取得的经验及时在全省推广，建设一批国际化标准景区，打造大旅游场景以空间换时间吸引游客。

（五）协同创新具有国际水平的现代化市场体系

青海作为高原生态功能区，坚持以人民为中心的发展思想，充分发挥区位赋能、文化赋能、生态赋能作用，带动旅游发展，围绕开发、经营、交易、补偿等重点环节，有机整合国际经验和青海特色，创新探索生态产品价值实现机制，构建青海特色旅游生态产品价值核算机制，不断拓宽"绿水青山"向"金山银山"的转化路径。打造"一芯一环多带"国际生态旅游目的地不仅仅是发展旅游产业，更是推动青海全省生态产品价值实现、促进绿色经济增长的重要举措。聚焦国内国际两个市场，围绕市场主体培育壮大、营商环境优化提升，推动生态旅游市场质量变革、效率变革、动力变革，着力扩大内需，明确青海生态旅游的游客来源和发展趋势，科学划分国内国际客源地核心市场、基础市场、机会市场，畅联国内国际双循环，不断释放生态旅游消费能力。利用大数据和人工智能技术，构建集旅游信息查询、在线预订、智能导航、电子票务、游客反馈等功能于一体的智慧旅游服务平台，推进生态旅游市场治理能力现代化。通过大数据分析游客需求，开展个性化生态旅游产品设计，探索生态旅游产品定制，提升通行效率和游览体验。推进特色城镇建设和城乡融合发展，让广大人民群众共享发展成果，拓展生态旅游赋能乡村振兴，扩大吸纳就业能力，支持农牧民通过就业挣酬、效益分成等增加收入，为推动共同富裕凝聚磅礴的信心和精神力量。

参考文献

陈奇：《青海，山高水阔生态游——青海打造国际生态旅游目的地纪实》，《青海党的生活》2021 年第 11 期。

张壮、李博：《基于 SWOT 分析的青海省生态旅游发展战略选择研究》，《北方经济》2020 年第 4 期。

卓玛措、卜诗洁：《青海省构建国际生态旅游目的地：系统分析与路径选择》，《青海民族研究》2022 年第 3 期。

案例篇 ⊏ℨ

B.17

青海创建全国民族团结进步示范省
调查报告[*]

于晓陆　楞本先^{**}

摘　要： 民族团结进步创建工作是贯彻落实党和国家民族政策的重要载体，也是铸牢中华民族共同体意识、全面推进新时代党的民族工作高质量发展的有效抓手。2020 年，青海率先开启全国民族团结进步示范省创建工作，在深化内涵、丰富形式、创新方法上取得了一定成效，各项创建指标均超过预期。在持续深化全国民族团结进步示范省创建进程中，青海还需不断强化思想认识、加强宣传引导，对标新形势新任务，聚焦"五个示范"，构建"多个一"抓手体系，深层次推进创建工作从"数量领先"向"示范引领"转变，推动各族群众携手迈进民族团结进步事业高质量发展的新征程。

　* 本文为 2024 年青海省哲学社会科学规划青年项目"青海深入推进社区'石榴籽家园'建设的实践与思考"（项目编号：24QN063）的阶段性研究成果。

** 于晓陆，青海省社会科学院民族与宗教研究所助理研究员，主要研究方向为民族学；楞本先，博士，青海省社会科学院民族与宗教研究所副研究员，主要研究方向为藏学。

关键词： 中华民族共同体意识　民族团结进步　青海省

青海多民族聚居、多宗教共存、多元文化交织共荣，整体上民族关系状况较好、民族团结基础稳固，全省所有市州和 93% 的县（市、区）建成了全国民族团结进步示范区，民族团结进步创建工作走在了全国前列。在奋力创建全国民族团结进步示范省的关键阶段，青海有使命、有责任、有基础、有条件在全国作示范，在先行引领上出经验树标杆，在和谐稳定上守牢底线筑牢防线，在融合发展上有创新有突破。

一　青海创建全国民族团结进步示范省的基础条件

民族团结是青海历史悠久的文化传承，也是深入各族人民骨髓且倍加珍惜的精神基因，创建全国民族团结进步示范省在青海具有深厚的历史底蕴、坚实的现实基础和生动的实践积淀。

（一）各民族交往交流交融的深厚历史底蕴

青海自古是各民族交往交流交融的大舞台，历史上曾有数十个古代部族活动，元明时期多民族居住格局逐渐定型并得以延续巩固。在历史发展的各个阶段，聚居于此的各族群众通过卫国戍边、供奉皇帝万岁牌、朝贡觐见、联姻通婚、贸易往来等主动融入中华民族大家庭，在不断迁徙流动、繁衍交融中共同书写了青海漫长的历史，成为中华民族多元一体、团结进步的缩影。青海也是"中华文明发祥地之一、多元文化的交融地、爱国精神的展现地"[①]，源远流长的史前文化、核心主导的红色文化、和美交融的民族文

[①] 陈刚：《有形有感有效铸牢中华民族共同体意识　深化全国民族团结进步示范省建设》，《中国民族报》2024 年 4 月 2 日，第 1 版。

化、多元共生的宗教文化、丰富多样的地域文化等，这些完整且绵延不断的历史文化链条和一系列中华民族伟大精神共同成为推动青海地区各民族交往交流交融的重要源泉。

（二）推进中华民族共同体建设的重要地位

从地理区位看，青海邻甘通川，是进藏通疆的重要通道、承东启西的重要枢纽，也是稳疆固藏的前沿阵地和战略要地。从自然生态禀赋看，青海地处青藏高原东北部，高山大川河流密布，是山宗水源路之冲，也是国家重要的生态安全屏障区。从民族宗教文化看，青海多民族聚居、多宗教共存、多元文化荟萃交融，民族区域自治面积大、少数民族人口占比高，全省的民族、宗教、文化在各民族之间的差异性显著，是人口、经济总量小省，也是全国民族工作大省，肩负着促进各民族团结进步的重任。特殊的省情赋予了青海在推进中华民族共同体建设中的重要地位，为创建全国民族团结进步示范省奠定了坚实的现实基础。

（三）民族团结进步创建工作的丰硕成果

党的十八大以来，习近平总书记三次赴青海考察，两次参加全国人大青海代表团审议，青海始终牢记习近平总书记嘱托，全面贯彻落实党关于加强和改进民族工作的重要思想和习近平总书记对青海工作的重大要求，聚焦铸牢工作主线，立足历史底蕴和现实基础，率先推动全国民族团结进步示范省创建，努力在铸牢中华民族共同体意识上走在前、作示范。当前，在青海，党对民族工作的全面领导不断加强，中华民族共同体意识的思想根基不断夯实，各民族广泛交往交流交融持续深化，各族群众共同走向中国式现代化的基础更加扎实，民族团结进步事业提质增效、蹄疾步稳，全国民族团结进步示范省创建成效显著，走在了全国前列，为推进中华民族共同体建设讲述了鲜活的青海故事、提供了生动的实践经验。

二 青海创建全国民族团结进步示范省的实践经验

青海奋力创建全国民族团结进步示范省，在铸牢中华民族共同体意识上走在前列的生动实践，为推进民族团结进步事业积累了宝贵经验，在全国具有重要的典型示范引领作用。

（一）坚定不移坚持党的全面领导，强化政治思想组织引领

青海省委、省政府始终将民族工作作为治青理政的重中之重，一以贯之。坚持高度重视、高位部署推进全省民族工作高质量发展，深化民族团结进步创建活动，成功创建民族团结进步先进区，将创建全国民族团结进步示范省作为"五个示范省建设"的战略要点，先后多次召开民族宗教工作专题会和推进会，出台《决定》《实施意见》①，对民族团结进步创建工作作出全面研究部署，不断增强党对民族工作的领导，实施民族团结进步创建工作"一把手"工程，成立省委铸牢中华民族共同体意识暨省民族团结进步事业工作领导小组，率先实行书记、省长"双组长"制，建立四级党委书记总负责领导机制，将创建工作作为年度目标考核和巡视巡查工作的重要内容，开创了党委统揽创建的先例。坚持完善民族工作体制机制，首创民族团结进步省部共建、专项奖补、专项考核、第三方评估、动态管理等多项创新机制，修改完善民委委员制，扩大委员单位至 45 个，编制印发《青海省"十四五"民族团结进步事业规划》，颁布实施《青海省促进民族团结进步条例》，并修订自治州自治条例，现全省 6 个自治州均出台促进民族团结进步条例，成为全国最早出台专项地方性法规的省区之一，61 个省直单位出台"民族团结+"融合发展规划，青海还率先制定印发《青海省民族团结进步示范创建测评指标体系（试行）》，构建铸牢

---

① 《关于创建全国民族团结进步示范省的决定》《关于率先创建全国民族团结进步示范省铸牢中华民族共同体意识的实施意见》《关于以铸牢中华民族共同体意识为主线 推进新时代青海民族工作高质量发展的实施意见》。

中华民族共同体意识"多个一"抓手体系，推动示范创建工作精准化、精细化。

（二）坚定不移强化凝心聚魂，提升宣传教育引导实效

青海省始终坚持将"富脑子、聚人心"的工作摆在更加突出的位置，持续加强思想教育引导，实施分众分媒精准化宣教，在学校开设民族团结专题课，打造精品课程，全面开展国家通用语言文字教育教学。丰富宣传教育载体，全面宣传推广使用青海省民族团结进步形象标识，连续 20 年派万名干部下乡进村入寺宣讲，连续 43 年开展民族团结进步宣传月主题活动，打造"石榴籽"宣传队、马背宣讲团、文艺轻骑兵、双语专家团等基层特色宣讲队伍，新建开放主题教育馆、体验馆、公园、宣传长廊、教育基地等实体化宣教阵地，开通"青海石榴籽家园"微信公众号，举办网络在线答题、主题采访等活动，健全线上线下平台，宣传好党的民族理论政策。坚持以理论研究引领工作实践，构建铸牢中华民族共同体意识研究"一中心三基地"格局，扎实开展相关课题调研，编纂《中华民族交往交流交融史料汇编·青海卷》，深入挖掘宣传宏觉寺、瞿昙寺、洪水泉清真寺等蕴含的各民族"三交"历史内涵，传承弘扬中华优秀传统文化，促进宗教和顺、社会和谐、民族和睦。加强外宣交流，拍摄民族团结进步主题纪录片，创作推出突出中华民族共同体意识的文艺佳作，着力引导各族群众不断增强"五个认同""四个与共"理念。"全省共建成全国民族团结进步示范区示范单位 95个、教育基地 9 个，命名 494 个省级示范区示范单位、教育基地和青少年教育示范点，选树全国民族团结进步模范集体、个人 299 个，省市县三级先进典型 3700 多个。"①

（三）坚定不移促进高质量发展，切实保障和改善民生

青海始终坚持以人民为中心的发展思想，将发展作为解决地区各种问

---

① 资料来源：中共青海省委统战部，2025 年 2 月。

题的总钥匙，依托区域特征和资源禀赋，建设生态文明高地、打造产业"四地"，实施民族团结进步+产业"四地"建设融合发展行动，加快推进三江源国家公园、祁连山国家公园、青海湖国家公园的建设，"14.6万农牧民吃上了'生态饭'，当上了管护员，盐湖产业产值突破580亿元，清洁能源装机容量达5100万千瓦，建成全国首条全绿电大通道，有机畜产品、枸杞、冷水鱼生产基地规模居全国前列"。① 青海省委、省政府坚持赋予所有改革发展以彰显中华民族共同体意识的意义，不断改善民生、凝聚人心，坚持财政支出75%以上用于民生，持续加大全省教育、医疗、环境卫生、养老、通信等领域基础设施建设，全力办好民生实事，青海民族宗教事务委员会出台《意见》②，进一步对全省少数民族发展任务资金使用加强管理，持续开展"健康饮茶""送茶入户"工作，农牧民人均可支配收入较十年前翻了一番，各族群众的获得感、幸福感、安全感得以有效提升。

（四）坚定不移推动融合嵌入，促进各民族交往交流交融

青海坚持丰富平台、拓展全方位嵌入的实践路径，各民族交往交流交融不断深化。持续拓宽各民族"三交"的广度，做好城市民族工作，坚持将社区作为促进"三交"的主阵地，创新打造了社区"石榴籽家园"388个，形成了"社区党组织+小区党支部+业主委员会+物业服务企业"③ 的社区民族工作模式，制定建设标准和管理办法，有效推动"石榴籽家园"特色亮点品牌向全方位延伸、全领域覆盖，引导各族群众互嵌式居住生活、联合创业、扶贫济困。不断丰富"三交"载体，聚焦"三项计划"部署要求，发挥对口支援和东西部协作机制的有效作用，启动实施各民族交往交流交融"十项行动"，深化各族群众跨区域交往交流交融，"2024年，援青省市投入

---

① 资料来源：青海省民族宗教事务委员会，2024年7月。
② 青海省民族宗教事务委员会：《关于加强财政衔接推进乡村振兴补助资金（少数民族发展任务）使用管理指导意见》，2024年5月。
③ 魏爽：《籽籽同心共奋进》，《青海日报》2023年6月22日，第1版。

2.15 亿元，实施 51 类'三交'项目，同比增长 1.22 亿元"①。努力系牢"三交"纽带，持续巩固提升民族团结进步创建工作，选树宣传先进典型模范，推动"五个示范"实践，创建"十进"活动取得可喜成绩，覆盖各行各业。培养打造"拉面""青绣""青超联赛"等青海"三交"典型品牌，开展"玉树青少年北京行""红石榴就业行动""行走黄河源头 旅读大美青海"等"三交"活动，通过强化国家通用语言文字教育教学和培训，助力各族干部群众不断提升国家通用语言文字水平。当前，青海"三交"工作取得了突出成效，体制新、规模大、平台实、氛围浓，形成了全社会共同参与，促进各民族交往交流交融的工作格局。

（五）坚定不移提升治理效能，构建共建共治共享格局

青海始终坚持依法治理民族事务，提升宗教中国化水平，有效防范化解民族宗教领域风险隐患，推进民族事务治理体系和治理能力现代化，保持了全社会和谐稳定的良好局面。健全民族工作法律法规，扎实有效推进法治宣传教育，持续开展"法律九进"活动，各族群众维护国家安全和法律尊严的意识不断牢固。以"十个一"工作要求为"纲"，实施"平安青海建设"工程，将每年 3 月定为"矛盾排查化解月"，成立"一站式"矛盾纠纷调解中心、市县乡三级综合服务中心、各类人民调解委员会，以及"酥油茶调解室"、"石榴籽"影视文化传媒工作室、"全国劳模石榴籽工作室"等，积极探索出"班玛经验""同仁做法""玉树强村带寺·双星联创"等一系列基层治理新"枫"景，推进了新时代"枫桥经验"的青海实践，各族群众的安全感和满意度稳步提升。保护利用宣传历史文化遗产，弘扬青海宗教界爱党爱国爱教、维护民族团结进步的优良传统，广泛实施驻寺干部和教职人员轮训工程，持续增强宗教界思想政治引领，全面开展宗教领域安全隐患排查，规范管理全省宗教活动场所及建筑建设审

---

① 魏爽：《青海：全国民族团结进步示范区创建稳步推进》，《青海日报》2025 年 1 月 9 日，第 1 版。

批，健全工作协调机制，依法管理互联网宗教事务，不断深化宗教中国化的青海实践。

三 青海创建全国民族团结进步示范省面临的困难与挑战

虽然青海创建全国民族团结进步示范省工作有序推进、成效显著，但进入新发展阶段，仍然面临一些需要进一步解决的困难与挑战。

（一）新时代党的民族工作精准度把握还需提高

目前，部分干部群众对新时代党的民族工作"增进共同性"重要原则的把握还不够精准，没有完全做到共同性与差异性的辩证统一，对中华民族共同体意识和各民族意识关系的理解还不够深入，中华民族共同体意识还需进一步强化。铸牢中华民族共同体意识主线还不够聚焦，民族工作还存在口号喊得多，工作研究、有效举措少，赋予所有改革发展"三个意义"体现不充分等问题。

（二）学习教育和宣传引导的实效性有待深化

在推进民族团结进步创建工作时，铸牢中华民族共同体意识学习教育和宣传引导的实效性还不够强，部分干部群众对其理论内涵和实践路径理解运用不足，部署落实工作还需加强。增强中华文化认同不够有形有感有效，展示中华文化内涵的文物活化利用远远不足，部分视觉形象工程还需不断提高吸引力、影响力和传播力，一些新建的宣传教育基地、展馆和体验馆等因后期发展资金和人员保障不足开放力度和广度不大，有形有效有感打造民族团结进步"青海样板"新的实践载体和抓手体系还不多。

（三）常态长效化工作体制机制还有待完善

调研发现，部分地区以"示范模式""品牌培育"延伸等为主导的民族团结进步工作体系未完全健全，民族事务法治化保障还缺乏"连续性""连贯性"，一些政策措施随着城市化进程的加快逐渐失效或难以有效落实，相应的修订完善还未能完全满足现实需要，协调统筹推进青海创建全国民族团结进步示范省工作的常态化、长效化体制机制还有待完善。

（四）城市民族工作和网络民族工作需不断推进

在城市转型升级进程中，影响城市民族关系发展的因素日趋复杂，不利于城市民族团结进步的个别隐患依然存在，部分流动人口依旧面临居住、教育、就业、医疗、文化发展以及心理适应等一定程度社会融合的现实障碍。青海在充分利用互联网、大数据技术推动民族工作数字化，建设和使用各民族网络共同家园等方面还存在短板，"三交"平台载体也存在数量少、带动弱、效果不明显等困惑，城市民族工作和网络民族工作社会化进程需进一步推进。

四　青海持续推进全国民族团结进步示范省
创建的对策思考

青海持续推进全国民族团结进步示范省创建，既要做看得到、摸得着的工作，也要做"润物细无声"的事情，需着力构建相应的形象、形式和形态，增强中华文化的认同感、自豪感，不断提升民族工作效果、效能和效益。

（一）坚持党对民族团结进步创建工作的全面领导

青海各地区、各相关单位要把持续推进全国民族团结进步示范省创建放在工作大局中思考谋划。强化党的创新理论武装，全面贯彻落实习近平总书记"青海要继续做好民族工作和宗教工作"的重要要求，开展"多层次、多形式、全覆盖"的干部培训，及时调整干部思想认识，着力培养符合青海经济社会发展建设所需的各民族干部人才队伍，提升基层民族工作者对相关知识和政策的知晓度和理解度。坚决贯彻落实党中央和省委关于民族工作的重要决策部署，强化铸牢工作主线，以"五个示范"为引领，结合实际出台和修订规章制度、制定政策文件、谋划部署工作，开展有效的举措行动、考核评估，确保工作落地见效。深入落实基层党建工作责任制，持续推进上下贯通、执行有力的组织体系建设，将党的基层组织打造成为推动创建工作的坚强战斗堡垒。党委落实民族工作主体责任，明确规定、细化措施、精准考核，健全完善党委领导民族工作、构建大统战工作格局的体制机制，形成典型经验扩大宣传和共享机制，有效发挥民族工作协调机制、民委委员制等作用，推动统战工作责任制落实，构建新时代党的民族工作格局。

（二）持续深化铸牢中华民族共同体意识宣传教育

进一步深化统一多民族国家国情和"五史"宣传学习教育，传播党的声音、讲好青海故事、弘扬社会正能量，聚力构建各民族共有精神家园，引导各族群众牢固树立"四个与共"的共同体理念。深化青海文物资源的活化利用，以增强中华文化认同为目标，以增进共同性为主导，保护传承弘扬青海历史文化、民族文化和红色文化，以文化认同传递全省各民族"三交"的历史史实和现实价值。坚持以社会主义核心价值观为引领，广泛开展"最美青海人""民族团结感动人物""道德模范""星级文明户"等评选活动，加强现代文明教育和公民道德建设，培养文明乡风、良好家风、淳朴民风。强化铸牢中华民族共同体意识教育实践基地、培训基地、网络宣传平台等建设，并积极发挥财政职能，落实各类基地、展馆后续发展的经费保障，并在博物馆、纪念馆等文化场所的展陈内容和解说词中突出铸牢中华民族共同体意识。结合重大纪念日、民族节庆等组织开展贴近实际、贴近群众、贴近生活的民族团结进步活动，大力宣介"道中华"等品牌，加强青少年历史文化教育，持续巩固提升民族地区国家通用语言文字达标成果。强化理论研究工程，建立智库平台、打造智囊团，已有相关研究基地可聚焦青海"三交"史、民族文化保护传承弘扬、民族团结进步创建和铸牢中华民族共同体意识等内容加强研究，为青海民族团结进步事业提供理论和智力支撑。

（三）稳步推动各民族共同走向中国式现代化

坚持落实"三个赋予、一个有利于"要求，"多办顺民意、惠民生、暖民心的实事"[①]，创新政策措施，大力发展劳务经济，全力提升教育教学质量，继续深化公立医院综合改革，健全完善公共卫生服务体系，优化住房保障体系。主动对接和融入国家发展战略，大力发展"拉面""青绣""唐卡"等青海特色优势产业，推进文旅深度融合发展，持续打响"山宗水源大美青海"品牌，加快各民族共同团结奋斗、共同繁荣发展的步伐，推动各族群众共享改革发展成果。大力实施乡村振兴战略，统筹推动城镇、乡村规划建设，多点打造一批高原美丽城镇群落，持续开展城乡环境综合整治，深化乡风文明建设，提升各族群众的道德、科学文化、身心健康素质。全面推进国家生态文明示范省市建设，结合美丽中国洁净青海建设，健全完善生态环保制度体系，提升优质生态产品供给水平，推动地区经济社会发展的全面绿色转型，筑牢民族团结进步的生态之基。继续做好地震等灾后恢复重建工作，加强防灾、减灾、救灾能力建设，建好房屋水电暖等公共服务措施，照顾好老人、孩子等困难群众和弱势群体，发挥互帮互助、扶危济困的优良传统。

（四）积极促进各民族广泛交往交流交融

全面贯彻落实"三项计划"部署要求和"十项行动"意见精神，完善"两平台、四载体"[②] 工作模式，促进青海与全国各地经济、文化、人员的跨区域双向流动，制定加强和改进城市民族工作的政策措施，建立健全城市

---

① 习近平：《在全国民族团结进步表彰大会上的讲话（2024 年 9 月 27 日）》，《人民日报》2024 年 9 月 28 日，第 2 版。

② "两平台、四载体"：青海省在民族团结进步工作中，需建立健全线上线下两个工作平台，办好主题教育馆、绘好精品路线图、建好工作室、用好社区活动空间。

民族事务服务平台、流出地与流入地对接协作管理工作格局和长效信息互通、长期互访、资源共享的工作机制，依法保障各民族流动人口的合法权益。深化东西部协作和对口帮扶青海机制，拓展互动互访、加强文化教育科技医疗交流，开展异地办学、劳务输出、扶贫捐助等活动，积极探索创新与跨省及沿边地区民族团结进步联盟工作机制，打造一批特色鲜明的联建联创"三交"品牌，拓宽"三交"渠道。聚焦各民族空间、产业、社会互嵌三大板块，大力实施"红石榴就业行动"、"石榴籽家园"建设、"石榴籽"宣传教育活动等，培育精品社区品牌，建好建强社区基层党组织和社区工作者队伍，将群众服务做深做细做到位，促进青海多民族全方位互嵌式发展。鼓励支持学校开展教学帮扶成果共享活动，组织基层民族干部、宗教界人士、群众代表等外出学习考察，不断增强各族干部群众中华民族认同感。进一步深化青海民族团结进步创建内涵、拓展创建领域、延伸创建触角、提升创建质量，培育百个示范单位，建成一批全国民族团结进步示范单位、示范区，做好各行业各领域民族团结进步先进典型培育选树和宣传工作。

（五）全力维护民族宗教领域和谐稳定

全面贯彻落实党的民族宗教政策和法律法规，围绕铸牢工作主线，完善民族工作制度体系建设，依法治理民族事务，定期开展专项督查，确保公民平等享受权利、同等履行义务。以"法律九进"活动持续推进法治宣传教育落实落细，积极培育各族群众崇法向善的法治精神，践行法治之路，不断增强各族群众国家意识、公民意识、法治意识。加强"民主法治示范村（社区）"建设，充分利用互联网、大数据等新技术健全网格化基层治理模式，创建智慧安防小区，搭建完善的社会心理服务平台，引导居民积极参与社区治理，打造多元治理共同体。全面贯彻落实新时代党的宗教工作理论和方针政策，坚持我国宗教中国化方向，加强基层宗教工作力量，提高宗教服务管理法治化、规范化、信息化水平，用中华优秀传统文化浸润宗教，促进宗教与社会主义社会相适应。深化法治青海和平安青海建设，提炼总结更多青海"枫桥式工作法"，健全完善矛盾纠纷多元排查化解机制和"三级联动"工作体系，扩大调解员队伍整体规模，推进各级综治中心建设，完善社会治安防控体系。常态化开展网络空间专项整治行动，加强对网络舆情预警防范和监测引导，守好意识形态阵地，构建积极向上的主流舆论，有效防范化解民族领域风险隐患。

（六）高效打造常态长效化创建工作体制机制

青海全国民族团结进步示范省创建工作应坚持常态化、长效化推进，抓住关键环节，切实做好组织保障，筑牢创建基础。建立季度统筹调度机制，完善四级联创和跨区域、跨部门、跨行业共建协同机制，丰富和创新载体形式，推进民族团结进步创建工作与经济发展、生态建设、民生改善、文化引领等工作协同发展，形成工作合力。根据各地区各单位实际情况，认真研究落实全国和青海民族团结进步示范市、县测评指标体系并制定动态管理办法和测评考核体系，发挥绩效考核评估指挥棒的作用，倒排工期，挂图作战。配齐配强基层民族工作力量，可通过调剂、临聘、设立公益性岗位、政府购买服务等多种方式充实民族工作队伍，建立互学互观互助、结对帮扶的学习机制，组织成员单位到示范点开展现场观摩学习交流、互观互检，提升人员工作水平和业务能力，按照地区经济社会发展逐年追加专项经费，确保民族工作有人懂、有人做且顺利高效推进。健全完善正向激励引导机制，对获得民族团结进步示范和教育基地的机构在评优评先、项目建设、资金安排等方面予以重点倾斜，加强典型经验的总结提炼和宣传推广，不断提升示范区、示范单位的知名度和影响力。坚持问题导向，严格退出机制，对已命名的先进单位、示范单位定期复检复验，严格考核、动态调整、优胜劣汰，严把质量关，避免重"痕迹"、轻"效果"等形式主义，由"数量领先"向"示范引领"转变，持续推进全国民族团结进步示范省创建，在铸牢中华民族共同体意识上开创新局面。

B.18
深入推进我国宗教中国化青海实践
调查报告

韩得福　益西卓玛*

摘　要：　坚持我国宗教中国化方向是积极引导宗教与社会主义社会相适应的重要任务，也是宗教自身健康发展的内在要求。青海高度重视民族宗教工作，制定和完善引导宗教中国化的政策法规及相关规章制度，宗教中国化工作稳步推进，取得了显著成效。本文就我国宗教化青海实践进行调研，在总结梳理青海宗教中国化主要成效的基础上，针对当前面临的主要困境，从坚持和加强党的全面领导、加快构建新时代中国特色宗教思想文化体系、加强宗教工作"三支队伍"建设、加强有效防范化解宗教领域重大风险隐患等方面提出了对策建议，以期为进一步深入推进我国宗教化青海实践提供参考。

关键词：　宗教中国化　政治认同　文化融合　青海实践

宗教同所在社会相适应符合社会发展规律，也符合宗教生存延续发展的历史诉求。坚持我国宗教中国化方向，是习近平总书记关于宗教工作的重大创新论断，是新时代党的宗教工作的总纲，是积极引导宗教与社会主义社会相适应的重大战略举措。其主要内涵是以社会主义核心价值观为引领，实现我国宗教同新时代中国在政治上认同、社会上适应、文化上融合，增进宗教

---

* 韩得福，青海省社会科学院民族与宗教研究所助理研究员，主要研究方向为民族宗教学；益西卓玛，青海省社会科学院藏学研究所副研究员，主要研究方向为藏传佛教和藏文献整理、翻译。

界人士和信教群众对伟大祖国、中华民族、中华文化、中国共产党、中国特色社会主义的认同。近年来，青海加强宗教界思想政治引领，宗教界对坚持我国宗教中国化方向已形成基本共识，宗教中国化正在由外而里、由浅入深不断推进，取得显著成效。

一 青海宗教中国化主要做法与成效

（一）坚持统筹谋划，加强指导工作

青海高度重视推进我国宗教中国化青海实践，统筹加强党对宗教工作的领导。省委书记和省长担任省委统一战线工作领导小组组长，省委常委会每年研究宗教工作，召开省委统战工作会议、涉藏工作会议和全省宗教工作会议等，研究部署宗教工作，确保了宗教工作始终高位谋划、强力推进，构建形成党委领导、统战工作部门牵头协调、宗教工作部门负责、各有关部门齐抓共管的工作格局。以《宗教事务条例》《青海省宗教事务条例》《宗教团体管理办法》《宗教活动场所管理办法》《宗教教职人员管理办法》等法规规章为主要依据，高位谋划，组织开展学术研讨，深入开展调研制定发展规划，完善各寺观教堂规章制度，省委出台做好新时代青海宗教工作的实施意见，制定进一步规范全省宗教活动场所及宗教建筑建设审批管理工作的意见，持续推动宗教工作由治标向治本深化，由"管得住"向"管得好"转变，织密织牢了宗教活动场所、宗教教职人员和宗教活动管理网络。贯彻执行《互联网宗教信息服务管理办法》，制定《青海省互联网宗教信息服务管理工作协调机制》和行政许可流程、管理实施细则、约谈惩戒制度等配套措施，有序推进互联网宗教治理，加强宗教政策法规宣传，依法打击非法网络宗教活动，牢牢掌握网络宗教工作的主动权。持续加强"三爱四进"主题教育，制定并认真实施《青海省坚持我国宗教中国化方向规划纲要（2023-2027）》，形成"1+3"规划，不断加强教风建设，支持全面从严治教，着力提高宗教人才能力素质，巩固深化崇俭戒奢教育活动成果，进一步提升宗教自我教育、自我管理、自我约束能力，积极引导我国宗教与社会主义社会相适应。

（二）创新治理方式，促进健康发展

青海省全面推进宗教工作法治建设，坚持保护合法、制止非法、遏制极端、抵御渗透、打击犯罪，依法治理能力不断得到提升。在宗教治理过程中坚持问题导向和目标导向，根据青海省情特点，把工作的着力点放在解决宗教领域存在的突出问题上，有针对性地推进宗教治理工作。青海省委根据青海省佛教、伊斯兰教、道教、基督教、天主教五大宗教并存，藏传佛教和伊斯兰教影响尤为广泛的特点，着力强化宗教工作，创新治理方式，促进宗教健康发展。在藏传佛教工作领域，创新实践共同、协助、自主三种寺庙管理模式，做到动态管理、正向激励，建立依法、管用、和谐且符合涉藏地区实际的寺庙管理长效机制。积极构建涉藏基层宗教治理"一核多元共治"新格局，强化寺庙内部管理，做好活佛转世工作，从"管得住"向"管得好"转变，形成了依法管理、社会管理、民主管理三位一体的宗教事务管理格局。加大活佛转世管理法规政策的培训宣传阐释力度，巩固扩大活佛转世"国内寻访、金瓶掣签、中央政府批准"的三大原则共识成果，推进和谐寺观教堂创建，不断增强僧尼、信众的国家意识、公民意识和法治意识。在伊斯兰教工作领域，青海省委根据省情创造性提出"团结开寺"原则，建立县、乡、村三级管理模式，迎来了数十年来各教派互相尊重、团结和睦，实现了总体和谐稳定。在各级宗教事务管理部门和伊斯兰教界的共同努力下，大力倡导"要团结，不搞分裂；要和谐，不搞对立；要发展，不搞争论"的团结开寺基本要求，积极引导信教群众相互尊重、各行其道、各干各的、互不干涉，在具体实践中取得良好的成效，在循化撒拉族自治县，85%的清真寺是多个教派合开一寺，门源回族自治县南关清真寺有13个教派的信众，上阴田清真寺通过"轮流聘用，交叉推选"开学阿訇的方式实现团结开寺，探索和开创出了"循化经验""门源经验"。团结开寺成为深入推进伊斯兰教中国化青海实践的重要经验。

（三）坚持以中华优秀传统文化浸润宗教，助推宗教中国化

一是积极开展"国旗、宪法和法律法规、社会主义核心价值观、中华优秀传统文化"进寺院的"四进"活动，向重点寺观教堂发放《宪法》《中华优秀传统文化核心理念读本》《画出最大的同心圆：习近平中央统战工作会议重要讲话精神学习讲座》等书籍，牢固树立中华民族共同体意识、法治意识，对教义教规进行符合时代的阐释，坚决抵制极端思想，促进我国宗教与社会主义社会相适应。二是认真开展以党史为重点的"五史"学习教育活动，印发中国共产党百年历史相关资料，将"五史"学习教育作为全省宗教界的重大政治任务，举办宗教教职人员和宗教活动场所"法律明白人"培训班、"中华优秀传统文化大讲堂"等，教育引导宗教界人士强化政治素养，坚持正确民族观和历史观，始终秉承中道和平思想，坚决遏制宗教偏激观点，积极引导广大信教群众进一步增强爱党爱国爱社会主义的热情和信念，全面促进坚持我国宗教中国化方向。三是健全宗教活动场所管理制度，严格要求宗教活动场所建筑风格保持中国风格、中国特色，体现地域性和时代性。按照"一寺一方案"全面稳妥完成全省 405 座阿式风格清真寺整改工作，将中华优秀传统文化内化于信教群众之心、外化于建筑之形，受到全省穆斯林群众的支持和好评。

（四）深化教义教规阐释工作，融入时代精神

青海积极引导宗教界坚持宗教中国化方向，深入挖掘教义教规中有利于社会和谐、时代进步、健康文明的内容，作出通俗易懂、与时俱进、符合时代进步要求的阐释，自觉与中华文化、国情特点和省情实际相融合，主动与社会主义社会相适应。发扬宗教基本价值和优良传统，践行社会主义核心价值观，积极吸收中华优秀文化，融入时代精神，弘扬中华优秀传统文化美德。藏传佛教界加大国家通用语言文字推广力度，推进出版汉藏双语版中华传统文化读物，高度重视教义阐释工作，引导深化"人间佛教"理念，发扬慈悲济世、扶贫济困的优良传统，更好发挥佛教净化人心、涵育道德、广

济众生的作用，引领新时代藏传佛教健康传承发展。道教积极探索现代转型升级路径，在继承传统的基础上构建新时代教义思想体系、戒律体系、人才体系、管理模式、服务模式和对外交流模式等，努力跟上时代潮流，与时俱进，始终坚持道教中国化方向。通过对教理教义的阐释，积极探索老子和谐思想的宝贵财富，不断充实、拓展和提升道教传统内涵，实现与新时代中国特色社会主义社会相适应。伊斯兰教界持续将卧尔兹宣讲作为向群众宣教和开展解经工作的主要途径，以《新编卧尔兹演讲集》为宣讲范本，开展符合中华优秀传统文化、符合当代中国发展进步要求、信教群众乐于易于接受的阐释，引导信教群众爱国爱教、凝聚共识，紧密团结在党和政府周围。通过全省卧尔兹巡回演讲、卧尔兹演讲比赛等活动，深入挖掘伊斯兰教义教规中的中正中信中道思想，与社会主义核心价值观、铸牢中华民族共同体意识等内容相结合，引经据典地阐释和宣讲伊斯兰教爱国爱教、团结包容的思想。天主教、基督教坚持以铸牢中华民族共同体意识为主线，在不同的民族、宗教、信仰之间做好团结互助工作，不断融入各族人民大团结的建设中，开展爱国主义、集体主义、社会主义教育，深化教职人员爱党爱国爱社会主义的"三爱"情感，全面推动宗教中国化实践。

二 宗教中国化青海实践的前景展望

青海将牢牢把握习近平总书记关于"宗教问题始终是我们党治国理政必须处理好的重大问题"的重要论述，坚定政治立场，深刻领悟"两个确立"的决定性意义，坚决做到"两个维护"。以加强党的领导为核心，高度重视宗教在青海工作大局中的重要性，完整准确全面领会和贯彻新时代党的宗教工作理论和方针政策，弘扬爱国爱教优良传统，引导宗教界人士和广大信教群众坚定不移听党话、感党恩、跟党走，做政治上的"明白人"。宗教界将充分发挥桥梁纽带作用，深入开展法治宣传教育，引导信教群众牢固树立国家意识、法律意识、公民意识和中华民族共同体意识，牢固树立"国大于教、国法大于教规、教民首先是公民"的意识，营造尊法学法守法用法的良好风尚，与祖国同呼吸、共命运，与党同心同德、同向同行，争做遵规守戒的"好榜样"，不断依法推进宗教中国化。宗教界将更加注重"双通"人才培养，积极主动践行社会主义核心价值观，对教义教规作出符合时代进步要求的阐释，做推进我国宗教中国化的"实践者"。促进各民族广泛交往交流交融，增进各宗教信众相互理解，营造多元共存、和合共生的生动局面。做到契理契机、与时偕行，在宗教礼仪、宗教建筑、宗教艺术、宗教服饰和文化阐释等方面融入中国元素，体现中国风格。坚持独立自主自办原则，讲好中国宗教故事。坚持全面从严治教，加强各宗教的日常管理，加强教风建设，做促进民族团结、维护和谐稳定、服务社会发展的"领头羊"，树立宗教界良好形象，保持宗教领域和谐稳定，积极防范化解民族宗教领域风险隐患。

三　坚持宗教中国化方向青海实践面临的主要困境

（一）宗教工作有待进一步加强

青海制定和完善引导宗教中国化的政策法规及相关规章制度，宗教中国化工作稳步推进，取得了显著成效，但仍有待进一步加强。一是个别宗教管理人员对中国化内容及要求认识模糊，在推进宗教中国化进程中存在一定的随意性，不能完全依法执行。二是宗教界对用中华文化浸润宗教的重视还不够，对用中华文化浸润宗教的深层理论和具体实践途径与方法掌握不足。只有少数宗教活动场所开设了国家通用语言文字、中国历史、法律等课程，并聘请退休教师和法律工作者进行授课，但其余大部分宗教活动场所因师资缺乏，仍囿于传统经学教育，教职人员无法接受系统的中华优秀传统文化相关课程。三是由于一些基层宗教界代表人士和信教群众文化层次有限，对宗教中国化的政策、法律、法规认识不足，对宗教中国化进程中党的领导、以社会主义核心价值观引领的认同度不够高，对宗教中国化的历史、目的、必要性和意义认识模糊，因此部分人对宗教中国化的认识存在一定的误区。四是对宗教中国化的宣传引导尚需加强，尤其在偏远牧区，信教群众居住分散，未能营造坚持我国宗教中国化方向的浓厚氛围，部分信教群众还没有充分认识到宗教中国化的重要性和必要性，影响宗教中国化青海实践的走深走实。

（二）新时代宗教经学思想建设任重而道远

新时代宗教经学思想建设是当前深入推进宗教中国化的根本途径，也是难点所在。宗教界是推进宗教中国化的主体，宗教界坚持宗教中国化方向的主动性和创造性是宗教中国化青海实践的关键。就目前来看，宗教界对宗教教义教规进行既符合宗教信仰内核，又符合时代发展、符合当代中国发展进步要求、符合中华优秀传统文化、有利于坚持宗教中国化方向的阐释不全面不透彻，多数停留在用教义或现有经学思想对社会主义核心价值观等进行零散解读阐释层面，主要是以社会主义核心价值观引领讲经解经不够，尚未形成系统的新时代宗教思想文化，教义阐释和解经工作任重而道远。

（三）"三支队伍"建设仍需加强

党政干部队伍、宗教界代表人士队伍、马克思主义宗教学研究队伍，是宗教中国化进程中的"三支队伍"，也是推动宗教中国化青海实践的重要力量。当前部分基层宗教事务管理工作人员业务能力水平有待提升，宗教治理法治思维和运用不够，工作推进不平衡，"导"的水平受限。佛教、伊斯兰教教职人员中，绝大多数为初中及以下汉文水平，知识结构狭窄，对国家法律、政策和中华民族共同体建设了解有限，与时俱进解经能力弱，从宗教理论中国化阐释能力来衡量，高素质人才缺乏。马克思主义宗教学研究队伍人才单薄，只有省内几所高校及科研院所的少数科研人员关注宗教及中国化研究，全省伊斯兰教研究专家学者不足 10 人，基督教、天主教历史研究更是空白，青海宗教中国化进程在实践中缺乏强有力的理论智力支持。

（四）宗教领域安全风险隐患依旧存在

青海是我国重要的涉藏地区，境外分裂势力和敌对势力试图通过宗教渗透进行破坏活动，对藏传佛教中国化进程存在一定威胁。青海是十世班禅、喜饶嘉措、宗喀巴等佛教大师的出生地，是藏传佛教后弘期的发源地，有塔尔寺等藏传佛教古刹名寺，在全国藏传佛教界具有特殊地位，是境外分裂势力和敌对势力利用民族宗教问题从事分裂渗透破坏活动的重点地区，在特殊时间点借机炒作舆论热点，煽动蛊惑扰乱人心，存在一定安全风险隐患，反分裂、反渗透、反破坏任务艰巨。随着互联网的普及，通过网络进行的宗教活动也越来越多，境外敌对势力利用天主教、基督教进行渗透干扰破坏活动的风险隐患依旧存在。

四 进一步深入推进宗教中国化青海实践的对策建议

（一）坚持和加强党的全面领导

一是在政治上，高度重视宗教问题，把党的集中统一领导贯穿宗教工作全过程，坚持以习近平总书记关于宗教工作的重要论述为根本遵循，按照党的二十届三中全会提出的"六个坚持"重大原则，科学制定顶层设计和统筹规划，加强系统推进我国宗教中国化，分教施策，因地制宜，因事制宜，因时制宜，上下协同，统筹推进。坚决拥护中国共产党领导，遵循宗教工作规律，全面贯彻落实坚持我国宗教中国化方向五年规划纲要，确保所有宗教工作在党的领导下正确开展，坚决杜绝随意执法，确保有法必依，依法治教、依规治教。二是在思想上，不断加强对宗教界和信教群众的思想政治引导，加强"三个意识"教育，把广大信教群众紧密团结在党和政府周围，切实提高宗教界对坚持宗教中国化方向重要性的认识，克服封闭保守，促进包容开放。要统筹协调政府、教育等各方资源和力量，形成工作合力，有效引领宗教界结合学习党史、新中国史、改革开放史、社会主义发展史、中华民族发展史，深入研究宗教中国化的历史，深化对坚持宗教中国化方向的规律性认识。教育引导宗教界人士和广大信教群众提升宗教修为，充分认识坚持宗教中国化方向的思想内涵、实现目标及重要意义，牢固树立求同存异、相互尊重、相互包容思想，不断铸牢中华民族共同体意识，不断引导宗教界人士和信教群众以社会主义核心价值观为引领，拥护"两个确立"，做到"两个维护"，增强"五个认同"，弘扬爱国爱教优良传统，推动我国宗教中国化青海实践走深走实，促进我国宗教与社会主义社会相适应。

（二）加快构建新时代中国特色宗教思想文化体系

构建新时代中国特色宗教思想文化体系是一项长期而艰巨的重大项目，青海统战部、民宗委、宗教界和宗教协会要通观全局，从长计议，以系统思维谋划统筹推进，使宗教思想、宗教礼仪、活动管理理念符合现代化、法治化、时代化要求。一是加强顶层设计，建设符合青海省情实际的新时代中国特色宗教制度体系、教育体系，编纂中国传统文化相关统一教材，为省内五大宗教提供更好的与社会主义社会相适应、利于挖掘宗教思想和儒家思想融合点、利于建设新时代宗教思想文化的制度体系和教育体系。二是以宗教教职人员为主体，有规划、有目标、有目的地组织深入挖掘宗教教义教规、文化思想、宗教伦理中有利于社会和谐、时代进步、健康文明的内容，将中国思想、中国观念、中国精神融入其中，作出既符合宗教信仰精神，又符合时代发展、符合当代中国发展进步要求、符合中华优秀传统文化、有利于坚持我国宗教中国化方向的阐释，逐步建立起汇通不同文化，适合青海基本省情及五大宗教各自实际、融入中华优秀传统文化内涵的新时代宗教思想文化体系。支持宗教界开展宗教经典的选编、重译和注释工作，并支持出版发行，使新时代宗教思想文化系统化，从源头上掌握宗教话语权。三是进一步加强组织教职人员、民族学和宗教学科研人员全面合作，深入研究宗教经典和儒家思想，系统编著宗教活动场所、宗教经学院统编教程，为宗教中国化青海实践提供强大的理论基础。四是支持宗教界弘扬中华优秀传统文化，加强传统文化讲座、国学经典阅读，提档升级中华优秀传统文化大讲堂、佛教论坛、"会通讲堂"、基督教中国化讲道交流会等学术研讨品牌，不断强化宗教中国化载体，积极吸纳更多省内外宗教研究专家学者参与研讨，加快探索各宗教与中华优秀传统文化的融合之道，推动发展新时代我国宗教与儒家思想会通研究成果及其转化运用，实现中华优秀传统文化深度浸润宗教，推动我国宗教中国化青海实践。

（三）加强宗教工作"三支队伍"建设

一是各级宗教工作部门从长计议，统筹谋划，吸纳一支立志长期从事民族宗教工作的民族学、宗教学专业毕业生，减少流动并持续加强干部专业培训，培养一支精通马克思主义宗教观、熟悉党的宗教工作、善于做信教群众工作的党政干部队伍，切实提升专业水平和"导"的能力，发挥党政干部队伍的引领作用。二是青海省藏语系佛学院、青海省伊斯兰经学院作为培养宗教教职人员人才的全日制教育机构，加强其在培养宗教界代表人士队伍尤其后备人才方面的作用，与时俱进完善人才培养模式，全面提升人才培养水平，重点培养一批符合"四条标准"，精通宗教经典教义、精通中华优秀传统文化的高素质高水平宗教教职人才队伍，为构建新时代中国特色宗教思想文化体系注入内生动力。三是加强青海各高校及科研院所科研力量建设，培养一支思想政治坚定、坚持马克思主义宗教观、学风优良、善于创新的宗教研究队伍，为构建新时代中国特色宗教思想文化体系提供强大的理论支持。四是坚持系统观念，统筹推动宗教工作"三支队伍"培养，完善体制机制，搭建合作交流平台，全面加强"三支队伍"间的合作交流，形成"三支队伍"共同做好宗教工作的强大人才合力，为深入推进我国宗教中国化提供持久的人才保障。

（四）加强有效防范化解宗教领域重大风险隐患

一是不断健全完善党委统一领导、政府依法管理、宗教工作部门履职尽责、各部门通力协作、全社会共同参与的工作机制，提升宗教事务治理法治化水平，增强宗教界人士和信教群众的法治意识，防范化解民族宗教领域风险隐患，持续推动新时代党的宗教工作高质量发展。二是把总体国家安全观教育作为宗教界政治教育的重要内容，集中培训、专题讲座、日常教育、主题展板等方式相结合，按不同层级、规模，由省市到村镇基层宗教活动场所逐级实施开展。教育引导宗教界坚持以问题为导向，与时俱进进行自我调整，全面从严治教。开展坚持独立自主自办原则的教育活动，全面巩固发展和健康传承我国宗教中国化思想，增强坚持宗教中国化方向的信心，防范宗教极端思想侵害，坚决与分裂势力、敌对势力划清界限，反对一切分裂势力的渗透颠覆破坏活动，坚决维护国家统一、民族团结与社会和谐。三是将宗教领域舆情纳入意识形态工作重点内容，加强各新闻网站、政务网站等主流网络传播平台建设，强化对涉民族宗教网上有害信息的发现处置。大力普及互联网法律法规，深入开展网络空间专项整治行动，坚决抵制、主动批驳各种错误思潮和观点，坚决查删封堵网上涉民族宗教有害信息，坚决防范境内外敌对势力利用网络实施渗透破坏活动，坚决防范各种宗教极端思想、民族分裂言论、涉恐涉暴信息在互联网上传播。加强提升对网络舆情的预警防范和监测引导能力，在全社会和互联网上大力宣传党的宗教理论和方针政策，传播正面声音，形成积极向上的主流舆论，全面筑牢国家安全基础。

B.19
青海高原康养产业高质量发展报告

罡拉卓玛　旦正加*

摘　要：　青海作为中国高原康养产业的战略高地，凭借独特的黄金海拔、丰富的生态资源和深厚的文化底蕴，通过深度融合高原康养与生态保护、农牧业、文化传承、旅游业及健康产业等多个领域，初步建立了多元化产业生态，推动了各行业协同发展，为高原康养产业提供了持续发展的动力。然而，青海高原康养产业在快速发展的同时，仍面临着市场认知度不足、季节性制约强、人才短缺等挑战。本文在深入分析青海高原康养产业发展现状的基础上，提出促进其高质量、可持续发展策略与对策：加强高原医学科研与实践应用，完善高原康养基础设施建设，加大高原康养宣传力度，加大高原康养人才引进与培养力度，推动跨行业协同发展与产业融合。

关键词：　高原康养　高质量发展　青海省

2021年，习近平总书记在青海考察时指出，青海要立足高原特色资源禀赋，积极培育高原康养等新兴产业，为健康中国建设作出贡献。青海省委省政府为了深入贯彻落实习近平总书记重要指示精神，结合青海实际，提出将"高原康养产业"作为青海绿色发展的最佳实现路径予以推动，依托独特的自然环境、丰富的民族文化和深厚的高原医学积淀，以高原康养产业为突破口，积极探索青海生态保护与经济发展的双赢路径，加速全省经济绿色转型，为中国式现代化谱写青海新篇章。

* 罡拉卓玛，青海省社会科学院科研处副处长、副研究员，主要研究方向为藏学、宗教学；旦正加，青海省社会科学院藏学研究所副所长、研究员，主要研究方向为藏学、民族学。

253

一 青海高原康养产业发展情况

（一）高原康养产业理论溯源与发展逻辑

高原康养产业是以高原医学研究为依托，集生态、医疗、健康、体育、休闲、娱乐等于一体提出的全新概念和新兴产业，是青海绿色高质量发展和融入健康中国战略布局的有力举措。其理论源于吴天一院士开创的"高原健康养护学"（又称"高原康养医学"）体系，是在充分利用高原的适度海拔（1500~2500米）、特定的气候环境下，通过低氧应激和特定间歇性训练来提升人体心肺功能、氧利用效率及代谢调节能力等生理作用，从而达到提高健康水平和防治某些疾病的效果，形成"引高为健、变害为利"的独特医学价值①。依托上述成果，青海省委省政府于2022年创新提出"高原康养产业"发展框架，将其定位为：以高原医学为核心支撑，整合生态保育、健康服务、文化旅游等要素的绿色经济新范式，实现从疾病治疗向健康促进的系统转型。经过几年的努力，青海高原康养产业通过在基础研究端的持续突破和政策端的精准发力，实现了三大跃迁：从传统医学分支到交叉学科的范式转换，从科研探索到产业集群的提速转化，从地方实践到国家战略的价值跃升——"研—政—产"联动模式。

（二）以政协提案为起点，开展深入调研和学术交流

青海省政协根据党中央和省委省政府的决策部署，明确提出，要通过推动高原康养产业发展，将高原康养产业定位为青海绿色发展战略的重要组成部分，促进青海绿色经济的可持续发展。从2021年起，在连续两次由住青全国政协委员联名向全国政协会议提交"关于在青海建立高原医学研究中

---

① 《首届高原康养医学学术研讨会举行 耄耋院士吴天一详解新概念》，中国新闻网，2024年7月30日，https://baijiahao.baidu.com/s?id=1805968157239846795&wfr=spider&for=pc。

心的提案"的基础上，开展了形式多样的调研和召开了座谈交流会。2022
年2月15日，住青全国政协委员、青海省政协委员和省直相关部门负责同
志组成联合调研组，围绕"高原康养医学和高原医学研究中心建设情况"
与吴天一院士等高原医学领军人才、研究团队和专家学者进行交流，达成了
"高原康养医学及产业发展"研究共识。6月16日，省政协党组召开"高原
康养医学及产业发展"座谈会暨专题协商会，为推动高原康养医学及产业
发展献计献策。8月，省政协主席公保扎西带队赴海东市调研督办"关于在
青海开展逆向康养"的重点提案，共谋高原医学研究和高原康养产业发
展。① 12月，省政协教科卫体委员会联合市州政协、经济、生态、文旅、体
育等相关专家委员，筹备双月协商座谈会，形成了《中共政协青海省委员
会党组关于开展"高原康养医学及产业发展"调研情况的报告》。② 2024年
5月，省政协副主席王绚率队，组织教科卫体委员会部分委员、专家学者、
市县政协负责同志组成考察团，前往广西、重庆学习考察康养产业发展现状
及先进经验。③ 在此基础上，7月29日，"首届高原康养医学学术研讨会"
在海东市乐都区召开，吴天一院士等国内外专家学者共商高原康养医学发展
主题，达成了《海东共识》④

（三）以顶层设计为引领，规划产业发展

在国家康养产业政策红利持续释放、新的支持政策不断输出的前提下，
青海省"十四五"规划纲要中明确提出，发展康养特色产业的重点任务和
推进"高原休闲康养基地"保障工程，同步制定《青海建设高原医学研究

---

① 《关于打造高原森林康养基地的提案》，海东市人民政府，2024年9月11日，http：//
www. haidong. cn/html/383/113153. html。

② 吴天一、公保扎西编著《高原康养青海是个好地方》，青海人民出版社，2024。

③ 张晓英：《青海高原康养高质量发展之"路"怎么走？——省政协围绕"高原康养产业发
展及人才培养"资政建言》，《青海日报》2024年8月29日，第9版。

④ 张添福、吴黎：《首届高原康养医学学术研讨会举行　耄耋院士吴天一详解新概念》，中国
新闻网，2024年7月30日，https：//baijiahao. baidu. com/s？id=1805968157239846795&wfr
=spider&for=pc；张晓英：《首届高原康养医学学术研讨会召开》，《青海日报》2024年7
月30日，第2版。

中心行动方案（2022—2035 年）》《青海省十大国家级科技创新平台培育
建设工作方案》，明确了推动中西医结合高原康养基地建设，通过做好中藏
药康复、医疗服务、健康养护、旅游全产业链布局，推动康养产业健康发
展，培育康养旅游新业态，打造高原康养产业青海高地，为青海省"十四
五"康养产业发展提供了有力的政策支撑。《高原康养产业发展规划》已被
纳入打造国际生态旅游目的地"1+N+X"规划政策体系；同时省卫健委于
2024 年 7 月制定《青海推进高原康养产业发展若干措施》，目前正在研究编
制《青海省高原康养产业发展规划（2025—2030）》，全面总结前期工作。
2024 年 9 月 10 日，省委常委、西宁市委书记王卫东赴青海省高原医学研究
中心对接高原康养工作，并强调以更清晰思路、更有力机制、更大力度推动
黄金海拔康养之都建设。2025 年 1 月 12 日，省委副书记、代省长罗东川在
高原医学研究中心调研时强调，要深入学习贯彻习近平总书记关于健康中国
建设的重要论述和考察青海重要讲话精神，落实省委十四届八次全会部署，
努力将高原医学研究中心打造成为立足青海、面向全国、辐射世界的高水平
高原医学研究平台，创造高原医学更加灿烂辉煌的未来，更好护佑高原人民
群众生命健康。积极打造国家乃至国际级医疗和康养中心，推动高原医学研
究和高原康养产业发展各项工作不断取得新突破。

二　青海高原康养产业发展成效

（一）青海高原康养核心基地和吴天一创新中心挂牌成立

海东作为河湟谷地康养区主要区域之一，依托得天独厚的地理位置、
气候条件、人文旅游、公共服务等方面优势，制定印发《海东市加快推进
建设青海高原康养核心基地工作方案》和《高原逆向康养综合项目实施方
案》等文件，着力推动青海高原康养核心基地（海东市养老示范基地）建
设，于 2023 年 7 月在海东市乐都区挂牌成立并开始试运营。该基地是市政
府投资兴建的综合性公建养老机构，分南北两区，设海东市养老示范基

地、海东市精神卫生福利中心、海东市社会组织服务中心等 5 个功能板块，总投资 2.3 亿元，占地 8.57 公顷，建筑面积 5.3 万平方米，内置床位1300 余张，养老区、康复区、娱乐区、户外活动区、就餐中心等一应俱全。与此同时，在市第二人民医院挂牌成立"吴天一院士创新中心"。海东将以创新中心为依托，以院士为核心，以临床实际问题和患者需求为导向，有效拓宽全市在急慢性高原疾病方面的诊疗机制，不断推动全市医疗行业高原医学人才培养、团队建设、创新驱动的孵化器和全市特色医疗科研创新平台建设。

（二）青藏高原康养中心正式挂牌

为了进一步推进高原康养产业建设，2024 年 12 月 6 日，西宁市城北区在北川青唐城嘉年华小镇举行了"活力北区向新而行"——黄金海拔 2200青藏高原康养中心揭牌仪式，该中心占地约 2500 平方米，共三层，内设特色康养服务区和中藏医体验室，是 33 家药企、12 家连锁药企、294 家批发企业共同集合医疗资源，融合了中藏医精妙技艺，借助创新运营模式的康养中心，成为高原康养产业发展中的重要里程碑，证明了青海在生态旅游、健康产业以及绿色发展等领域拥有综合优势和发展潜力。

（三）"一体两翼"①模式全方位推进

青海整合高原医学资源，助推高原病临床医学研究和健康人群的高原医学实践，由人体医学健康理论+产业+产品，促进高原医学从研究理论向健康转化的实践取得了阶段性成效。② 现以高原医学研究中心为基础，建立了以省心脑血管病专科医院为载体，以青海大学医学部、省人民医院、省中医

---

① "一体两翼"，即高原医学"一体两翼"，一翼为针对高原病人群的高原病理、医学、临床研究和实践，另一翼为面向健康人群，利用高原地理、气候、缺氧环境，利用吸入空气量与增加肌体活性的关系、低气压与肺气管的关系，而形成"人体医学健康理论+产业+产品"体系，是高原医学从研究理论向健康转化的实践。
② 中共政协青海省委员会党组：《关于开展"高原康养医学及产业发展"调研情况的报告》，《青海党的生活》2023 年第 6 期。

院、省藏医院、省地方病预防控制所为依托,与国内外多部门、多机构结成合作联盟的"1+5+N"科研合作体系。积极建设高原医学"五个中心、一个基地"①和"六个平台"②,促进中藏医药传承创新,开展"10+N"专项研究行动③。2025年青海省政府工作报告显示,除高原医学研究中心一期建成投运、海东高原康养中心率先建成运营外,国家区域医疗中心等11个重点项目加快建设,紧密型县域医共体实现全省覆盖,县医院医疗服务能力达标提升幅度全国第一,"智慧医保"覆盖全部参保群众,异地就医直接结算范围进一步扩大。截至2024年底,西宁地区医疗卫生机构超过2000所,医疗卫生人员近4万名,床位超2.3万张,诊疗人次超过1500万,为高原康养产业筑牢根基。④此外,民族医药和各医疗机构积极参与建设高原康养产业发展。比如,青海夏格尔藏医院多巴高原康养中心设定具有民族医药特色的教学、医疗、科研、康复、康养"五位一体"多元化发展定位及目标。

(四)产业多元化发展及服务体系逐步形成

在省委省政府的大力支持下,省政协协同各部门合作攻关、全力推动下,青海高原康养产业初步形成体系化发展,以高原康养产业河湟谷地康养区、泛共和盆地康养区和柴达木盆地特色康养区域为一体规划的"两区一域"高原康养产业核心布局基本形成,高原康养在创新、人才、产业、政

---

① "五个中心"是国家高原病医学中心、国家区域医疗中心、高原转化医学中心、传染病区域医疗中心及青藏高原包虫病预防诊疗中心;"一个基地"是国家紧急医学救援基地。

② "六个平台"是基础医学研究平台、临床医学研究平台、专家支撑平台、科研创新转化平台、康养和重大疾病转化平台和学术交流平台。

③ 针对高原医学研究开展"10+N"专项研究行动,涵盖慢性高原病、肺心病、儿童先天性心脏病、高原骨关节疾病、包虫病、高原习服训练、睡眠障碍、大规模高原相关疾病流行病学调查、高原世居久居人群脱适应、脱习服以及高原孕妇生殖保健等方面。充分发挥青海高原医学研究优势,逐步建立完善运行机制、管理机构、核心团队,强化人才引领,促进科技创新,开展重点领域和重大课题攻关,逐步形成布局合理的高原医学研究体系,推动高原医学高质量发展。

④ 《青海省卫生健康委员会2024年新闻发布之十七——高原医学研究及高原医学研究中心建立背景情况介绍》,青海省卫生健康委员会网站,2024年6月18日,https://wsjkw. qinghai. gov. cn/zwgk/fdzdgknr/xwfb/202406/t20240618_215357. html。

策"四联"融合发展方面取得了显著成效。在服务体系上逐步趋于多元化，高原康养产业与国家公园示范省建设、乡村振兴战略、打造国际生态旅游目的地和高原医学研究中心相结合的"四结合"方案正在稳步推进，全产业链服务体系建设全面展开，标志着高原康养产业进入了一个新的发展阶段。通过充分利用青海独特的自然禀赋、丰富的民族文化以及深厚的传统医学资源，高原康养产业逐渐形成了一个涵盖生态康养、医疗康养、文旅康养等多个领域的综合性服务体系，增强了产业的竞争力，为建设"四地"、推动青海经济高质量发展、奋力谱写中国式现代化青海篇章注入了新动力。

三　青海高原康养产业发展面临的困难

（一）市场认知度和品牌影响力不足

青海高原康养产业起步较晚，尚未形成规模化和标准化的产业体系，导致其市场认知度和品牌影响力仍处于较低水平。高原康养作为一个新兴产业，尚未广泛进入公众视野，内地消费者对青海高原康养的了解有限，且普遍缺乏足够的市场推广和宣传。虽然青海高原医学研究中心和康养旅游项目建设在康养产业方面已有一些基础，但覆盖面较窄，仍未能够有效地触及更广泛的潜在的中高端康养消费者群体。康养品牌缺乏知名度和市场影响力，许多人对高原康养的概念停留在表面，对其医疗、生态、文化等多重价值的认知较为模糊。品牌建设的滞后使得青海高原康养产业难以在全国甚至国际市场中脱颖而出，且在吸引康养游客和高端人群方面的竞争力不足。

（二）高原医学理论与技术支持不足

高原医学作为研究高原地区特殊环境对人体健康影响的学科，青海目前处于起步阶段，相关理论体系和技术应用不够成熟。高原医学基础研究较为薄弱，整体学术水平和应用研究的深度不够，无法为高原康养产业提供足够的理论支撑。目前学术界在高原医学理论研究方面缺乏跨学科的合作和实用性的科研成果，导致高原康养在理论层面发展滞后。由于高原医学的技术支持体系不健全，青海省部分康养机构开始应用中藏医药、藏医药浴、氧疗、针灸等高原医学的一些治疗方法，但技术的应用多停留在传统治疗方法层面，缺乏更先进的医学设备与技术支持，使得高原康养在提供高效、系统的健康管理和医疗服务时，面临专业技术和创新不足的问题。

（三）高原康养具有明显的季节性

青海位于高原地区，地理环境独特，冬季温度低至零下十几度甚至更低，加之空气稀薄等严酷的自然条件，给高原康养的可持续发展构成了挑战。每年6月至10月为高原康养的黄金时期，而剩余的8个月则因极度寒冷的气候条件，康养活动的开展受到严重限制。寒冷的天气影响了游客的出行意愿，户外运动、森林浴、徒步穿越等项目无法开展，导致康养旅游的需求大幅下降。受季节性影响，许多康养机构在淡季期间不得不关闭或缩减服务，无法提供全年稳定的服务，使得康养产业的收入呈现明显的波动性，黄金季节的高需求往往难以弥补冬季的低需求，从而影响康养企业的盈利能力和长期发展。

（四）对地方经济的推动作用不足

近年来，高原康养作为青海的新兴产业，在部分地区推出一些康养项目，但整体来看，在品牌建设和市场认知的初级阶段，产业链条的延伸性不足，尚未形成广泛的消费群体，未能充分带动旅游、农牧业、文化、医疗、健康等相关产业的联动发展，使得高原康养产业对地方经济的推动作用相对薄弱，且无法在短期内提升。虽然青海具备丰富的自然资源和文化资源，能够为康养产业提供独特的生态环境和人文底蕴，但目前的产业发展仍处于初级阶段，高原康养产业的规模化和系统化建设相对滞后，高原康养产业的基础设施建设和服务体系尚未完善，没有形成完整的产业链条，市场渗透力不足，未能有效转化为经济增长的驱动力，导致其在促进地方经济方面的贡献未能充分释放。产业发展水平较低，高原康养产业所涉及的产业群体较为狭窄，未能有效带动周边的相关产业发展，相关岗位和高素质人才需求也未能得到完全释放，导致地方经济和社会发展的潜力没有得到充分发挥。

（五）人才短缺与专业技能匮乏

高原康养医学作为一个独特的学科，需要大量具备高原医学、生态康养、健康管理、养老服务等多方面知识的复合型人才，但青海省内能够从事高原医学研究与应用的专业人才仍处于短缺状态，导致高原医学理论与技术难以有效应用于康养产业，影响了产业的创新和发展。尽管一些高原康养机构已经引入了藏医药、针灸等传统治疗手段，但由于缺乏专业的康养技术人才，许多康养项目的服务人员缺乏专业的培训和技能，难以为游客和患者提供高质量、个性化服务，诊疗手段的应用范围和效果受到了限制，影响了客户的体验和满意度。在结合生态、文化、旅游、医疗等多个领域的综合技能上，高原康养产业人才缺口尤为突出，许多康养项目难以充分发挥其资源优势，未能将高原医学理论与高原康养产业需求对接，无法形成有竞争力的服务体系，导致高原康养产业中医学支持力量薄弱，阻碍了产业的快速发展。

四 加强青海高原康养产业发展的对策建议

（一）加强高原医学科研与实践应用

为了提升青海高原康养产业的整体水平，应大力推动高原医学的科研与实践应用。以高原医学研究中心为依托，整合地方医疗机构，集中力量攻克高原疾病的治疗技术难题，强化高原医学的理论研究与临床治疗技术的结合。与此同时，应加大对高原健康管理技术的研发力度，探索基于高原环境和人体特质的个性化健康管理服务模式，制定科学、可操作的健康干预方案，提供更加精准的康养服务。此外，鼓励地方医疗机构与国内外顶尖科研单位合作，开展跨领域的高原医学研究，促进最新科技成果的转化应用。通过提高专业性和针对性，全面提升康养服务质量，发挥市场主体功能，培育高原康养新质生产力，为游客提供更加高效、安全的健康保障，增强康养体验感，进一步巩固、拓展青海作为高原康养目的地的市场竞争力。

（二）完善高原康养基础设施建设

高原医疗设施作为康养产业发展的基础，以现代化高原医学研究中心为依托，配备好专业先进的医疗设备和经验丰富的医疗团队，确保康养人员在康养过程中能够得到及时的健康保障和专业的医疗支持。为了推动青海高原康养产业的可持续发展，从医疗设施、交通网络和住宿条件等基础设施建设入手，优化旅游景区和康养基地的交通连接，缩短游客的旅行时间，为游客提供更为便捷的出行体验。为了提升康养人员的舒适度，应推动绿色环保的康养中心和基础设施的完善，注重餐饮、休闲娱乐等旅游配套设施的建设，提升整体服务水平，让康养人员在享受康养服务的同时，体验到更为丰富的休闲娱乐活动，增强游客的舒适度与安全感，为青海高原康养产业的长远发展奠定坚实基础。

（三）加大高原康养宣传力度

为了提升青海高原康养产业的知名度和吸引力，应充分动员省内外新闻媒体，利用微博、微信、抖音等社交媒体平台，通过线上线下多渠道传播，结合短视频和图文内容，广泛宣传青海独特的高原康养资源与优质的康养服务，展示青海的自然景观、生态优势以及高原特有的康养效果，增强游客的兴趣和好奇心。同时，通过相关政府部门，与其他兄弟省份签订战略合作协议，精准对接潜在消费者，提供定制化的康养旅游方案，吸引其关注并将其转化为实际游客，结合各类传播平台与活动，讲好青海故事、康养故事，展示青海的高原康养特色和先进的服务模式，直接与行业内的专业人士及游客进行互动，开展线上线下的健康挑战赛和康养体验营等互动营销活动，吸引更多游客来青海体验康养服务，广泛传播青海的高原康养优势，提升青海高原康养品牌的知名度，推动青海高原康养产业的持续发展，将青海打造成国际高原康养旅游目的地。

（四）加大高原康养人才引进与培养力度

为推动高原康养产业的高质量发展，青海通过提供优质工作环境与生活条件、税收减免、住房补贴、科研资金支持等优惠政策，加强人才引进与培养工作，吸引更多具备高原医学、康养旅游及健康管理等专业知识的人才加入青海高原康养产业建设，鼓励高端人才和团队扎根青海，推动高原康养产业的创新与升级。通过与学术研究机构的合作，定向培养更多高原医学、健康管理、生态旅游、产业研发等领域的专业技术人员，为康养产业提供源源不断的智力支持，提高从业人员的专业能力和服务水平，确保他们能熟练应对高原环境下的特殊需求与挑战。此外，设立专业人才成长计划，为行业内从业者提供更多的职业晋升机会，持续培养和留住本地人才，提升服务质量与专业素养，为高原康养产业的可持续发展提供强有力的人才保障。

（五）推动跨行业协同发展与产业融合

为实现青海高原康养产业的全面发展，应将高原康养与生态旅游紧密结合，设计集健康、休闲、娱乐于一体的康养旅游产品，推动康养产业与旅游、农牧业、生态、文化等相关产业的深度融合，打造多元化的康养产品和服务。同时，将农牧业资源与康养产业相结合，发展绿色有机农牧业，推出具有地方特色的健康食品和药材，提升康养产品的附加值和实现特色化。另外，通过跨行业合作，推动各行业资源优势互补，结合高原地区丰富的生态资源和传统文化，发展藏医药文化、草原牧民生活体验等康养文化体验项目，打破传统的产业壁垒，形成协同发展的产业生态，为康养人员提供更具文化深度的康养体验，丰富青海的康养产品线，从而提升青海作为"文化与自然相融合"的康养目的地的吸引力。通过推动跨行业的深度融合，青海高原康养产业将从单一模式转向多元、协同、互利的产业体系，形成健康、旅游、农牧业、文化等多个行业的联动合作，促进全产业链的协同发展，实现从研发、生产、加工到销售、服务等环节的整合提升，进一步增强青海高原康养产业的综合竞争力，为青海高原康养产业的持续健康发展奠定坚实基础，不断推动青海康养产业高质量发展。

B.20
海东市抗震救灾与恢复重建调查报告

胡芳 胡廷 王志鹏 张成志*

摘 要： 2023 年 12 月 18 日，积石山 6.2 级地震使海东市人民群众遭受了重大生命和财产损失。地震发生后，在党中央的殷切关怀和各级政府的坚强领导下，中央、市县各部门和社会各界紧急驰援，海东市委市政府强化规划引领和"救建防"一体化机制建设、牢固树立以人为本和民生优先的执政理念、持续强化新闻宣传，抗震救灾取得重大胜利，创造了在青藏高原当年开工当年建成的重建奇迹。后续工作中存在灾后恢复重建工作任重道远、产业滞后影响高质量发展、群众工作仍需做细做深做实、抗震救灾和恢复重建工作成效亟须系统总结宣传等问题。鉴于此，本文提出扎实做好灾后恢复重建后续工作、切实增强受灾群众的主体意识、大力发展文化旅游业和康养业、因地制宜发展乡村特色产业、提炼和总结抗震救灾与恢复重建的成效与经验等对策建议。

关键词： 积石山 6.2 级地震 抗震救灾 中华民族共同体意识

2023 年 12 月 18 日，甘肃积石山突发 6.2 级地震，涉及甘青两省。据统计，地震造成"海东市 3 县 42 个乡镇 16.12 万百姓受灾，造成居民住房、

---

* 胡芳，青海省社会科学院文史研究所所长、研究员，主要研究方向为青海文学、民俗文化和历史文化；胡廷，青海师范大学藏区历史与多民族繁荣发展研究省部共建协同创新中心副主任、副教授，主要研究方向为青海区域史；王志鹏，青海省海东市发展和改革委员会干部，主要研究方向为河湟文化；张成志，青海省考古研究所研究馆员，主要研究方向为青海历史文物与民族文化艺术。

基础设施和公共服务直接损失约 45 亿元"①。地震灾害发生后，在党中央、国务院和国家有关部委的关怀与支持下，青海省委省政府、海东市委市政府第一时间组织力量救援，安置灾民，及时部署灾后恢复重建工作，仅仅用一年时间就完成了危房维修加固重建、公共服务设施和基础设施提升改造、民生保障及和谐家园等方面的建设任务，地震灾后恢复重建工作取得了阶段性的胜利，充分彰显了中国共产党人民至上、生命至上的执政理念，彰显了社会主义制度的优越性，在新时代谱写了各民族心手相牵、团结互助、感恩奋进、攻坚克难、艰苦奋斗的感人篇章，创造了在青藏高原当年开工当年建成的重建奇迹。

一　抗震救灾和恢复重建主要工作与成效

积石山 6.2 级地震是进入 21 世纪以来青海省海东市境内遭遇的最大一次地震，地震造成了人民群众生命和财产的重大损失。从抗震救灾到全面完成恢复重建各项工作任务，青海省委省政府、海东市委市政府出台了一系列政策，实施了一项项民生保障措施，各级干部日夜奋战在抗震救灾和恢复重建第一线，基层党组织也纷纷行动起来，最大限度地保护了人民群众的生命安全，给受灾群众提供了生活保障，并用一年时间全面完成了确定的 240 项、总投资 59.8 亿元的灾后恢复重建项目②，"探索出了一条中央统筹、省负总责、市县落实、群众参与的救灾重建之路"③，完成了在废墟上重建家园的历史性壮举。

---

①　吕锦武：《［牢记嘱托　实干笃行·积石山地震一年来］从一张蓝图到幸福实景画卷——积石山 6.2 级地震海东市灾后恢复重建工作纪实》，《西海都市报》2024 年 12 月 20 日，第 4 版。

②　吕锦武：《［牢记嘱托　实干笃行·积石山地震一年来］从一张蓝图到幸福实景画卷——积石山 6.2 级地震海东市灾后恢复重建工作纪实》，《西海都市报》2024 年 12 月 20 日，第 4 版。

③　王华杰：《积石山 6.2 级地震抗震救灾和恢复重建的海东实践》，《青海日报》2024 年 12 月 17 日，第 8 版。

（一）党中央的殷切关怀和各级政府的坚强领导为抗震救灾提供了有力的政治保障

地震灾害发生后，党中央和国务院高度重视，习近平总书记第一时间作出重要指示，李强总理作出批示并亲临海东市民和回族土族自治县（以下简称民和县）中川乡地震灾区现场慰问受灾群众和指导工作，张国清副总理率国务院工作组紧急赴甘肃、青海地震灾区指导抗震救灾工作。党中央、国务院调集全国力量向灾区驰援，国家有关部委协调支持，一线指导。省市县党委政府坚决贯彻党中央号令，迅速启动应急指挥体系。省委书记陈刚、省长吴晓军、海东市委书记乌拉孜别克·热苏力汗、市长王华杰等省市领导连夜赶赴地震现场，指挥抗震救灾工作，多次在灾区一线召开现场会议，安排部署人员搜救、灾民安置、应急救援、医疗救助、物资保障、危房排查、信息发布等工作。[1] 灾情当前，省委省政府、市委市政府和受灾三县主要领导昼夜奋战在灾区第一线，海东市四大班子连续 20 天坚守在抢险救灾第一线，全市 9600 名党员干部奔赴一线全力开展抗震救灾工作[2]，凝聚起了上下一心、共克时艰的强大力量。地震灾害发生以来，中央和地方各级领导率先垂范、快速响应、亲赴抗震救灾前线，体现了共产党"人民至上、生命至上"的执政理念，为灾区群众传递了家国温暖，极大地安抚了民心，提振了士气，给各族群众构筑起了坚实的心理防线，为抗震救灾工作提供了有力的政治保障。

（二）中央、省、市县各级部门和社会各界紧急驰援，铸就了守望相助、众志成城的钢铁长城

面对突如其来的地震，党中央、省委省政府和海东市委市政府迅速作出安排部署，社会各界紧急驰援，在河湟大地上展开了一场争分夺秒抢救生

---

① 李富生、尕桑才让、李永兰：《人民至上：积石山 6.2 级地震海东市抗震救灾纪实》，《海东日报》2024 年 1 月 21 日，第 1 版。

② 李富生、尕桑才让、李永兰：《人民至上：积石山 6.2 级地震海东市抗震救灾纪实》，《海东日报》2024 年 1 月 21 日，第 1 版。

命、天寒地冻安置灾民的特殊战役。省委省政府在灾区现场成立了省"12·18"地震抗震救灾现场指挥部,海东市也及时成立了市级"12·18"地震灾害现场应急处置指挥部,迅速开展抗震救灾各项工作。据统计,"震后10分钟,专业救援队集结赶往灾区;1小时内开展地毯式排查搜救,196名受伤群众连夜得到及时转运救治;震后9小时,通信基站和光缆全部抢通;1天内供电线路全部恢复通电、受灾群众全部住进帐篷安置点;2天内受损道路全部实现正常通行;震后6天内,受灾群众转移到板房安置点;1周内学校实现复课复学,集中安置受灾群众4.5万人,安置点实现水电、采暖、公厕、生活垃圾收集设施、党群工作站、医疗服务'六有'。"① 在抢险救灾的同时,青海省委省政府、海东市委市政府心系群众安危冷暖,有序推进灾民安置工作,落实"六有六到位","设置集中安置点185个,搭建板房6496间、帐篷7286顶,5.5万名受灾群众全部得到妥善安置。调拨物资29万件,发放救助补助资金2.95亿元,全力保障群众生产生活"。② 在抗震救灾中,青海省消防救援总队第一个赶到现场,昼夜不懈全力搜救失联人员;武警青海总队官兵紧急赶赴灾区开展救灾工作,展现了人民子弟兵爱民如子、军民鱼水情深的感人场景;民和、循化、化隆三县的相关部门和受灾乡镇、村委会的干部均全身心地投身于抗震救灾工作,"受灾三县抽调科级干部下沉担任安置点点长,同时,成立了党群工作服务站,195个驻村工作队585名驻村干部就地转化为服务站成员,配齐增强了工作力量"③,基层党组织和党员干部在抗震救灾中充分发挥了战斗堡垒和先锋模范作用。此外,海东市住建部门组织各方力量,第一时间完成了民和、化隆、循化受灾严重的10个乡镇161个村的全覆盖应急评估工作,对评估C级、D级的住房,立刻封停使用,坚决杜绝次生灾害造成二次人员伤亡。④ 在省市县各级

---

① 陈晨:《构建应急屏障 捍卫人民安全》,《青海日报》2024年5月12日,第1版。

② 胡生敏:《心手相牵,黎明总会到来》,《海东日报》2024年12月18日,第1版。

③ 卫正芳:《大爱里的安居——积石山6.2级地震海东市安置保障工作纪实》,《海东日报》2024年12月18日,第1版。

④ 李永兰、胡生敏:《见证!那些汇聚在灾区的力量和温暖》,《海东日报》2024年1月20日,第1版。

政府和相关部门的努力下，抗震救灾创造了青海奇迹、青海速度。

国家相关部门和各省区市捐助物资，倾情援助灾区。"中央和省级财政下达资金1亿元；国家发展和改革委员会紧急下达青海省应急恢复重建中央预算内资金5000万元；中华全国总工会紧急拨付青海抗震救灾专项资金800万元；兄弟省区市工会捐资750万元；北京市委市政府向灾区捐助资金500万元，并组织10余名医疗专家前往灾区巡诊送药；天津市委市政府向灾区捐助资金100万元、应急物资2460件、移动板房50套；上海市委市政府向灾区捐助资金500万元，并组建2支医疗团队赶赴安置点巡诊送药；江苏省委省政府向灾区捐助资金1000万元……"①，有力地支持了海东市的抗震救灾工作，帮助受灾群众尽快恢复生产生活秩序。

省内外各市州和社会各界大力援助，展现了一方有难、八方支援的家国情怀。"中国安能集团党委迅速派出396名专业救援力量，从6省（区）9个方向驰援灾区；中交一公局集团统筹多家所属单位及邻近项目部驰援地震灾区……第一时间，西宁、海南、海西、果洛、黄南等省内兄弟市州送来物资；无锡、天津等东西部结对城市尽最大力量、以最快速度支援受灾地区；山东、安徽、四川、湖北、广东、湖南等各方救援力量携手同心，把最有力的援助送到了受灾群众的身边"②，还有省市县各单位、民营企业、爱心人士等纷纷捐资捐款，一批又一批捐助的米、面、油以及被褥等急需生活用品送达灾区。据统计，全国上下为海东市灾区爱心捐赠了4.67亿元资金和1.3亿元物资③，这些雪中送炭的捐助不仅夯实了救灾的物质基础，也温暖了受灾群众及全省人民群众的心，展现了各民族手足相亲、守望相助的深厚情谊，展现了同舟共济、团结一心的国家力量和民族气概。

---

① 李富生、尕桑才让、李永兰：《人民至上：积石山6.2级地震海东市抗震救灾纪实》，《海东日报》2024年1月21日，第1版。

② 李富生、尕桑才让、李永兰：《人民至上：积石山6.2级地震海东市抗震救灾纪实》，《海东日报》2024年1月21日，第1版。

③ 王华杰：《积石山6.2级地震抗震救灾和恢复重建的海东实践》，《青海日报》2024年12月17日，第8版。

（三）强化规划引领和"救建防"一体化机制建设，有序推进抗震救灾和恢复重建工作

在灾后恢复重建阶段，党中央、国务院、青海省委省政府作出了一系列重大决策和安排部署。2024年6月，习近平总书记到青海考察时明确指出："继续做好积石山地震灾后恢复重建工作，加强防灾减灾救灾能力建设。"①海东市委市政府提出了"实现在'原地起立'基础上的'发展起跳'"奋斗目标，并及时成立了市级灾后重建指挥部，市委市政府主要负责同志担任双指挥长，市委市政府其他班子成员担任副指挥长，相关部门、单位和受灾三县党政主要负责同志为成员，下设10个职能工作组，并同步成立县级灾后恢复重建工作指挥部，为高质量推进灾后恢复重建工作提供了保障。在国家有关部委和省直有关厅局的精心指导下，相关部门及时编制完成了《积石山地震海东灾后恢复重建实施方案》《砂涌灾区综合治理规划》等，并迅速分级分类实施。海东市灾后恢复重建"涉及农房修复重建、公共服务设施等七大类240项，总投资59.8亿元。第一年任务已顺利完成"②。

在全力开展抗震救灾和恢复重建工作中，青海省高度重视"救建防"一体化的工作机制，建立了省市县三级同步纵横联动、同向发力的指挥体系，形成了由党委统一领导、统一指挥，政府牵头统筹、组织落实，部门各司其职、合力作战的体制机制，有效确保了党中央、国务院、省委省政府各项决策部署落地见效，为灾后救援和恢复重建提供了坚实的组织保障。一年来，各级指挥部充分发挥工作职能，以灾后恢复重建项目为主要抓手，采取日动态分析、周通报督导、月总结问效的方式，扁平化推进项目建设，同时"线上+线下"双向调度，及时疏通项目建设中的难点堵点，切实保障了灾后恢复重建项目建设稳步推进。面对救援重建工作点多面广、时间紧任务重的实际困难，实现了全过程科学化、系统化的精细管理调度服务，如建立救

---

① 张璐：《牢记嘱托踏征程　感恩奋进写华章》，《海东日报》2024年6月25日，第2版。
② 李富生、孕桑才让、李永兰：《人民至上：积石山6.2级地震海东市抗震救灾纪实》，《海东日报》2024年1月21日，第1版。

援"一区一策"作业点位领导驻点包干工作机制，组建安置点服务管理等工作组；建立灾后恢复重建大数据平台，推行民生问题速办和物资集中统一管理机制；成立要素供给联合专班，建立"时跟进、日调度、周通报""红黄绿"调度预警机制和定期督导、审计全过程跟进制度等，形成了抗震救灾和恢复重建的青海海东模式与海东经验。

（四）牢固树立以人为本、民生优先的执政理念，扎实推进恢复重建各项工作任务

青海省委省政府、海东市委市政府将"以人为本 民生优先"作为恢复重建的主旨，仅用一年时间就完成了危房维修加固重建、救助安置、公共服务和基础设施提升等各项工作任务。地震造成了三县受灾群众住房、公共服务和基础设施受损，据统计，三县约46个乡镇418个行政村，约3.8万户民众房屋受损。① 其中，中川乡金田村、草滩村因地震引发罕见的砂涌地质灾害，52户315间房屋被冲毁、淤埋，掩埋区域面积近6万平方公里②，引起社会各界广泛关注。一年来，海东市委市政府坚持科学规划，在力促农房建设提档升级的同时又充分尊重当地传统村落的建筑风格，全面完成了36527户农户住房维修加固重建工作③。其中，民和县金田草滩新村是恢复重建中规模最大、功能最完善的安置项目，建有186户院落，分80平方米、120平方米和160平方米三种户型④，新村内还建有幸福食堂、老年活动中心、儿童之家、超市、抗震救灾暨灾后恢复重建展馆和感恩广场，遭受地震

① 石延寿、李隽：《青海民和震后集中安置点：民众喜迁新居 幸福食堂开餐》，"北青网"百家号，2024年12月3日，https：//baijiahao.baidu.com/s？id＝1817401208575423323&wfr＝spider&for＝pc，最后检索时间：2025年2月25日。

② 肖艳鹏：《"重建家园 温暖过冬"主题采访活动 | 泥泞中开出的花朵——金田草滩新村重置幸福生活新起点》，澎湃新闻，https：//www.thepaper.cn/newsDetail_forward_29695275，最后检索时间：2025年6月3日。

③ 王华杰：《积石山6.2级地震抗震救灾和恢复重建的海东实践》，《青海日报》2024年12月17日，第8版。

④ 周晓华：《废墟上的重生——积石山6.2级地震海东市灾后恢复重建工作纪实》，搜狐网，2024年12月19日，https：//www.sohu.com/a/839338833_121106869，最后检索时间：2025年2月25日。

重灾和财产巨大损失的村民们拥有了设施齐全、现代化的新家园。抗震救灾期间，海东市委市政府"高度关注受灾群众生产生活中的实际困难，扎实开展重建期间困难群众救助工作，共发放救助金 784.1 万元，发过渡期安置补助 2.87 亿元，切实保障了受灾群众温暖过冬和基本生活条件"。[①]

重建工作开展一年来，海东市紧紧围绕教育医疗、公共文化服务、基础设施和防灾减灾领域的恢复与能力提升，统筹实施各类重建项目，在废墟上重建了群众幸福的家园，灾区面貌发生了巨大变化。据统计，"在 240 个灾后恢复重建项目中，有 93 个公共服务设施项目、8 个交通项目、41 个农田水利项目、20 个市政基础设施项目、36 个地质灾害防治和生态修复项目。通过重建，项目防灾减灾救灾能力和基础设施水平进一步提升"[②]。其中，在公共服务设施方面，修建学校，维修加固重建校舍，新改建医院和卫生室，修缮文博单位，修复受损文物，新建改建乡镇文化中心和农村文化广场等；在基础设施方面，改造国道省道，修复整治农村道路，维修重建农田灌溉渠道、供水渠道、新建规模化水厂，建设地下管网等；在提升防灾减灾能力方面，实施避险搬迁安置项目、地质灾害防治项目、气象与应急避难场所类项目等，使灾区的教学设备、公共文化服务场所、道路通行能力、市政基础设施、灾害避难场所等得到了根本性的改善和进一步提升。

（五）因地制宜发展乡村特色产业项目，大力提升受灾地区产业发展能力

青海省委省政府和海东市委市政府高度重视灾区群众就业和稳产增收问题，根据灾区产业发展实际，投资 1.69 亿元谋划实施 33 项特色产业项目，因地制宜大力发展菜籽油及甜糯玉米等农产品加工、特色作物种植、牛羊养

① 卫正芳：《大爱里的安居——积石山 6.2 级地震海东市安置保障工作纪实》，《海东日报》2024 年 12 月 18 日，第 1 版。
② 吕锦武：《［牢记嘱托 实干笃行·积石山地震一年来］从一张蓝图到幸福实景画卷——积石山 6.2 级地震海东市灾后恢复重建工作纪实》，《西海都市报》2024 年 12 月 20 日，第 4 版。

殖、庭院经济、仓储物流等产业，推动农产品深加工，完善种养加售一体化发展模式，受灾地区产业发展能力进一步提升，群众内生动力进一步释放。海东市委市政府聚焦群众稳产增收，"开辟监测帮扶'绿色通道'，精准识别监测对象769户3551人，有效杜绝了受灾群众因灾致贫、返贫。优先吸纳6994名受灾群众参与物资转运、危房拆除、垃圾清运等工作，并通过'以工代赈'方式吸纳受灾群众就地务工就业10735人，发放劳务报酬1.05亿元。举办线上线下招聘会34场，实现就业8787人次，人均月收入增加2800元左右"①。

（六）持续强化新闻宣传工作，生动讲述青海故事

积石山6.2级地震牵动了全国人民的心，尤其是青海省海东市民和县金田村、草滩村罕见的砂涌灾害引起了社会各界的高度关注。地震灾害发生以来，中央、省垣和地方媒体、新媒体、文艺工作者等立即行动起来，积极投身于抗震救灾的宣传报道之中，营造了全省上下同心协力抗震救灾的良好舆论氛围。据统计，央媒省媒地方媒体同向发力、线上线下同频共振、大屏小屏融合传播，在各级媒体刊播抗震救灾图文信息及短视频3.2万余条，特别是在中央广播电视总台"新闻联播"栏目播出《地震灾区有序恢复生产生活秩序》《温暖的牵挂建设更美好的家园》等新闻10余条，生动讲述了抗震救灾"好故事"，及时传播了灾后重建"好声音"。其中，抗震救灾期间，海东市抗震救灾指挥部持续召开新闻发布会，省内外媒体用短视频方式持续发布砂涌现场救灾、受灾群众感谢党恩、受灾群众温暖过节、回族店主为受灾群众做"爱心拉面"等感人故事，引起了强烈社会反响。《青海日报》《西海都市报》《海东日报》持续报道灾区救援和恢复重建情况，如中央电视台拍摄了《海东抗震重建纪实》（2集）纪录片；《青海日报》持续刊发"感恩奋进一年间"专题报告；《海东日报》连续推出《废墟上的重生——

---

① 卫正芳：《大爱里的安居——积石山6.2级地震海东市安置保障工作纪实》，《海东日报》2024年12月18日，第1版。

积石山 6.2 级地震海东市灾后恢复重建工作纪实》《大爱里的安居——积石山 6.2 级地震海东市安置保障工作纪实》等大篇幅报道等，展现了青海抗震救灾、恢复重建中诸多感人事迹和取得的巨大成就，生动讲述了青海故事、展现了新青海精神。

此外，省委、省政府还高度重视受灾群众的精神文化需求，在元旦、春节、元宵节等重要节日开展"灾后重建汇报演出""众志成城·重建家园"等各类演出活动 10 余次，开展感恩教育、志愿活动 20 余场，不断丰富群众文化生活，引导群众听党话、感党恩、跟党走。青海省和海东市文联、摄影家协会等文艺部门也紧急行动起来，拍摄和创作了有关抗震救灾的摄影、散文和诗歌作品，记录了灾区的真实情况，留存了许多震撼人心的抗震救灾珍贵影像。

二 灾区恢复重建后面临的主要问题

在党中央、国务院、省市县各级党委政府的坚强领导下，在相关部门和基层干部的努力奋斗下，海东市抗震救灾和灾后恢复重建取得了阶段性胜利，已全面完成了各项工作任务。但灾后恢复重建是一项长期性、全局性、复杂性的工程，涉及灾民安居乐业、灾区可持续发展的各个方面。具体来说，海东市恢复重建后还存在以下需要相关部门和社会各界关注的问题。

（一）灾后恢复重建工作任重道远

海东市灾后恢复重建制定目标是一年完成，现已全面完成。但灾后恢复重建是一项任重而道远的工程，灾区的生产生活恢复与可持续发展仍需社会各界的持续关注与帮助，相关政府与部门也不能松懈大意，仍然要持续关注恢复重建后涌现的新问题，要保持高度的责任心和担当意识，做好后续的收尾、评估、督查工作，实施好灾难现场和搬迁地区的后期建设工作，解决好受灾群众生产生活中存在的实际困难。

（二）产业滞后影响灾区高质量发展

海东市受灾三县均为青海省少数民族自治县，受灾村庄也大多为地处偏远的少数民族贫困村落，村集体经济发展滞后，旅游业、养殖业、特色农业和手工业等产业发展均较为缓慢，村民们的生计以农业生产和打工为主，文化水平较低，就业技能单一。此次地震造成了村民们巨大的财产损失，虽然民政部门给予了危房重建补贴、临时救助、过渡期安置补助等各种救助，各级政府也想方设法对灾区群众进行职业培训、因地制宜发展特色产业，但灾区群众的生活生产恢复仍面临较大困难，部分群众家庭经济困难，收入来源少，仍存在因灾致贫、返贫的可能性，需要政府持续关注灾区群众生产生活，并结合灾区实际精准把脉，在大力发展特色产业的同时，用创新思维寻找新的经济增长点，引导灾区群众增产增收。

（三）群众工作仍需做细做深做实

灾区群众对抗震救援和灾后恢复重建工作整体上持满意态度，一律感党恩、称赞社会主义制度的优越性，对所得到的救助和社会各界帮助怀有感恩之心。但由于部分灾民搬离了祖祖辈辈生活的熟悉家园，对新迁地没有认同感和归属感，加上搬迁后的院落比起原有庄廓面积小了很多，与其原有的过高期望值不相符，滋生了一些不满情绪。灾民主体意识较弱，依赖性强，政府和外来力量实施了强有力的支持援助，使部分灾民一定程度上存在等靠要思想，对政府的依赖程度较大，需要各级政府部门和基层党组织加强正面引导，做细做深做实群众工作。

（四）抗震救灾和恢复重建工作成效亟须系统总结宣传

海东市抗震救灾和灾后恢复重建受到了党中央、国务院、相关中央部门、各省区市和社会各界的大力支持和关注，生动谱写了新时代人民至上、生命至上、众志成城、守望相助的青海故事、中国故事，巩固和深化了各民族团结一家亲的中华民族共同体故事。在恢复重建中，海东市仅用一年时间就完成了各项艰巨工作,各级政府部门、基层党组织展现了奋勇担当、务实高效的优良作风,党员干部们展现了任劳任怨、实干为民的精神面貌,灾区群众展现了质朴热诚、心存感恩的朴素情怀,共同创造了灾后恢复重建的青海海东模式、海东奇迹。抗震救灾和恢复重建充分展现了社会主义制度的优越性和中华民族强大的凝聚力,虽然省内报刊持续进行了集中报道,但仍需要对抗震救灾和恢复重建过程与成效进行系统的实事记录、资料收集、研究阐发和理论探讨,需要对海东恢复重建的模式和成功经验、抗震救灾精神、民族团结故事进行总结提升和系统呈现,进而讲好、宣传好青海海东的抗震救灾与恢复重建故事、民族团结故事。

三　灾区恢复重建后可持续发展的对策建议

地震灾害给海东市受灾地区带来了重大生命和财产损失,灾后恢复重建的倾斜性政策支持、危房改造重建、公共服务和基础设施整体提升不仅使灾区面貌焕然一新,也给当地创造了良好的发展基础和重要的发展机遇。海东市委市政府和受灾三县县委县政府在切实做好灾后恢复重建后续工作的基础上,应科学部署,合理调整产业结构,推动灾区生产生活的恢复与可持续发展。

(一)扎实做好灾后恢复重建后续工作,有效提升社会满意度

一是完善资金管理制度。地震灾后的相关监管部门应做好对震后资金下发、流通、使用的监管与审核,及时向上级主管部门和社会公布资金使用情况,确保地震恢复重建资金使用制度化、公开化、透明化。二是做好重建安置评估和后期运维工作。对已完成的重建、加固维修等各种类别的民房,以及活动中心、文化中心、文博场馆和文保工程等进行质量检查和评估,质量不合格的督促施工单位整改,并做好后期运维工作,争取让群众满意。三是做好恢复重建各项工程的公示工作和资料收集工作。向社会和灾民公布国家下达资金、社会捐助资金的使用情况,接受社会各界和灾区群众监督。规范

化、精细化做好恢复重建各项工作和工程资料的收集整理与归档保存，全面开展项目资料审验工作，确保档案资料齐全、完整，经得起经委和审计检查。四是做好文博场馆、文化中心和文化广场的布展与交付使用工作。如及时将喇家遗址博物馆交付经营方，督促其早日开馆运营；及时做好三川科技文化中心的布展和恢复使用工作，使其能早日为地方公共文化服务。五是做好做深做细群众工作。充分发挥基层党组织和驻村干部作用，加强政策宣讲，强化正确舆论引导。以人为本，持续做好灾民群众的安抚工作，人性化处理群众实际困难与需求，切忌粗暴行政执法。对受灾后财产损失严重、生活困难的家庭，孩子学费与就业方面可适当实行优惠政策，并合理延长政府对其的救助期限。

（二）切实增强受灾群众的主体意识，扩大群众就业渠道

一是强化受灾群众的主体意识和自立意识。恢复重建阶段已基本结束，社会各界的援助和关注会越来越少，政府部门应持续推动"以工代赈"模式，有效带动灾区群众就近务工增收，并采取多种措施激发受灾群众的主体意识和自立意识，鼓励群众自立自强，发扬勤劳、勇敢、自信、自爱的优良品质，用自己的辛勤劳动建设新家园和创造美好生活。二是持续加大对受灾群众的职业培训力度。组织各县就业局、建设局和扶贫开发办、职业学校等部门和机构力量，采取集中培训和送课下乡等方式，对缺乏技能的年轻人进行电焊、修车、砖工、木工和开挖掘机等技能培训，争取在短时间内能掌握一项专业技能。三是实施积极的优惠创业政策。通过提供创业服务、工商扶持政策、税收扶持政策、信贷扶持政策等，如实施无息贷款、小额担保贷款、免税减税、简化贷款手续等优惠政策，鼓励灾区群众创业自救。四是实施灵活的财政税收和金融政策。对震灾中受到损失的企业和前来投资的企业，通过投融资、税收减免、土地供应、财政补贴等措施支持引导企业恢复重建和生产自救，吸引社会资金到灾区投资发展生产。五是实施对口就业援助。加强与对口援助省市、央企和相关企业的协调沟通，进一步推动跨区域劳务合作，为灾民外出务工开辟新的就业渠道。

（三）大力发展文化旅游业和康养业，激发灾区发展活力

民和、循化和化隆三县受灾地区地处青海东南部，海拔低，气候温和，很多受灾村庄临近黄河岸边，历史底蕴深厚，自然风光优美，民族风情浓郁，具有发展文化旅游业的得天独厚条件。一是大力发展黄河文化旅游。加大青海民和、循化、化隆和甘肃积石山、永靖等县的沟通协作力度，在黄河优质旅游资源整合、线路设计、组织保障和服务体系等方面加强协同合作，两省联合打造以刘家峡、炳灵寺、禹王峡、喇家遗址、大墩峡、孟达天池、公伯峡等为核心旅游区的甘青沿黄文化旅游带，大力发展黄河文化旅游，灾区群众可通过开民宿、农家乐、餐馆、宾馆、旅行社、土特产商店等切实提高收入，尽快恢复生产生活。二是大力发展高原康养产业。利用海东市积极发展康养产业的有利时机，充分发挥三县优越的自然地理和人文资源条件，将灾区可持续发展与高原康养产业发展深度融合起来，在民和县官亭镇、中川乡、循化县街子镇、孟达乡、化隆县群科镇等乡镇打造"高原康养小镇"，积极谋划发展适合当地条件的康养产业，引进成熟的省内外高原康养企业和养老机构，大力发展避暑休闲山庄和庄廓养生、农村养老等康养项目，推动"文旅+康养"产业得到长足发展。

（四）因地制宜发展乡村特色产业，推动灾区高质量发展

一是大力发展特色农业。近几年，海东市以黄河为轴线，在循化和民和两县建设"黄河彩篮"现代菜篮子生产示范基地，其中，循化县大力发展"一核两椒"绿色支柱产业，绿色农业发展态势良好。民和县中川乡、官亭镇也引进了樱桃、人参果、油桃、新疆核桃、金菊等新品种，樱桃产业发展已初具规模。两县政府部门应进一步加大对受灾乡镇绿色农业产品的扶持和引导力度，做大做强绿色有机农产品产业。二是大力发展特色养殖业。利用灾区半农半牧的产业优势，通过建立农场或合作社方式，规模化经营发展高原瘦肉型生猪、生态放养型绵羊和蛋禽业、奶牛等特色养殖业。依托黄河水资源优势，在公伯峡、积石峡、禹王峡等适合养殖的地方，大力发展高原冷

277

水鱼养殖业。三是大力发展"青绣"产业。民和、循化、化隆三县的汉族、土族、撒拉族、回族等各民族妇女有着高超的刺绣技艺，现有民和银龙、循化圣驼、三川绣等知名刺绣企业，通过促进绣娘对外交流和技艺创新提升、加大对"青绣"工坊和企业扶持力度、加快"青绣"产业电子商务发展等方式，进一步推动灾区"青绣"产业做大做强。四是用"三新农"理念助推特色产业发展。借鉴贵州榕江县"让手机变成新农具、让数据变成新农资、让直播变成新农活"的"三新农"发展理念，培养当地村民或返乡大学生做产品代言人，通过"媒体+产业"方式，做好绿色有机农业产品、畜牧产品和"青绣"的网络宣传与推广工作，激发市场商机，促使特色产业升级。

（五）提炼和总结抗震救灾与恢复重建的成效与经验，讲好铸牢中华民族共同体意识的青海故事

一是及时提炼总结抗震救灾与恢复重建的成效与经验。海东市的抗震救灾和恢复重建充分展现了中国共产党以人民为中心的执政理念，展现了消防队员、武警战士、基层组织和党员干部勇于担当、无私奉献的忠诚品质，展现了灾区各民族群众感恩奋进、团结和谐的精神品格，展现了社会各界大爱无疆、共克时艰的众志成城精神，应通过撰写大事记、口述史、先进事迹报告、抗震救灾和恢复重建志及召开学术研讨会等方式及时记录抗震救灾、恢复重建的全过程及重大事件，宣传涌现的先进人物和各民族守望相助、和谐团结的感人事迹，提炼总结和宣传弘扬抗震救灾与恢复重建的成效、经验及其精神。二是省垣文艺工作者应深入灾区采风，用散文、诗歌、绘画、动漫等多种方式创作展现抗震救灾和恢复重建过程的文艺作品，宣传积极向上、感恩奋进、团结和谐的正能量。当地青绣、花儿、土族"道拉"等非遗代表性传承人应通过用刺绣传统技艺、编写新民歌等形式展现抗震救灾与恢复重建的感人场景。三是在受灾乡镇、村落及集中安置点建设展馆、纪念广场，借助文化长廊、纪念碑、纪念墙、展板等形式，展示海东市抗震救灾、恢复重建的历史功绩和新时代铸牢中华民族团结一家亲的故事。四是以三川

科技文化中心为依托，打造铸牢中华民族共同体意识体验馆、展示馆。综合运用图片、影像、绘画、VR 虚拟技术等手段，开展多种形式的铸牢中华民族共同体意识体验和教育活动，积极挖掘宣传灾区的红色文化记忆和民族团结故事，讲好新时代铸牢中华民族共同体意识的青海故事。

社会科学文献出版社

皮 书

智库成果出版与传播平台

❖ 皮书定义 ❖

皮书是对中国与世界发展状况和热点问题进行年度监测，以专业的角度、专家的视野和实证研究方法，针对某一领域或区域现状与发展态势展开分析和预测，具备前沿性、原创性、实证性、连续性、时效性等特点的公开出版物，由一系列权威研究报告组成。

❖ 皮书作者 ❖

皮书系列报告作者以国内外一流研究机构、知名高校等重点智库的研究人员为主，多为相关领域一流专家学者，他们的观点代表了当下学界对中国与世界的现实和未来最高水平的解读与分析。

❖ 皮书荣誉 ❖

皮书作为中国社会科学院基础理论研究与应用对策研究融合发展的代表性成果，不仅是哲学社会科学工作者服务中国特色社会主义现代化建设的重要成果，更是助力中国特色新型智库建设、构建中国特色哲学社会科学"三大体系"的重要平台。皮书系列先后被列入"十二五""十三五""十四五"时期国家重点出版物出版专项规划项目；自2013年起，重点皮书被列入中国社会科学院国家哲学社会科学创新工程项目。

权威报告·连续出版·独家资源

皮书数据库

ANNUAL REPORT(YEARBOOK)
DATABASE

分析解读当下中国发展变迁的高端智库平台

所获荣誉

- 2022年，入选技术赋能"新闻+"推荐案例
- 2020年，入选全国新闻出版深度融合发展创新案例
- 2019年，入选国家新闻出版署数字出版精品遴选推荐计划
- 2016年，入选"十三五"国家重点电子出版物出版规划骨干工程
- 2013年，荣获"中国出版政府奖·网络出版物奖"提名奖

皮书数据库　　"社科数托邦"
　　　　　　　　微信公众号

成为用户

　　登录网址www.pishu.com.cn访问皮书数据库网站或下载皮书数据库APP，通过手机号码验证或邮箱验证即可成为皮书数据库用户。

用户福利

- 已注册用户购书后可免费获赠100元皮书数据库充值卡。刮开充值卡涂层获取充值密码，登录并进入"会员中心"—"在线充值"—"充值卡充值"，充值成功即可购买和查看数据库内容。
- 用户福利最终解释权归社会科学文献出版社所有。

数据库服务热线：010-59367265
数据库服务QQ：2475522410
数据库服务邮箱：database@ssap.cn
图书销售热线：010-59367070/7028
图书服务QQ：1265056568
图书服务邮箱：duzhe@ssap.cn

社会科学文献出版社　皮书系列
SOCIAL SCIENCES ACADEMIC PRESS (CHINA)
卡号：477545142824
密码：

S 基本子库
SUB DATABASE

中国社会发展数据库（下设 12 个专题子库）

紧扣人口、政治、外交、法律、教育、医疗卫生、资源环境等 12 个社会发展领域的前沿和热点，全面整合专业著作、智库报告、学术资讯、调研数据等类型资源，帮助用户追踪中国社会发展动态、研究社会发展战略与政策、了解社会热点问题、分析社会发展趋势。

中国经济发展数据库（下设 12 专题子库）

内容涵盖宏观经济、产业经济、工业经济、农业经济、财政金融、房地产经济、城市经济、商业贸易等 12 个重点经济领域，为把握经济运行态势、洞察经济发展规律、研判经济发展趋势、进行经济调控决策提供参考和依据。

中国行业发展数据库（下设 17 个专题子库）

以中国国民经济行业分类为依据，覆盖金融业、旅游业、交通运输业、能源矿产业、制造业等 100 多个行业，跟踪分析国民经济相关行业市场运行状况和政策导向，汇集行业发展前沿资讯，为投资、从业及各种经济决策提供理论支撑和实践指导。

中国区域发展数据库（下设 4 个专题子库）

对中国特定区域内的经济、社会、文化等领域现状与发展情况进行深度分析和预测，涉及省级行政区、城市群、城市、农村等不同维度，研究层级至县及县以下行政区，为学者研究地方经济社会宏观态势、经验模式、发展案例提供支撑，为地方政府决策提供参考。

中国文化传媒数据库（下设 18 个专题子库）

内容覆盖文化产业、新闻传播、电影娱乐、文学艺术、群众文化、图书情报等 18 个重点研究领域，聚焦文化传媒领域发展前沿、热点话题、行业实践，服务用户的教学科研、文化投资、企业规划等需要。

世界经济与国际关系数据库（下设 6 个专题子库）

整合世界经济、国际政治、世界文化与科技、全球性问题、国际组织与国际法、区域研究 6 大领域研究成果，对世界经济形势、国际形势进行连续性深度分析，对年度热点问题进行专题解读，为研判全球发展趋势提供事实和数据支持。

法律声明

"皮书系列"（含蓝皮书、绿皮书、黄皮书）之品牌由社会科学文献出版社最早使用并持续至今，现已被中国图书行业所熟知。"皮书系列"的相关商标已在国家商标管理部门商标局注册，包括但不限于LOGO（❖）、皮书、Pishu、经济蓝皮书、社会蓝皮书等。"皮书系列"图书的注册商标专用权及封面设计、版式设计的著作权均为社会科学文献出版社所有。未经社会科学文献出版社书面授权许可，任何使用与"皮书系列"图书注册商标、封面设计、版式设计相同或者近似的文字、图形或其组合的行为均系侵权行为。

经作者授权，本书的专有出版权及信息网络传播权等为社会科学文献出版社享有。未经社会科学文献出版社书面授权许可，任何就本书内容的复制、发行或以数字形式进行网络传播的行为均系侵权行为。

社会科学文献出版社将通过法律途径追究上述侵权行为的法律责任，维护自身合法权益。

欢迎社会各界人士对侵犯社会科学文献出版社上述权利的侵权行为进行举报。电话：010-59367121，电子邮箱：fawubu@ssap.cn。

社会科学文献出版社

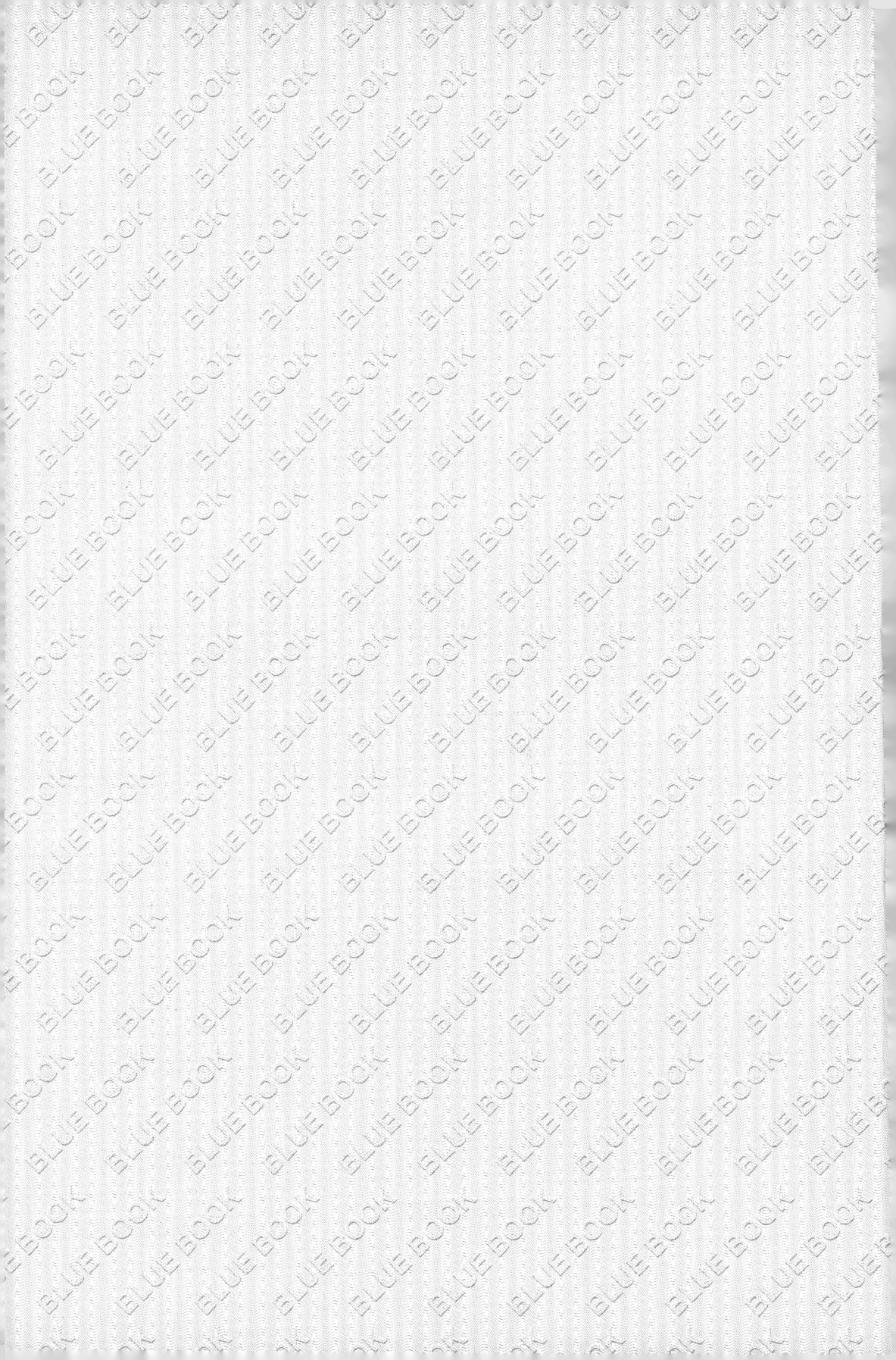